# 法官、立法者与法学教授
## ——欧洲法律史篇

古德哈特教席讲义
GOODHART LECTURES

Copyright © by Cambridge University Press, 1992
此次中译本的出版经由剑桥大学出版社授权,仅限在中华人民共和国大陆地区销售。
Copyright of Chinese Version by Peking University Press

世界法学译丛

# 法官、立法者与法学教授
## ——欧洲法律史篇
JUDGES, LEGISLATORS AND PROFESSORS
CHAPTERS IN EUROPEAN LEGAL HISTORY

原著：〔比〕范·卡内冈(R.C. VAN CAENEGEM)
译者：薛张敏敏

北京大学出版社
北京·2006年

北京市版权局登记号‚图字:01－2004－5657 号
图书在版编目(CIP)数据

法官、立法者与法学教授——欧洲法律史篇/(比)卡内冈著;薛张敏敏译. —北京:北京大学出版社‚2006.1
(世界法学译丛)
ISBN 7－301－10141－4

Ⅰ.法… Ⅱ.①卡… ②薛… Ⅲ.法制史－欧洲 Ⅳ.D950.9

中国版本图书馆 CIP 数据核字(2005)第 133049 号

书　　　名:法官、立法者与法学教授——欧洲法律史篇
著作责任者:〔比〕R.C.范·卡内冈 著　薛张敏敏 译
责 任 编 辑:李　晨
标 准 书 号:ISBN 7－301－10141－4/D·1356
出 版 发 行:北京大学出版社
地　　　址:北京市海淀区成府路 205 号　100871
网　　　址:http://cbs.pku.edu.cn　电子信箱:pl@pup.pku.edu.cn
电　　　话:邮购部 62752015　发行部 62750672　编辑部 62752027
排　版　者:北京高新特打字服务社　82350640
印　刷　者:三河市新世纪印务有限公司
经　销　者:新华书店
　　　　　　650mm×980mm　16 开本　13.75 印张　183 千字
　　　　　　2006 年 1 月第 1 版　2006 年 9 月第 2 次印刷
定　　　价:21.00 元

未经许可‚不得以任何方式复制或抄袭本书之部分或全部内容。
版权所有‚侵权必究　举报电话:010－62752024
　　　　　　　　　　电子邮箱:fd@pup.pku.edu.cn

# 前　言

诸君面前的这本小书,是我身居古德哈特教席之时,在1984—1985学年间于剑桥所作的一系列讲座之整合。该讲座作为法律学院法学硕士课程的一部分,其传授对象是法学专业的研究生。既然是面向学生的讲课内容,本书并不妄图以鞭辟入里之学术著作自居。再者,学生是法学专业的研究生这一事实,意味着我可以提出一些欧洲法律史上有一定复杂性的问题,这些问题或许在学界都没有以任何刨根问底的方式探讨过。该事实同时也表明,我可以推定我的听众对法律史有一定程度的熟知,这样,我们的课程就不再是枯燥乏味的长篇独白,而是饶有兴味的师生交流,本书中提请读者诸君垂注的若干问题,最初都来自学生们提出的疑惑。鉴于我的听众来自五湖四海,除欧洲大陆外,还有大不列颠和美利坚,故而,我有时不得不为那些成长于普通法环境的学生,讲解有关大陆法历史的某些背景知识,甚至是入门初步;反之亦然。一门关于欧洲法律史的课程,同时涵括英格兰普通法系与欧陆之大陆法系,就其本质而言,难免要把这两个法律大家庭成员之间的相互交融问题考虑在内——就此,尚望读者诸君予以充分理解。当大家发现美国的法律发展在书中不时地被提及,还愿莫对此表示诧异:尽管英格兰和美利坚相隔宽阔的大西洋,但她们基本共享同一法律体系之事实,自然会令研究英格兰法的史学家对其大洋彼岸的"移植物"意兴不浅。

萌发将讲义付梓之动因,首先源于剑桥几位同事对讲稿内容的浓厚兴趣;其次是受激励于古德哈特教席一位先辈的榜样作用,那就是约翰·N.哈泽德(John N. Hazard)教授,他把自己在古德哈特教席的讲义整理成册,名曰《把握苏联之变》(Managing Change in the USSR),献给了古德哈特这个学术大家庭,"作为对后继者也亲手尝试写一本小书的勉励";最后一个促成因素是,当我得知,将系列讲义集结出版,是 A. L. 古德哈特对其教席任教者的殷切期望,因而才有了此书之问世。

致力于法律科学研究的古德哈特教席,创建于剑桥大学,冠名自亚瑟·利曼·古德哈特(Arthur Lehman Coodhart,卒于 1978 年),他将自己的一生都献给了法学研究事业。虽身为美国公民,他却在英格兰开创了光辉的学术生涯,从剑桥学成出师后,他成为本世纪最杰出的法律学者和法学教授之一。除身兼其他职务外,他还是牛津大学的法哲学教授,并担任《法律季评》(*Law Quarterly Review*)编辑数十年之久。我相信,若他看到以下这些采用比较与历史的方法,游刃于美利坚、英伦诸岛与欧陆的字句篇章,必定会备感意气相投——但愿这一自信不至被归为鲁莽与冒失。

在此,谨对剑桥大学钦定大陆法教席的彼得·斯丹(Peter Stein)教授,表示最为诚挚的谢意,他施惠躬读了手稿的全文,并不吝赐教,提出了许多宝贵建议和评论;还要衷心感谢彼得屋(Peterhouse)的主人和全体研究人员,他们的热情接待让我在 1984—1985 年间作为访问研究员的日子里实感宾至如归。我还要将最温暖的谢意,送给丹尼尔·兰伯列希特博士(Dr Daniel Lambrecht),感谢他为索引的编排所提供的无私帮助。

R. C. 范·卡内冈

# 目 录

**1 独步天下的普通法:十大亮点**   *1*
  其一:"法律"一词的莫衷一是   *2*
  其二:上诉——姗姗来迟的一步   *5*
  其三:英格兰法——"无缝之天衣"   *7*
  其四:法律解释的排他性规则   *17*
  其五:没有宪法的国家?   *21*
  其六:议会至上的后果   *27*
  其七:刑法——杂乱无章的自我衍生   *32*
  其八:刑事审判中的指控与陪审团裁决   *34*
  其九:不喜欢法典化的英格兰   *40*
  其十:地位寒微的法律学究   *53*

**2 鼎足而居:法官、立法者与法学教授**   *65*
  事实回顾   *65*
  解读一:"民族精神"?   *69*
  解读二:专制的罗马法与民主的英格兰法?   *70*
  解读三:政治历史   *82*

**3 普通法和大陆法:独木桥与阳关道**   *109*
  分道扬镳,各行其志   *110*
  南辕北辙,自成一家   *114*
  谁在逆潮而行?   *119*

**4 试分伯仲:判例法、制定法还是学者法?**    *123*
  法官:从票友到专家    *126*
  法院及其缔造者    *141*
  法典化:挑战司法垄断的利器    *148*
  为当权者服务的法律学者    *150*
  善法的八个标准    *153*

**索引**    *166*

# 1　独步天下的普通法：十大亮点

如果说对新鲜事物的好奇是科学发展之母，那么当一个来自大陆法系的法律人士，面对英格兰普通法的时候，他所表现出的诧异，一定是推动法律科学研究最为有力的因素之一（当然，这也是古德哈特教席之使命所在）。因此，我将择选十个法律制度，从对它们的介绍入手，举例说明英格兰法和大陆法发展的不同路径，并在展现其差异的同时，为这一发展的殊途作些微历史注脚，或至少说是提出某些参考意见。可资的亮点当然不只十个，不过，也许是受十进制的影响，又或许是出于对（摩西）《十诫》的怀想，选择十个，显得合情合理，而又非心血来潮。作为一个法律史学者，在务求专注于历史上或说是古典普通法的同时，还将一并探讨最近的各种新转变，这些新转变，似乎正在缩减普通法与"罗马—日耳曼法系"之间貌似不可逾越的鸿沟。

行文至此，读者诸君或许会对这一"诧异"本身感到疑惑：每个国家都有自己独特的法律体系，这难道还有什么不可理解的吗？在美国，每个州都享有独立的立法权，甚至还捍卫着自己的法律，某些州甚至还存在法典化的法律体系。对这一疑问，我们的回答是：英格兰与欧洲其他地方（从最广义来说甚至包括苏格兰）法律制度的不同，远远甚于欧洲大陆国家与美国之间的差异。它们之间的不同，在于整个法律的获得途径，在于法律的思维方式，而不仅仅是法律对离婚的规定，或法律对高速公路最高限速之间的具体区别。

若说中国文化伴生了独特的中国式法律制度，没有人会对此感到惊讶，因为中国文明对西方世界而言，是一个完全不同的文明，不只在法律上，在宗教信仰、科学以及道德伦理方面，都是如此的与众不同。但英格兰法却不一样，我们对它的独树一帜感到惊叹，是因为英格兰历史与文明的发展，在诸多不同领域，都与欧洲大陆是同步的，它们共享着同一种文明。英格兰的语言，起源于欧洲大陆的日耳曼语，并在日后的发展中，萃取了法语和拉丁语的成分。她的宗教发展历史，在天主教和新教时期，都明显与欧洲历史发展的总体趋势和谐一致。在政治制度方面也是如此，不论是君主制，还是宪政制亦或议会制，都不是英格兰所独创，再后的发展时期，这些制度也并非英格兰所独有。唯有她的法律制度，成为唯一拒之门外的格格不入者，在两种法律体制之间，没有任何中间道路可行——它们是实在是天差地别！

## 其一："法律"一词的莫衷一是

当来自大陆法系的法律人，越过海峡，初涉英格兰之时，对法律制度的诧异，直接始自遭逢"法律"一词。很快，他就会发现一个令人厌烦的事实：这个英文单词，竟能够指代两个截然不同的事物。它可以用来表示全体法律，不论是基于立法的，还是基于审判和学理的法律（就如短语"国土上的法律"或"法律规定"意义上的"法律"），当表达这一层意思的时候，他在本国所使用的词，会是 *das Recht*，*le droit*，*il diritto* 或是 *el derecho*。"法律"这一词，还可用来表示由立法者制定的某一特定法律（就如在短语"国会通过了一部法律"中使用的意义），与此相应，该欧洲大陆学者在这一场合，会使用 *Gesetz*，*loi*，*legge* 或是 *ley*。然而，当他正为英格兰这一令人迷惑的术语而冥思苦想，并沾沾自喜于自己国家的语言使用两个不同的词，分别代表两种不同的意思时，公正地讲，此大陆法律学者只得坦认，他引以为荣的本国法律的根源——罗马人的法律智慧——并未能在这一疑惑上得以幸免。在"任何人都必须遵守法律"（*nemo censetur legem ignorare*）的罗马谚语中，"*lex*"很明显是表示"*le droit*"，而帝王颁布的"法律"（*leges*）则显然对应"*des lois*"之意。他还必须承认的是，大陆法系国家的人，在表示客观的权利和主观的权利（即"法定权利"[ le droit ]对应于"我的权利"[ mon droit ]）的时候，用的是同一个词；而在英格兰法律中，却是分开使用，用"法律"（law）表示前者，用"权利"（right）表示后者。

可是，英语中又为什么要用同一个词"法律"，来表示"总体的法律规则"和"特定的法律"这样两个如此不同的概念呢？

曾经，英语中分别以不同的词汇来表示"the law"（与 le droit 和 das Recht 同义）和"a law"（等同于 une loi 和 ein Gesetz）两种含义。对于第一种含义，曾使用过"œ"这个词，在几个使用西日耳曼语言的地区，该词对那里上年纪的人并不陌生，它最初的含义，是指日耳曼人不成文的习惯法。[1] 到了 11 世纪，已经没有人再认得该词的含义了，在法律书籍的手抄本中，"œ"已被"lage"所取代。同样是针对这一种含义，还使用过"riht"一词，用于区分"folriht"和"Godes riht"，也就是世俗法和教会法。在表达立法意义上的"法律"（即第二种含义）时，人们多使用的是"dom"这个词。关于这两个法律术语使用上的区别，我们可以从伊内国王（King Ine）在位的 688—695 年间的法律状况略窥一二，那时候的法律，清楚地区分了"folces œw"和"domas"，也就是民间传统的习惯法和立法机关立法的区别。在往后的几个世纪里，我们发现，在表达第二种含义时，用语是"gerædnes"和"asetnysse"（以及它的动词形式"asettan"），后者明显与德语中的"Satzung"和"Gesetz"极为相似，因此，1258 年的《牛津条例》（Provisions of Oxford），也被称为"isetnesses"。

迷惑的产生，开始于斯堪地那维亚语中"lagu"这一模棱两可的术语的引进，该词既可表示全体法律规范（正如在 Denalagu [丹麦法]或 Edwardi laga [爱德华的法律]中使用的那样），也可用来表示某一特定的立法。它最早出现在阿尔弗雷德大帝（Alfred the Great）和丹麦国王加思仑（Guthrum, 880—890 年）执政时期的法律

---

[1] 读者还可以看到该词的其他多种变体，如 e, ewe, eo, ea, ewa。参见 *Handwörterbuch zur deutschen Rechtsgeschichte*, I (Berlin, 1971), col. 1027—30。

中,还有后来的国王埃塞尔斯坦(Athelstan,925 年至大约 936 年)时期,也使用了该词。随着时间的流逝,lagu 逐渐取代了 œ, riht, dom, gerœdnes 以及 asetnysse,在实际使用中,它以"law"的面目出现,仍然附带双重含义,一直流传至今。这样一来,丹麦人终于在语言文字领域对英格兰进行了小小的报复,多少为 11 世纪上半期所忍受的失去领土的耻辱出了一口气。[2] 语言学家可以告诉我们,这一切是怎样又是为何发生的,而法律史学家,却只能面对这一不可思议的现象,空发感叹:这么多有用的词语,在几个世纪的发展过程中,竟然莫名其妙地被弃之路旁。[3]

该词的莫衷一是所导致的一个后果是,在翻译"the rule of law"这一重要法律术语的时候,人们竟不知该如何确切地进行表达。就个人观点来说,我倾向于把它表述为"全体法律的治理"(*le règne du droit*),但我同时也发现,有人将其译为"某一法律的治理"(*le règne de la Loi*)。[4] 更有甚者,有人还认为,该短语不仅表示立法机关的立法,还包括法院据以保护个人权利的所有不同渊源的法律规则,在我看来,这种观点更令人瞠目结舌。在最近出版的一本法国专著中(谈论法律在美国和法国民主制度中所扮演的角色),作者一会儿用"*le règne de la loi*"指代"the rule of law",一会儿又用"*la règle de droit*"指代他,由此,更表明"法律"这一模棱两

---

[2] 参见 F. Liebermann, *Die Gesetze der Angelsachsen*, II, I (Halle, 1906), s. v. *lagu*, pp. 129—30 and s. v. *riht*, p. 184;II, 2 (1912), s. v. *Gesetz*, pp. 466—71 and s. v. *Recht*, p. 624。

[3] A. K. R. Kiralfy 教授对这个问题进行了彻底研究,见他的文章"Law and Right in English Legal History", *La formazione storica del diritto moderno in Europa. Atti del terzo congresso internazionale della Società Italiana di Storia del Diritto*, III (Florence, 1977), 1069—86,再印于 *The Journal of Legal History*, 6 (1985), 49—61。

[4] P. De Visscher, *La Constitution Anglaise et le règne de la Loi*, Institut belge des Sciences asministratives, Sessions 1945—46 (Brussels, 1946)。作者很清楚地表明,他对"the rule of law"以及戴西对它的解释非常关注。他所做的演讲事实上就是对戴西的批判,尤其是针对戴西的说法——认为法国有行政法而英国没有,这正是法国不懂什么叫"rule of law"的原因——表示了强烈不满。

可的术语所生发的难解之结。[5]

## 其二:上诉——姗姗来迟的一步

当欧洲大陆法律学人对英格兰法律史进一步深挖的时候,一些更为实质性的差别,便油然展现在眼前。他会发现,在法律程序的发展过程中,大陆法(无论是罗马法还是现代的大陆法)意义上的上诉制度,在历史上的普通法中竟一直被忽略。"上诉"一词在普通法中并不陌生,但它却另有指代,即指一种刑事自诉,其通常会导致司法决斗程序的启动。而"上诉"一词现今的含义,指的是把案件呈递到更高一级的法官面前,以期获得对自己益加有利的判决。也就是说,在古典时代的普通法中,并不存在现代意义上的"上诉"制度,事实上,该制度在英格兰的引进,是19世纪才有的事了。不过,尽管眼下英格兰的法院,每天都有受理不完的上诉案件,但长久以来对上诉的排斥心理,在某些场合还是若隐若现。在1985年我参加的一次上议院的辩论中,《犯罪起诉法案》(Prosecution of Offences Bill)(后文会有更详细的论及)的第22条遭到了否决,至少由此,我感觉到了这种对上诉的排斥心理。该条款规定了一种上诉(尽管只能勉为其难地称之为上诉),允许总检察长(Attorney General)对刑事法院(Crown Court)作出的某一(在他们看来过于仁慈的)判决,向上诉法院提交自己的意见。历史上的普通法中,只有两种制度,是与今天的上诉制度有某些相似之处的。一个是针对法庭或陪审团所作的错误判决的指控制度,另一个是为避免错误的发生,而对案件记录进行查阅与监督的制度(即纠错令[writ of error]和调卷令[writ of *certiorari*]),在这两种制度中,不论是案件的法律适用问题还是事实证明问题,都不在审查的范围之内。纠错令的目的,从名字的字面上就可看出。而调卷令,最初是

---

[5] L. Cohen-Tanugi, *Le droit sans l'Etat. Sur la démocratie en France et en Amérique* (Paris, 1985), pp. VI, 24.

在审判程序出现错误的情况下,用来通报高一级法院关于低一级法院的错误程序的一种手段。然而,它也用于把案件的卷宗在判决宣告以前呈递给王座法庭(King's Bench),该程序与大陆法系的"案卷移送"(evocatio)有点类似。

在13世纪以前,欧洲各国的法律体系中,都没有现代意义上的上诉程序。而在此之后,英格兰法和大陆法开始分道扬镳,前者固守着最原初的法律传统,过着自己的独木桥,而后者则引入与罗马—教会法(12世纪来自波伦亚[Bologna]的智慧结晶)并驾齐驱的现代法律程序,踏上了阳关道。但是,我们也不能过分简单化地把上诉制度在欧洲大陆的引进,完全或是主要归功于罗马—教会法这一璀璨的明星效用,也不能单纯地归功于诸多罗马法学者们令人难以抗拒的闪烁着智慧光辉的魅力,如里卡多斯·昂格里科斯(Ricardus Anglicus)的《审判规则概要》(*Summa de ordine judiciario*,大约1196年),伯纳德·德·多拿(Bernard de Dorna)的 *Summa libellorum*(1213—1217年),或是威廉·杜兰蒂斯(William Durantis)的百科全书式著作《法律的反映》(*Speculum judiciale*,1272年,大约1287年第二版)。上诉制度的引入,是一个政治事件,它代表着下级法院对上级法院权威的服从,而这正是权力政治的核心问题。法国国王成功地建立了巴黎高等法院(Parlement of Paris)作为上诉法院,正是因为法兰西王国政治上的统一,导致了过去的地区统治者对国王的臣服,这当然也包括他们的法院对皇室法院权威的臣服。因此,对各省初审法院所作的判决不服,而后上诉到巴黎高等法院,也就成为再寻常不过之举了。在英格兰,并不存在这种地方性初审法院体系,所有普通法法官都辖属于国王的中央法院系统,这样一来,上诉制度所要求的等级制的先决条件,也就不存在了。比起普通法对波伦亚博士学者们所创制的罗马法硕果的不屑一顾来说,上述事实,更是致使普通法与大陆法分庭抗礼的主要原因。对诉讼当事人双方而言,英格兰与法兰西的法律体制各有千秋。一个案件,经一国的高级法官一次审判,就能得到终局解决,这对当事人来说当然是一件好事。不过,它也使得全国的案件,都高度汇集到了中央法院系统,这无疑让当事人和证人的出庭横生枝节。在法国这个领土面积远大于英格兰的国家,这种做法,将给诉讼当事人造成难以逾越的障碍。因而,将地方法院设为初审法院,如果当事人愿意,也可以上诉到高级法院,这种法院体系的设置,未尝不是一种合理而顺当的解决方式。

### 其三:英格兰法——"无缝之天衣"

对钟情于这种历史钻研式研究的法律学人,在继续深究的过程中,会为两者间的另外一个重大区别所震惊,那就是英格兰法律发展的细水长流、一脉相承,换句话说,就是没有出现过像法国在大革命时期所经历的那种骤然而来的大灾难而导致的法律发展断层。当然,英格兰法律成长的这一连贯性,在法律界极为保守的氛围中,往往被轻易地夸大了,正如德·托克维尔(de Tocqueville)在下面这段话中所表明的那样:

> 那么,我并非要宣称,所有的法律职业者,在任何时候都是现有秩序的维护者和新事物的反对者,只不过通常他们中的大多数都是如此。在一个法律职业者占据着自然而然属于他们的上层地位而又没有人会对此心存不满的社会中,他们普遍都会抱着一种异乎寻常的保守态度,对民主制这一新事物会加以抵制。[6]

一些著名的法律史学家,如霍尔斯沃斯(Holdsworth),就倾向于把历史上出现的每一个新阶段,视为旧体制的"进一步改良",而不是看作一种创新,更不用说是视为革命了。所以,当我们注意到他们有意在冷落对某些革命性时期的研究——比如清教徒统治时期以及在此期间订立的极具创新性、并明目昭张的法律现代化改

---

[6] *Democracy in America*, I, p. 286, 转引自 D. Duman, *The Judicial Bench in England 1727—1875. The Reshaping of a Professional Elite*, Royal Histor. Soc. Studies in History Series, 29 (London, 1982), p. 102。

革计划——也就能够很自然地理解其用意了。正是基于此种观念,霍尔斯沃斯认为,研究这些清教徒的改革政纲,简直就是浪费时间,因为他们所做的改革创新,在君主制复辟浪潮卷土重来之时,全部付诸东流。普拉克内特(Plucknett)则认为,他们的改革"不成熟",所以没有研究的价值。[7] 这就要看对这一"不成熟"作何理解了。的确,他们提出的有些制度和规则,完全就跟不上时代发展的步伐,自然会遭遇到联合的抵制。不过有些措施被认为是"不成熟",仅仅是因为某些根深蒂固的习惯和早已稳固确立的既得利益。举个例子来说,当清教徒提出在英格兰法院中使用英语而非法律法语(law-French)的时候,有何理由能够堂而皇之地反对这一合理而自然的要求吗?没有。然而,结果却是该提议与其他提议一道,在1660年旧世界卷土重来之时,被无情地抛弃了。

对于这个来自大陆法系的观察者来说,他已经习惯于在"古代的法律"(ancient droit)和"新时代的法律"(droit nouveau)这两个完全不同的语境下思考问题,面对英格兰法律中如此之多保留下来的制度,他也不得不承认,英格兰法律的发展映现出一种历史的连贯性。她的发展过程,没有出现昭然的断裂,没有对几世纪以来所沉淀的法律智慧不加选择地整体扫地出门,也没有前革命时期法律与后革命时期法律之分。在英格兰法律中,今天新芽与昨日黄花之间,并不存在泾渭分明的界限,现今的法律,往往都带有极易察觉的历史痕迹。人们甚至可以说,法律与法律史之间都很难做到井水不犯河水,打个比方说,现代关于叛国罪的法律,施行于20世纪,而它却是以1352年的《叛国罪法》(Statute of Treasons)为基础制定的。在这一点上,英格兰的法律学人颇具其罗马先辈们之遗风,正如某位权威人士所言,"罗马学者在引用其他法学权威的时候,都不会明显地意识到,他所引用的权威中,有些比另一些的生存年代早了几个世纪",所以,"罗马法律渊源在对法律的处理

---

[7] T. F. T. Plucknett, *A Consice History of the Common Law* (5$^{th}$ ed., London, 1956), p.54.

上,没有采取一种历史的态度",没有任何迹象表明,"时间的流逝与新观念的产生,对人们的法律规则观产生了什么样的影响"[8]。除了极个别的例外,"罗马法学家对历史都不感兴趣,他们的研究也鲜有受到历史的影响"[9]。

有时候人们会认为,英格兰人对完全与过去决裂的做法所持的反感,是根植于英格兰民族性格之中的。然而针对这种看法,有人会说,在宗教改革时期,并没有任何守旧的传统能够阻止英格兰民族与过去的宗教信仰一刀两断啊!英格兰中古时代的教会与宗教改革后的教会,它们之间泾渭分明的程度,并不逊于古代体制下与大革命后的法国。

英格兰法律史在过去八个世纪的发展中没有出现过彻底的断裂,并不意味着不存在任何发生改变的时期,毕竟英格兰法律发展史不是一个如睡美人般静止不动的童话。事实上,有几个时期带来的新转变尤其令人瞩目——比如说,在爱德华一世(Edward I)统治时期,从1275年到1290年间,每一年都在颁布新的重要的法律(尽管这些法律中界定多于创造)。都铎(Tudor)王朝的立法更是引人注目,并具有真正意义上的创新性[10];再有,17世纪中期新教徒当道的时候,他们对这个国家设计了许多有趣的更为大刀阔斧的改革,尽管王政复辟后,他们的大部分改革成果和尚未来得及实现的宏伟大略,都被清扫一空。到了19世纪,尤其是《1832年改革法》(Reform Act of 1832)出台后的十年间,一项旨在对"古老而恐怖的中世纪堡垒"进行现代化的宏伟大任,在人们极大热情的推动下开始着手了。尽管后来的事实表明,受该改革影响更大的是审判程序和司法机构设置,而不是实体法。正如商法领域的立法所显示的那样,在某些私法领域,对法律的法典化多于实质意义上的

---

[8] A. Watson, *The Making of the Civil Law* (Cambridge, Mass., 1981), p.15.
[9] 同上书,p.19。
[10] 简明扼要却又入木三分的阐述,参见 G. R. Elton, *English Law in the Sixteenth Century: Reform in an Age of Change*, Selden Society Lecture 1978 (London, 1979)。

创新。

然而，上述所有立法，都从来没有将现今与过去切断，它们也从未想过要去切断它。对古老制度的尊视，往往会压倒纯粹出于逻辑的考虑。在1873年《司法组织法》（Judicature Act）颁布的时候，大家都普遍认为，上议院的司法职能不应再继续下去了，因为已有高等法院和上诉法院，若再在上诉法院头上复加另一个上诉机构，这在逻辑上讲不通。可是，出乎所有人的意料，并且很多人至今仍然不解，当1875年的《司法组织法》出台，上议院作为最高上诉机构的地位得以保留，位居上诉法院之上。它的角色与欧陆国家的最高法院（Court of Cassation）也不同，后者是"拦截"某一上诉法院的判决，然后把该案移转到另一个上诉法院去审理；上议院则不然，它自己作出判决，并且是终局判决（除了现在还可以上诉到欧共体的法院）。这种双重上诉法院的设置——一个位居另一个之上——在欧洲大陆人（还有许多英国人）看来，是完全不符合逻辑的，而这只能从对议会许多世纪以来所担当的司法角色的崇敬这一角度来解释了，套用霍姆斯大法官（Justice Holmes）的一句名言，"法律的生命不是逻辑，而是经验。"另一个表明这种对过去的崇敬的例子，是先例所处的地位，或是说遵循先例原则。普通法是基于先例而建立的，这在大陆法系的学生们上第一堂比较法课的时候就已知道，不过，他们中并没有多少人能意识到这些先例会古老到什么程度。它们的真实年代，有时只有通过细致的考究才能发掘得到，一个19世纪作出的判决，实际上竟然是遵循了布莱克斯通（Blackstone）的先例，而后者是继承自柯克（Coke），柯克的判决又是源自利特尔顿（Littleton），最终追溯到了布拉克顿（Bracton）。英格兰法律这一看似"万寿无疆"的特征，同时也意味着：在古代就存在的一项权利被废止不用，并不必然会导致它的消失灭绝，尽管有些人不愿意承认这一事实。在这点上，一个最好的例子，就是发生在20世纪初的那场重大而影响深远的政治风波，上议院出乎所有人意料地否决了下议院提交的财政预算报告，而该否决的权力已经被搁置了约二百五十年之久，在许多人眼中，由于长久的废弃不用,上议院早已丧失了这项权力。所有这一切都表明,要废除旧法,最保险的办法是用明文宣布废除,就如在《撤销法》(Repeal Act)中所做的那样,对《大宪章》(Magna Carta),明确表示仅有四个条款继续有效,其余均予废除。[11]

英格兰法与大陆法之间的对比格外地显著。在16世纪,德国"继受"了大陆法,即古代的罗马法和中世纪诸学派对它的注释。这在德国是一个重大的决定,因为这意味着用"专业精深的法律"(罗马法及其孪生兄弟教会法)取代了中世纪的习惯法,该举措被视为推进了"德意志人"政治上的统一,并在一夜之间,为整个国家提供了所能获得的最好的——或至少是最专业精深的——法律体系。尤为激进的是法国大革命所带来的后果,它不仅横扫了所有古代的法律(ancien droit),而且还摧垮了整个政治结构——为法国的古代政体(ancien régime)画上了句号。"古代政体"这个词在英格兰是一个无法确知的概念,人们仅能对"古代世界"崩溃的时间作出种种推测:是从宗教改革开始的吗?还是在清教徒革命以及处决查理一世(King Charles I)的时候?或者是始于光荣革命?要不然就是始自刷新了"旧英格兰"的工业革命,或是第一次世界大战?对此没有一个确切并不容置疑的说辞。但可以肯定的是,在英格兰,就如在其他地方那样,一个属于古代的世界已经黯然退出了历史舞台,只是要准确定位出它退出的那一刻,并不是一件容易的事。

法国大革命所带来的对旧世界摧枯拉朽式的一扫而空,是极为激进的一种转变方式,即使是在革命最初的几年也是如此,不但封建制度、君主制度以及什一税被废除,而且高等法院——包括极具威望的巴黎高等法院——也被宣布无限期地休假。过去作为地方行政区划的省被取消(在后加洛林王朝[post-Carolingian]时代,它们中的许多又回到了领地公国的状态),同时被取缔的还有法律

---

[11] A. Pallister, *Magna Carta. The Heritage of Liberty* (Oxford, 1971), pp. 89—107.

院校和古老的地方法庭,包括采邑法庭和领地法庭,而它们作为法国的边远乡村司法机构,已经有上千年的历史了。许多革命者希望能够做得彻底一些,把旧世界的法律统统斩草除根,他们认为,产生于公民内部的所有矛盾都是彼此双方误解的结果,因而没有什么是调解不了的。然而,在 18 世纪的最后十年中,有几部法典还是盼到了黎明的曙光。不过,它们与其说是法律条文,不如说是哲学教条,而且在历史中也只是昙花一现。它们在古代法律体制和拿破仑法典时期之间起到了承上启下的桥梁作用,因此被称为是中间阶段的法律。拿破仑时期的法典并不如它们的先驱者们那么激进,事实上,它们融合了大量古罗马法和习惯法的成分。但不管怎么说,这些法典在本质上都具有革命性,因为它们在法律的获得方式上是全新的,某些旧的法律得以保留下来,仅仅是因为它们能够迎合新法典的口味,能够在《法国民法典》(Code Civil)以及该法国皇帝所制定的其他相对没那么出名的法典中,找到自己合适的角落。

出于学术上的考虑,现在是时候稍停片刻,以顾昐法律发展史上这一状况所形成的结果。在法国,该结果显得异常明朗。学者们开始讲授"罗马法",并为它著书立说,也就是说,古代社会法律制度的崩溃,伴随着日耳曼民族的入侵(日耳曼民族过去也被称为"蛮族",但从 20 世纪后半期开始,自觉的欧洲人已经不倾向于轻率地使用这个词)。地位仅次于罗马法教授的,是法律史教授,他们主要研究自法兰克人开始到大革命这一段时期的法律发展史。法律院校中的其他教授学者们则主要研究"法律",即拿破仑时期制定的法典,以及这些法典直到今天所经历的每一次变化。这样一来,对法律的研究就很自然并清晰地分成了三个时期——法兰克·查理曼帝国衰落以前,是罗马法的全盛时期;从帝国的灭亡到古代政体的摧毁,是进行法律史研究的主要时期;最后是对"法律"的研究,主要是指现在的法律,不过还包括了 19 世纪时期的法律。要把前述"法律"归入法律史部分,显得相当勉强,所以它往往被人们忽略,因为对于法律执业人士而言,它显得太古老,而对于法律史学家,它又太稚嫩。

在德国,发生在16世纪的对罗马法的"继受",主导了对法律发展史的研究,这也表明罗马法成就了德国法(该状况所带来的一个自相矛盾的结果是,直到今天,与法国法相比,德国法中罗马法的特性更甚于日耳曼法的特性)。一支法律学派由此而勃兴,他们很自然地以《国法大全》(Corpus Juris)及中世纪评论家们的著作为治学对象。在19世纪,他们的研究攀至顶峰——也是他们最后的辉煌时期,被称为学说汇纂派(Pandectists),之所以这么称呼,是因为《学说汇纂》(Pandects 或 Digest)无疑是古代罗马法最为重要的组成部分与表现形式。对他们来说,研究罗马法不是出于历史的目的,而是一种教条式的研究,因为在他们所生活的时代,罗马法正是现行法律中不可缺少的重要部分。然而,并不是所有德国法律学家,都乐于见到中世纪的民族法律遗产被整体地铲除,在18和19世纪,有人就呼吁要建立一个真正德国式的法律体制,该倡议与德意志人长久以来孜孜以求的祖国统一之梦想遥相呼应。因而,在19世纪,德国的法律史学家分成了两派阵营——罗马法学派与德意志法学派,他们各自占山为王,如在德国具有极高威望的《法制史期刊》(Zeitschrift für Rechtsgeschichte)中,他们都有属于自己的领地。民族的法律发展史是他们共同致力的领域,所不同的是二者的关注点(可以说几乎不具有可比性):前者关注的是罗马法,从它在中世纪的发展,到被德国接受,再到后来的几个世纪中在德国的改进;后者则关注日耳曼法,关注中世纪的习惯法和自治市特许状(borough charter),认为这是德意志法律精神的真实见证。德意志法学派和罗马法学派,不仅学术上的兴趣判若水火,他们在对德国法今后的发展何去何从问题上,还彼此争斗不休。人们企愿有这么一天,德国能够实现统一,能够拥有一部共同的民法典——它会展现德意志风格,还是罗马气质呢?当这部法典终于在19世纪的最后一个年头问世的时候,人们发现,它正是一个罗马与德意志的混合体(前者的因素占主导),并且还吸收了自然法学派的许多精髓(尤其在"总则"部分)。该民法典取代了过去所有的民事法律，因而，德意志法和罗马法同时成为了法律史学家的游戏场所，而对新法典的研究，则成了法学教授、法官和律师们的竞技场。在此，有必要提醒读者诸君注意德国与法国的不同：在法国，罗马法学家与法律史学家，分别钟爱的是不同时期的法律；而在德国，罗马法学派与德意志法学派，却是从不同的角度，关注同一时期的法律体系。

英格兰在这方面再次标新立异。既然普通法是"无缝之天衣"，每一个法律职业者在处理案件时，需要将数个世纪之前的某些判例或制定法作为审判依据来考虑（事实上，有时会追溯到理查德一世[Richard I]时代，而这已经是英格兰法律可以追溯到的极限了）。这就意味着，哪一个法学家倘要想深入探究一个案件的实质问题的话，他就不得不在世纪的时空中漫游与搜索，从而充当了一次法律史学家——或者有人可以把他们称为研究历史的法律职业者。爱德华·柯克爵士，这一或许是有史以来最为博学的普通法学家，他的著作和判决，都是立基于难以数记的中世纪法律文献，它们中的许多还是手抄的卷轴，这一切成果，都是他怀着孜孜不倦的热情，详细考究得来的。然而，他这样做的目的，是为了查清该法律所代表的立场以及它是如何被应用的，在此过程中，有时他很明显是心怀希望，去寻找那些能够支持他在法律上和政治上信念的先例。正因如此，他有时候会曲解先例，以支持案件中之己见，就如他在"博纳姆医生案"（Dr Bonham's Case，1610年）中作出的几个"先例"所展示的那样。[12] 这表明，把他称作一个拥有广泛而博学的历史知识的法律职业者，比之历史学家更为恰当，因为对他来说，法律是第一位的，而历史，只不过是为法律服务的侍女。布莱克斯通著名的《英格兰法释义》（*Commentaries on the Laws of England*），可以说是充满了历史的内容，该作者对过去的了解，亦可谓入木三分，人们很自然会倾向于把该著作称为"英格兰法律的

---

[12] T. F. T. Plucknett, "Bonham's Case and Judicial Review", *Harvard Law Review*, 40 (1927), 30—70.

历史"。然而,很明显,布莱克斯通的写作目的,仍然是出于自己律师身份的考虑,即通过描述英格兰法是如何有机地发展起来的历史,来阐述、解释并高度赞扬英格兰法。而法律史学家们则关注于法律制度的产生与发展,正如它们在过去几个世纪中所被记载的那样,他们并不是出于想要证实某个法律争议中的某个观点而去探寻历史。但这也不能掩盖他们对法律史的研究心存其他动机,他们也许会怀有政治上的目的。

在此提醒读者诸君不要忘记,所谓"中立的"历史学家,也就是那些从一开始就不具有任何宗教或政治倾向的人,是在最近一段历史时期才出现的,即使是在今天,他们也远不具有普遍性。从总体的时间上看,如兰可(Ranke)这样的历史学家,用科学的客观态度,来讲述"事实上发生了什么",不带有任何偏见与立场,这是在最近不久才出现的历史学家群体。许多世纪以来,学者们都在为某一王朝、某一教会或是某一政党服务,他们中有的玩世不恭,有的却心怀诚挚的个人信念。英格兰最早期的法律史学家就是这种情况。约翰·塞尔登(John Selden),在1610年,首次出版了号称是"中立"的历史学著作,作为一个比较语言学家和历史学家,他对法律有着极为广博的兴趣。但是,他作为议会党人所固有的信念,以及他所持的反神职人员的态度,又不可避免地在他的历史研究中体现出它们的色彩。马修·黑尔爵士(Sir Matthew Hale),另一位17世纪博学的法学家,在其著作《普通法的历史》(*History of the Common Law*)中,他很清晰地向读者传达着一种个人的倾向:那是对英格兰历史主权的一种由衷的民族自豪感。如果这意味着能够否定征服者威廉(William the Conqueror)曾经是一个征服者、否定该征服是一次征服的话,他会毫不犹豫地这么做——甚至将使用最为激烈的言辞。他尤其不愿意听到这种说法,说威廉一世的到来——通常被称为"盎格鲁征服"(*Conquestus Anglie*)——是一场实实在在的征服,"正如它实际发生的那样;或者说,该征服可以把王国本来的法律改头换面;还有人说,它通过'征服取得'(*per modum conquestus*)的方式,或'依据战争法'(*jure belli*)的理由,对被征服者实行法律的管制。"所以，当某些愚昧无知、狂妄自大的人，对这种观点津津乐道之时，黑尔爵士就会大声宣布，他要"揭开整个征服的黑幕，让那些见不得人的交易暴露于阳光之下"[13]。在19世纪前半期，我们发现有些历史学家，如约翰·里夫（John Reeves，卒于1829年）和乔治·克雷布（George Crabb，卒于1851年），他们纯粹用一种文物收藏者的风格在写作，仅仅是把他们所收集到的资料，按照年代顺序进行简单的排列，并在引用资料的时候，步步为营，小心翼翼。因此，他们的著作缺乏远见，并没有任何文学之美感可言。为英格兰法律史研究打开一个崭新局面，并步入现代法律史研究轨道的，当然是梅特兰（Maitland）。他是一个训练有素的法律人士，但却以历史学家为职业。他对欧洲大陆现代批判性编纂历史工作的进展，有着充分的认识，他身兼远见卓识与无限创意于一身。没有任何开山之斧可磨，他仅仅希望能够用最大可能的精确与最为深入的洞察来描述历史。[14] 他当之无愧是现代英格兰法律史研究的奠基人，但上述全职法律史学家在英格兰所做的一切研究，并不能改变英格兰法——确切地说是普通法——是一个跨越数世纪历程的连续统一体的事实。在每一本关于英格兰法的现代教科书中，大家都不难发觉其中包含着长篇累牍的历史篇章，有些甚至究其实质几乎全部是关于历史的东西。[15] 这说明英格兰法不像大陆法那样，基于法典化而建立，把法律在几世纪以来的有机发展人为地彻底割裂，它更多的是历史自然沉淀

---

[13] Sir Matthew Hale, *The History of the Common Law of England* (2nd ed., London, 1716), p.72。该书首次出版于1713年，在作者死亡之后。作者早在1676年已撒手人寰。

[14] 一套新的系列丛书 *Historians on historians* 尚在写作过程中的时候，这位伟大法律史学家的一部传记，就已经让世人对丛书的内容先睹为快了，参见 G. R. Elton, *F. W. Maitland* (London, 1985)。

[15] 也许最为典型的例子就是 Radcliffe and Cross, *The English Legal System* (6th ed., by G. J. Hand and D. J. Bentley, London, 1977)，从书名上看，该书似乎将为读者展示的是现代英格兰法律体系，而实际上，通篇都是英格兰法律发展史，上溯至盎格鲁—萨克逊时期的法律传统。

的结晶。

如果说在英格兰,法律职业者与法律史学家之间无绝对划分,那么,她也同样不存在所谓罗马法学派与德意志法学派或其他与此相类似的学派之间的楚河汉界。这是因为,普通法占据了绝对的优势,英格兰法律史中的其他因素,如罗马法和教会法等,都退居到了法律舞台的边缘地带。对罗马法的研究,也就只有在它与普通法有所关联时,才具有真正的重要性。这样,针对布拉克顿的著作*中罗马法所占据的分量,以及布拉克顿本人拥有的大陆法知识范围的广度,产生了一些争议,人们不禁要问——该问题主要来自梅特兰:在文艺复兴时期,当有些人认为,英格兰最好是能够彻底抛弃她那些不够开化的中世纪法律,勇敢接受已经狂扫欧洲大陆、并成为欧洲文明国家共同法的《国法大全》之时,普通法是否真正遭遇过被废除的危险?

### 其四:法律解释的排他性规则

那些疏远历史,喜欢钻研司法工作者审判实务的法律人,若仔细察看,会惊见另外一个令大陆法系的学者们更觉不可思议的领域,那就是法律解释的排他性规则,在这一点上,英格兰和欧洲大陆有着不同的态度。在法律解释上,普通法"粗糙的排他性"规则,使得它"与相对来说更为精良的大陆法学者们采取的规则之间的交情越来越淡了"(正如弗雷德里克·波洛克爵士[Sir Frederick Pollock]1883年在牛津大学的就职演说中所阐明的那样),再找不到另外一个领域更让人惊叹两者间的差别了。排他性规则把法官的审判拘泥于制定法的明文规定上,不允许法官通过钻研其他法律文件——如议会辩论记录以及委员会报告等——来探求立法者的立法意图。在欧洲大陆,学生们被告知,对法律产生任何疑

---

\* 指布拉克顿的《论英格兰法律和习惯》(De Legibus et Consuetudinibus Angliae)——译者注。

问——比如对法律解释心怀疑惑——的时候,要善于超越字面含义去理解法律,要去览阅相关立法的准备性文件(*travaux préparatoires*)及类似文本,以求触摸法律的真正寓意,也就是立法者之意图。而这正是英格兰司法系统所忌讳的做法——对制定法的解释,应当遵循古老的文义解释规则进行,必须针对确切的原文(*ipsissima verba*),亦仅止于此。如果说这么做,将促成一个与立法者原意恰恰相反的结论,那么只能对此深表遗憾:立法者在立法之时,应当更为谨慎地措辞,以免日后的误会。这一态度背后的理念,也是法官们所创的独到之见,就是——这么做是为避免出现法律不确定性后果的最佳保障。立法者是一个由众多头脑组成的结合体,要设法找出那些投票支持某个法律通过的、数以百计的议员们的真实立法意图,实非易事;但是所通过的法律文本,却是顺理成章地不容置疑并坚如磐石的。从逻辑上讲,排他性规则所产生的一个结论就是:要理解法律的真正含义,最不应当去垂问的人,就是立法者本身!事实上,这正印证了霍尔斯布雷勋爵(Lord Halsbury)在1902年所表达的观点:"在对制定法的解释上,我认为,解释的最佳人选,永远不会是负责该制定法的起草之人。"[16] 有意思的是,不知说出上面这句话的人是否意识到,在欧洲大陆的"共同成文法"\*中,存在着与此恰恰相反的论断。罗马法说:"解释权属于制定者。"(ejus est interpretari cujus est condere)教会法亦有言:"法律的解释与法律的产生相伴相随。"(unde jus prodit, interpretatio quoque procedat)[17] 两者与霍尔斯布雷勋爵的言论一样,都是直言不讳的。这两个论断,在不经意间凸显了欧洲大陆在解决法律

---

[16] Plucknett, *Concise History*, pp. 330, 335 ff.

\* 指罗马法与教会法——译者注。

[17] Plucknett, *Concise History*, p. 329, n. 1; H. Hübner, *Kodifikation und Entscheidungsfreiheit des Richters in der Geschichte des Privatrechts*, Beiträge zue neueren Privatrechtsgeschichte. Veröffentlichungen des Instituts für Neuere Privatrechtsgeschichte der Universität zu Köln, 8 (Königstein Ts., 1980), p. 14. 引言的意思是:"it behoves him who makes the law to interpret it" 以及 "whence the law comes, thence should the interpretation also come"。

解释问题上的方式，它有着令人肃然起敬的悠久历史。但英格兰的法律解释理论，也可以说是源远流长，尽管从它经典的严密性来说，它属于19世纪的产物。这好像又把我们的记忆唤回到了中古时代，那时候，立法者在起草制定法时，会来向法官进行咨询。"不要再注解制定法了；对法律的解释，我们比你们更是行家，因为我们天天都在跟它打交道。"我们仿佛又在聆取当年首席法官亨安姆（Hengham CJ）面对《威斯敏斯特法 II》的请教者时所给予的忠告。[18]

在稍后的历史时期，立法者在制定法律时，没有再去咨询法官，但法官们仍然坚持认为，他们是解释制定法的最佳人选。不过，他们在解释法律的时候，遵循着严格的解释规则，这些规则大部分由法院在实践中发展而来，但最终反映在如《1978年解释法》（Interpretation Act of 1978）等制定法当中。[19] 该《解释法》的评注者F. A. R. 班尼恩（Bennion）在他的评论中，就缜密地阐述了对认为议会有立法"意图"这种观点的诸多批判，并力图去还击这些批判。[20] 排他性解释规则在1900年左右，达到了它的全盛时期，而从20世纪70年代起，就开始遭受越来越多的批评与攻击。最末的一个经典论断，来自汉普斯蒂的劳埃德勋爵（Lord Lloyd of Hampstead），他对"立法意图"这一概念相当反感。"立法意图是什么东西？"他质问道，并且自问自答："甚至不假思索便可知晓，并不存在一个所谓的立法者……一个参与立法的人，显然不具有与立法措辞有任何关联的意图，该法律往往由两三个人执笔，有相当一部分人反对，再有……赞成的大多数之中，也是各有各的想法

---

[18] *Year Books, 33—35 Edward I*, ed. A. J. Horwood, Rolls Series (London, 1874), p. 83, 转引自 *F. Pollock*, A First Book of Jurisprudence for Students of the Common Law (6<sup>th</sup> ed., London, 1929), p. 356: "*Ne glosez point le Statut; nous le savoms meuz de vous, qar nous les feimes*"。

[19] F. A. R. Bennion, *Statutory Interpretation Codified, with a critical commentary* (London, 1984).

[20] Bennion, *Statutory Interpretation*, pp. 226—8.

和动机。"[21]"当一部法律最终付诸文字成为制定法之时",另有人说道,"它也就期满卸任了"[22]——意即过去所有的准备性材料都与此无关了。这一解释规则所产生的结果,有时的确会与议会的初衷相违背,然而,这并不曾动摇法官们的信念。[23] 至少部分法官,仍坚守着这样的解释规则;其他的,则对该规则变得越来越挑剔与不满,而现今发展的主流,很明显是要弃之路旁,转向欧洲大陆的方式。当我们发现丹宁勋爵(Lord Denning)也在这些批评者之列时[24],无人会对此感到惊讶,同时他的声音获得了积极的响应,弗里德曼(Friedmann)教授将此描述为,法院系统与立法机关间"同情式的携手合作"[25]。斯丹(Stein)教授也认为,法官们开始意识到,"他们应该对与制定法出台的社会背景相关的目的和意图给予更多的关注,而他们过去几乎淡然置之……他们可以——比方说——查阅该法颁行时的相关委员会报告,较多地探寻它背后的目的,而不唯停留在该制定法所表现的文字本身"[26]。

这种类似"政治"领域中的盘根错节,正是排他性规则所极力要避免的。[27] 对该转变推波助澜的,并不只是司法体系内部自发产生的新的洞见,不列颠加入《罗马条约》(Treaty of Rome)对此无

---

[21] Lord Lloyd of Hampstead, *Introduction to Jurisprudence* (3rd ed., London, 1972), p.734.

[22] M. Radin, "Statutory Interpretation", *Harvard Law Review*, 43 (1929—30), 871.

[23] H. F. Jolowicz, *Lectures on Jurisprudence*, ed. J. A. Jolowicz (London, 1963), p.290,引用了一个例子,说明上议院作出的判决所带来的后果,是如何明显地与1925年《商船法》(Merchant Shipping Act)制定的初衷相违背。

[24] Lord Denning, *The Discipline of Law* (London, 1979), pp.9—22.

[25] 参见 W. Friedmann, *Legal Theory* (5th ed., New York, 1967), p.454。

[26] P. Stein, *Legal Institutions. The Development of Dispute Settlement* (London, 1984), p.92.

[27] 关于这个问题还可参见:G. Williams, *Learning the Law* (7th ed., London, 1963), pp.101—2; B. Abel-Smith and R. Stevens, *Lawyers and the Courts. A Sociological Study of the English Legal System 1750—1965* (London, 1967), p.123; A. K. R. Kiralfy, *The English Legal System* (4th ed., London, 1967), pp.121 ff.

疑也起到了重要影响:《1972年欧共体法》(European Community Act 1972)的第三部分,就要求英国法院采用欧共体法院的方式,对欧共体法律文件中的条约性条款进行解释,也就是必须考察相关法律文件来探寻立法目的和意图。[28] 有趣的是,尽管历经种种"现代化"浪潮的席卷,古老的排他性规则理念依然顽强地活跃于部分资深法官的思想当中,我们可以在近期的一些评论中见到它的身影,虽然它也许已不如往日一样以堂而皇之的方式出现。临了,我想借用里德勋爵(Lord Reid)在 *Black-Clawson International v. Papierwerke Walhof-Aschaffenburg* (1975年)案中的一段话来作小结:"我们常说,我们总在探寻议会的立法意图,其实这是欠准确的说法;我们其实在找寻的,是议会立法时措辞的含义——不是议会的意图是什么,而是议会所采用言辞的真正含义是什么。"[29]

## 其五:没有宪法的国家?

那些对公法感兴趣,并成长于一个宪法唾手可得的国家的法律学者,会惊异地发觉,大不列颠身为一个成熟的法治国家,竟没有一部国家基本法的存在。当我们说不列颠宪法缺位的时候,我们不仅指她没有成文宪法,还意指她事实上根本就不存在任何宪法性质的法律,因为找不到什么特殊的、"根本性的"法律,议会不能像对待其他法律一样,通过正常程序,在达到所要求的普通多数时,对它们进行废除或修改。历史——甚至是最近的历史——都可以为此作证,比如说,任何事物或任何人,都没能够阻挡议会作出暂时搁置人身保护令(*Habeas Corpus*)和陪审团审判的决定,不论这种搁置是发生在联合王国的哪一块领土,也不论会延续多长时间,而这两项制度,通常都被视为生来就罩着宪法性权利的光圈。

---

[28] R. Munday, "The common lawyer's philosophy on legislation", *Rechtstheorie*, 14 (1983), 203.

[29] T. R. S. Allan, "Legislative supremacy and the rule of law: democracy and constitutionalism", *Cambridge Law Journal*, 44 (1985), 118.

由此,学术权威们,如 J. W. 高夫(Gough),也就难免作出这样的评论:"当一部法律经由普通立法程序不能对其作出修改或撤销的时候,我们就称该法律为根本性法律。在今天的不列颠……议会是最高立法机构,因此,从这个意义上说,在现代英国宪法中,没有可被视为根本性的法律。"[30]

那些习惯了以成文宪法为一国之本的欧洲大陆人以及大西洋彼岸的美国人,其宪法更是让人不敢在太岁头上动土。他们会认为这实属匪夷所思:在当今这个时代,不列颠竟然没有《权利法案》,也没有任何不可侵犯权利之清单,这些权利都逃不出坐镇威斯敏斯特、掌握全权甚至是无所不能的议会的手掌心。当然,这个议会还可以改变或废除所有的习惯法和所有的司法判例,这正是它无所不能的含义所在。由此,我们可以清楚地看到,正是议会的至高无上地位——尤其是下议院,直接导致了一个神圣不可侵犯的权利法案在英国的空白。由于《欧洲人权公约》对人权的关注和偏向,在不列颠也和在其他缔约国一样,某些特定的人权是受到保护并不在议会可干涉范围内的,但单纯从不列颠的现存法律体制上看,没有权利法案的存在,是一个不争之事实。这种状况的产生,与普通法本身没有关联,因为美国就是普通法世界的一根顶梁柱;它也不能归咎于英联邦国家之间的纽带和观念,因为加拿大就有权利法案。[31] 我们也不能说英国人缺乏对自由的热爱,反对无限王权和争取个人自由的斗争,一直是英国历史的主旋律。要为现代西方世界这一独特的反常现象搜寻合理的解释,我们还需置身于英格兰政治制度的历史发展中去感悟。

议会至上原则,也就是议会享有绝对的至高无上的立法权威,其理论基础建立在两大支柱之上。第一个是,现任议会不得束缚继任议会,它同样也不受前任议会的约束。议会可以制定或撤销

---

[30] J. W. Gough, *Fundamental Law in English Constitutional History* (Oxford, 1955), p.2.

[31] W. S. Tarnopolsky, *The Canadian Bill of Rights* ($2^{nd}$ ed., Toronto, 1975).

一切法律,任何出于道德上或自然法方面的考虑,都不得对抗出自威斯敏斯特的白纸黑字制定法的规定。第二个理论基石是,法官不得以某部法律与宪法或普通法的根本原则相违背为由,而对该法律进行责难并拒绝适用,这会被视为是司法部门对立法职能的僭越。众所周知,19世纪时,该原则在 A. V. 戴西(Dicey)[32]——牛津大学瓦伊纳教席法学教授——的著作中曾有过最为经典的表述。但是,它的历史源头,却发端于一个世纪之前。在17世纪初期,爱德华·柯克爵士还坚持认为,与理性和普通法根本原则相违背的制定法,是无效的。他受到来自王室和议会权力的两面夹击,只因他要把二者都置于"法律之下"。当然,他自知君主专制的存在,因为在都铎王朝的时候,王室就已经领悟到,"在宪政的幌子下,议会可以作为革命性的秘密武器,为王权的独裁专制添薪加柴"[33],但我们也不要忘了,弗朗西斯·培根(Francis Bacon)曾把议会称为"至高无上与绝对的"[34]权威。

然而,到了18世纪,布莱克斯通就发表了当时较为风行的观点,他认为,没有任何理由可以和制定法相对抗,人们只能遵守它、执行它,而不论它是多么的不入情理。该论断比过去的说法更加倍受瞩目,因为布莱克斯通此观点出炉之时,正是美洲大陆殖民地尊奉柯克的理论,并置议会权力于根本法律与公民自由之下而不是之上的历史时刻——由此引发的后果是,年轻的美利坚合众国诞生了一部成文宪法,并在不久之后,违宪审查制度也得到了确立。英国和美国在宪政方面的差异,只能通过考察当时的政治形势得以解读。柯克有理由对一个拥有绝对权力的国王,以及效忠于他的议会心生恐惧,并对此油生防范心理,同时可以理解的是,

---

[32] 关于戴西,参见:R. A. Cosgrove, *The Rule of Law: Albert Venn Dicey. Victorian Jurist* (Chapel Hill, 1980); T. H. Ford, *Albert Venn Dicey. The Man and his Times* (Chichester, 1985).

[33] Pollock, *First Book of Jurisprudence*, p. 357.

[34] *The Tudor Constitution. Documents and Commentary* (2nd ed. by G. R. Elton, Cambridge, 1982), p. 238.

美国人民亦不愿意将自己完完全全地置于一个只知道对他们课税、却不给其代议权的议会的统治之下。然而在不列颠，财产的拥有者没有理由去惧怕威斯敏斯特的两院，因为两院的组成人员都出自与之相同的阶层——贵族以及从上流社会和富裕的资产阶级中选出的代表们。他们会力戒伤害作为其同伴的财产拥有者和选民们的任何基本利益。对布莱克斯通信念的秉承，一直持续到了20世纪，此时发生了两个重大变化：一是众议院的民主化（通过普选而实现），另一个是贵族院地位的下降，尽管它仍然实行世袭制，但在议会作出决定的过程中已退居二线。

一个由普通大众选出来的拥有无限权力的下议院，使许多人感到处境危险，因而在今天，我们听到拥护权利法案出台的呼声，实为正常，尤其是在保守派的圈子中，他们希望权利法案能够成为对抗下议院之过度权力的坚不可摧的堡垒。不过，在不论左派势力还是右派势力，都出于各自利益为权利法案而喝彩欢呼之时[35]，导致双方分歧的问题出现了：谁将成为权利法案权威的守护人呢？因为左派势力不愿意让司法系统（被视为保守势力）成为议会立法是否合宪的裁决者。各方面的争辩都在如火如荼地进行当中，尤其是黑尔什姆勋爵（Lord Hailsham）——后来的保守党在内政部事务方面的首席发言人——在1970年大选前，撰写了一本惹人注目的宣传小册子《新宪章》（New Charter）之后，更是让争论达到了白热化。他在《新宪章》中号召人们召开一个制宪会议，并呼吁通过一个"崭新的权利法案"，根据该法案，除紧急状态之外，议会制定有损于个人权利或宗教权利的法案的立法权将受到限制。在1976年，他还在一个公开场合倡导制定一部成文宪法，并对议会无所不能的权力予以限制，在他看来，议会已经成为了一个彻头彻尾的民

---

[35] R. Stevens, *Law and Politics. The House of Lords as a Judicial Body 1800—1976* (London, 1979), p. 409.

选的独裁者。[36] 不过,他的建议并没取得多大支持。因为有些法律人士认为,要通过一部权利法案,根本就不存在法律上的可能性,因为对议会立法权的唯一限制,就是它"不能减损自己持续存在的最高地位",换句话说,就是不能有损于它"持续存在的法律上之万能权力"[37]。其他人则认为,制定权利法案大可不必,因为法官的执法所引导的对法治的遵从,就已经足以对抗议会的专制,并为公民权利的享有提供坚实保障。[38] 政客们,也就是议员们,当然不倾向于削减自己的权力,并把对法律的控制权拱手让给司法部门。正是由于一部成文宪法的出台,并伴随着违宪审查制的确立,会对权力的均衡造成极大的破坏,权力的天平,会严重地偏向司法权一边,因此,用 P.S. 阿提雅(Atiyah)的话来说,就是"法官将是议会权力的最终裁判者"[39]。如果不是因为这是一场权力角逐的话,制定一部权利法案的想法,会获得更为显著的进展,因为它的颁布有着坚实的理论基础,还是套用阿提雅的话,这正是基于一个很简单的道理,即"某些特定的基本人权不应遭受政府或立法机关的任意摆布,不能仅仅因为人民选出了议会,就认为他们赋予了议会无限与独裁的权力"[40]。

下议院独裁的危险,给部分公众敲响了警钟,非但如此,议会成为一个名副其实的"造法者"、年复一年地粗制滥造出大批新法案的

---

[36] P. Goodhart, *Referendum* (London, 1971), p. 189.

[37] H. W. R. Wade, "The Basis of Legal Sovereignty", *Cambridge Law Journal* (1955), 174, 182.

[38] Allan, "Legislative Supremacy", pp. 111—43.

[39] P. S. Atiyah, *Law and Modern Society* (Oxford, 1983), p. 108.

[40] 1985年7月17日的《泰晤士报》(*The Times*)刊登了一篇题为"*Risks*" in a *Bill of Rights* 的文章,报道了皇家大律师罗伯特·亚历山大先生(Mr Robert Alexander)对应当参照美国模式制定一部英国权利法案、以庄严宣告和保护公民基本权利的说法所作的回应,他认为这么做会有让法官染上政治色彩的风险,并重申在联合王国,"既不存在要求出台一部新宪法性法律的一致呼吁,也没有非得强制颁布一部的当务之急"。他同时还表达了对此的忧虑:权利法案的颁布,很可能会对议会至上原则带来不小的冲击,将议会置于法官的股掌之中。

事实,也引起了公众的不悦。过去的立法并不是这样的,我们注意到,在 18 世纪的时候,那时布莱克斯通并未把议会的最高权力放在眼里,立法被视为议会的副业,主要都是一些异想天开的普通议员对刑事法律和圈地法(enclosure acts)方面的提案。最近有学者指出,在 18 世纪,法律不是被视为某个机构制定出来的某个东西,它仅为一种法律存在,所以,制定法"对当时占支配地位的事态而言,是次要的调整方式"[41];更有甚者,许多人仍然认为,议会位居法律之下,法律不得受操纵。[42] 这些观点在一个世纪之后依然广为流行。梅尔伯尼勋爵(Lord Melbourne),维多利亚女王早期宠信的大臣,认为制定法律"仅仅是议会辅助性和附带性的职责"[43]。

一部英国的权利法案能否问世,这是一个留给人们无限遐想的问题,而不是一个历史问题。然而,法律史学家也不得不慨叹于不列颠所处的困境与天主教会曾经的遭遇,有着某些惊人的相似之处。因为,在天主教会中,在不久的过去也能听到要求颁布一部宪法的呼声(其中一章叫做 de Christifidelibus et juribus eorum),该提议紧随第二届梵蒂冈委员会(Vatican Council)的成立而提出,不过,和不列颠一样,进展似乎相当缓慢,甚至已经渐行渐停、杳无声息了。它的问题在于,教会的传统中,没有任何迹象显示对权利法案的迫切需要,也找不到一条通往权利法案的光明大道。[44] 在英格兰法律传统中,通往权利法案的路途也十分渺茫,不过,站在一个中世纪史学者的立场,我有必要提醒读者诸君注意这样一个历史事实,即在 1369 年,议会达成了一项共识:"《大宪章》和《森林宪章》(Charter of the Forest)的效力,在各个方面都不容侵犯,任何与

---

[41] P. S. Atiyah, *The Rise and Fall of Freedom of Contract* (Oxford, 1979), p.91.
[42] Atiyah, *Rise and Fall*, p.97.
[43] Stevens, *Law and Politics*, p.37.
[44] C. Leitmaier, *Der Katholik und sein Recht in der Kirche. Kritischkonservative überlegungen*, Konfrontationen, 10 (Vienna, 1971); P. E. Bolté, *Les droits de l'homme et la papauté contemporaine. Synthèse et texts*, La pensée chrétienne, 1 (Montreal, 1975).

此相违背的制定法,都应归于无效。"[45] 当然,我们后来也遗憾地看到,各个《撤销法》也都只是为《大宪章》中的四个条款开了绿灯,让它们得以驻足于《法令全书》(Statute Book)当中而已。[46]

在17世纪那个忙乱纷繁而兴奋狂躁的年代中,没有人会对来自四面八方的对议会至上原则的评论而感到意外。有人说,议会的"立法程序应当由成文法明文规定,而不是服从于一个虚无缥缈的所谓'人民利益至上'(salus populi)原则,否则议会将犯下滥用职权的罪行"。但许多学者对这种说法不以为然。还有人认为,要用成文法律来约束议会的职权,这种想法"既没有建设性又荒诞离奇"[47]。甚至还出现了这样的观点,认为普通法应当受议会的支配,这也就意味着把所有人的财产,置于不确定性与迷惑性之下,这样一来,普通法以及附随于它的财产,就被彻底地征服,并"让最强者获得想要的一切"[48]。这一观点引起了许多学者极大的不安,正如约翰·怀特海(John Whitehall)在1679年所表达的那样。而争论还在不亦乐乎地进行着!

## 其六:议会至上的后果

议会至上原则带来的一个逻辑上所能推想到的后果,一如前文已粗略提及的,是违宪审查制度在不列颠的缺失。从最广义来说,"司法审查"是指任何来自高级司法机构的监督,比如说上诉程序;而从狭义上理解,我们也正是在这个意义上使用这一术语,司法审查指的是法院对立法的宪法方面内容进行审查与监督,一旦发现法律与宪法的某些条款相违背,法官可以行使其权力宣告该法律无效(或停止对它们的适用)。现今许多西方国家都设有司法审查制度,有的由享有普遍管辖权的最高法院执行,有的则专门设

---

[45] Gough, *Fundamental Law*, p.15.
[46] Pallister, *Magna Carta*, p.101.
[47] Gough, *Fundamental Law*, p.101.
[48] 同上书,p.144。

立了一个宪法法院,该制度被视为民主的象征。而在富有民主传统的不列颠,却不存在这样一种制度,对此实在值得给予特别的垂顾。在美国,法律体系大部分基于英格兰法律传统而建立,却首开司法审查制之先河;许多欧洲大陆国家,其政治制度深深烙着不列颠的痕迹,也同样有司法审查的存在。当我们想到这些,就越发觉得不列颠的状况令人深思。美国背离英伦传统而独辟蹊径,自有其历史原因,在展开探讨之前,有必要指出的是,尽管在相对广义上说,司法审查也许是美国宪法实践的重要组成部分,但切记,在美国宪法的条文中,并不能找到多少支撑该制度存在的语句。美国的司法审查制度是法院在司法实践中确立的,也就是马歇尔(Marchall)法官坐镇最高法院的时候,在1803年的"马伯里诉麦迪逊案"(*Marbury v. Madison*)中,最高法院推定自己享有审查立法是否合宪的权力。这并不意味着最高法院顷刻间篡夺了原本宪法没有赋予它的权力,许多法律人士和政客们都对此问题有过争论,而人们强烈地感觉到,宪法的精神就是要让立法者服从于宪法条文。1803年的那个判决,就是在这样一种强烈共识的指引下作出,并为大家所接受的。[49]

一个很有趣的现象是,大西洋彼岸的另一个国家比利时,早在1831年就制定了一部体现自由精神的现代宪法,面对着与美国几乎一模一样的问题,并且从时间上看,就在"马伯里诉麦迪逊案"发生后不久,该根本法中竟没有一个字提到司法审查权,因而在比利时该问题的解决同样留给了法院,尤其是最高法院,来决定法院是否应当行使司法审查权。就在宪法颁布后不久的1849年,比利时最高法院作出裁决,司法审查不在它的职权范围之内。由此,对法律的合宪性问题进行审查的最终责任,留给了立法者来承担。两国都有着最新的体现自由精神的宪法,国家也都是基于分权原则

---

[49] 关于 *Marbury v. Madison* 案的政治、理论及历史背景,参见 G. L. Haskins, on pp. 182—204 of vol. II: *Foundations of Power: John Marshall, 1801—15* (New York and London, 1981) of the *History of the Supreme Court of the United States* 中的精彩介绍。

而建立，却走上了截然不同的道路，对此现象进行反思，不禁令人兴味盎然。两国均由一个最高法院的判例来决定何去何从（并且在这两个国家，这些判例所建立的制度，直到今天都未曾动摇过），然而，在一个国家，司法审查制度得以旌旗招展，在另一个国家，则凄然告败。对产生这一分歧的原因深入探讨，并不是无所事事的消遣娱乐，因为它能向我们展示某些不列颠在当时的影响。的确，我相信造成比利时和美国同途殊归的直接原因是当时的历史状况，而不是那两个判例内在的实质问题。关于司法审查制度的利弊，在过去以及现在，一直争论不休。支持一方的意见，当然是认为，国家的所有机构，立法机构也不例外，都应当服从法律并遵守宪法，而司法机构则是裁断一个特定法律是否符合宪法的最佳人选（当然这毕竟只是关于某一法律文件的一场法律争辩）。持反对意见者则认为，建立司法审查制势必造成司法机构卷入政党政治纠纷的风险，并认为，审查违宪的最佳人选，应当是那些通过民主选举、代表民众的议员们，他们对自己通过的法律承担最终的责任，是最恰当不过的了（一旦他们违反了宪法，全体选民在今后的选举中，就自然会对他们进行脚投票了）。[50] 从纯粹政治的角度来说，当然，这两条道路的选择都关乎权力：摆在面前的问题是，谁能够在整个国家中拥有是否违宪的最终决定权，要么是立法者，要么是法官。在这里，在我们分析的最后，比利时与美国走上不同道路的原因已经昭然若揭了！即，尽管比利时宪法并没从不列颠照搬多少文字[51]，但却饱受不列颠精神的鼓舞，正如我们所知，早在18世纪的时候，该精神就使得比利时采纳了议会至上原则，且将司法

---

[50] 一场关于比利时司法审查制度利与弊的争论，参见 M. Barzin, "Du contrôle de la constitutionnalité des lois", *Académie Royale de Belgique. Bulletin de la Classe des Lettres et des Sciences Morales et Politiques*, $5^{th}$ s., 52 (1966), 335—50。

[51] J. Gilissen, "Die belgische Verfassung von 1831—ihr Ursprung und ihr Einfluss", *Beiträge zur deutschen und belgischen Verfassungsgeschichte im 19. Jahrhundert*, ed. by W. Conze (Stuttgart, 1967), pp. 38—69.

审查拒之门外。而在美国,情况就不一样了,虽然美国宪法的某些条文直接来自英国的法律文本,但美国宪法精神的形成与年轻的合众国的成长同步,那样的精神氛围造就了它与英国的南辕北辙。这种不同,仅相对于18世纪的英国而言,在精神上,美国却是忠于17世纪之英伦理念的。在独立战争年代,美国有两个来自英国的理论可供选择:布莱克斯通的议会至上理论,以及更早一些的柯克的理论。后者在英国早已被人遗忘,但在北美殖民地却极为盛行,该理论坚持,任何与普通法基本原则相违背的法律,都应归于无效。由于美国革命是建立在这样一种信念基础上的,即威斯敏斯特所通过的各种加重税负的法律,都应被视为侵犯了不列颠帝国臣民的基本权利,因而,美国选择了将议会权力置于宪法性原则与司法审查之下,也就属顺天应人了。

众所周知,柯克是在"博纳姆医生案"中鲜明并极具说服力地阐明了自己在这个问题上的观点。虽然总的说来,英国司法体系也遵从布莱克斯通的理论,但这个拘束于传统、受制于先例的体系,在整个19世纪、甚至是20世纪里,都打过不少次意义重大的回马枪。在原则上,法院接受立法者至高无上的地位,而在实践中,法官们却别出心裁地暗渡陈仓,以避免自己在日常司法实践中影响力的减损,比如说,牢牢保留住法律的解释大权,并假定议会从来不会试图去制定与普通法原则相背的法律,除非议会明白地表示该违背意图。这些对法律解释所施加的限制,其意图已不难揣测,对有些不善于猜度的读者,不妨听听弗雷德里克·波洛克爵士在许多场合所作的清晰说明:法院一直倾向于在这样一个理论基础上来解释制定法,即法院把立法机关视作一个愚昧无知者,他离法律的施行越远越好,而一旦他真的干涉了法律,那么这也是司法机关的职责来把损失限制在最小的范围内。[52]

柯克关于不可动摇的普通法原则的理论,在美国被改编成了不可动摇的宪法原则,后者取代了普通法根本性原则的地位。因

---

[52] F. Pollock, *Essay in Jurisprudence and Ethics* (London, 1882), p.85.

而，马萨诸塞州的王室首席法律顾问（Advocate General）詹姆士·奥提斯（James Otis），就拒绝出席为"协助收缴走私物品令"（writ of assistance）（即对走私嫌疑犯的房屋进行搜查的搜查令）说好话。在1761年，他义正词严地声明，这种令状——即使它是议会授权颁发的——不具法律效力。立足于柯克的理论，这一美国革命的"首要反叛精神"向世人宣告，一部在威斯敏斯特投票通过、但没有美国代表参加投票的专制的法律，如1765年的《印花税法》（Stamp Act），是无效并违宪的，亦即有悖于普通法的根本性（习惯性）原则。在此，我们可以观察到一个从普通法向宪法概念偷换的难以察觉的滑奏。

在这样的语境下来理解前文屡次提及的被奉为根本法的"法律"，是件很有意思的事情。该根本法不受当时立法者们天马行空之幻想与一时兴致的干扰，由此，为公民对抗有权有势的君主，或大众议会所制定的各式各样的法律，提供了有力保障。诸如：统治者不是万能的；公民的基本权利应当得到保护；什么是正义……这些理念在各个国家、在历史上的各个时期都不难看到。然而，这些不可剥夺的权利和不可毁灭的原则的最终形成，却走过了一段极为艰辛的道路。

在古希腊，安提戈涅（Antigone）求助于"不成文法"的原则性规定，来对抗底比斯王克瑞翁（King Creon）不人道的法律，这个故事广为人们传扬。在中世纪，神法（*jus divinum*）高居于人法之上，是普遍的指导性原则，地位远远高于"朝令夕改的"制定法。到了16、17世纪，人们目之所及，是普通法根本性原则（法文：*lois fondamentales du royaume*）占据了主导地位。18世纪是自然法或曰理性法（德文：*Vernunftrecht*）的世纪，它被所有文明国家奉为立法者的北极星，同时也结束了那个单凭越过幸运边界就能颠倒黑白的荒唐而无稽的时代。

所有这些"最高法律"，都有两个致命的瑕疵。它们的内容从来没有被具体地确定过，更何况是白纸黑字地记载在法律文本中。这并不值得大惊小怪，因为，对什么是"自然"的看法，从来都是见仁见智的。胡果·格老秀斯(Hugo Grotius)认为一妻多夫制是违反自然法的,但一夫多妻制却不然,在当今这个时代,又有多少人能够赞同这种对"自然"的区分呢？另一个缺陷是,没有一个具有足够权威的法院,能够接受任命来执行这些最高法律。难怪乎中世纪的法律人士会指出,即使是地位高如教皇者在立法时也必须考虑到和神法相符,但谁又有权力来评判教皇的立法呢？只有到了现代,从美国开始,为各国树立了妥善解决这一双重难题的榜样:公民不可剥夺的根本性权利以及相关原则,以精确的文字规定在美国宪法的条文中,并将立法者的行为置于法官的监督之下,其主要任务是保证国会所通过法律的合宪性。现在,很多国家都制定了成文宪法作为本国不可动摇的航标灯,并将维护宪法权威、保障宪法实施的重任交给了司法机构。这样似乎就解决了此一古老的历史遗留问题,尽管法院很多时候并不能对每一个问题作出简明而切中要害的回答。如此一来,德国联邦宪法(*Bundesverfassungsgericht*)就不得不敲下定音之法锤:允许堕胎的立法,是否与宪法中所保护的生命之神圣不可侵犯性相违背？

### 其七:刑法——杂乱无章的自我衍生

倘若读者对刑法感兴趣,不妨关注一下英格兰刑法与欧洲大陆刑法的不同风格,还是收获颇丰的。总体看来,在英格兰的刑法体系中,没有多少理论性的东西,更加不存在刑事法典。而在欧洲大陆,德国的"普通当事人"(*Allgemeine Teil*)原则,就以其严密的理论性而著称,其中包括精密的 *Schuldlehre*,即归责原则,这直接嫡传自中世纪教会法学者的衣钵。同时,欧洲大陆几世纪以来都有宏篇巨制的刑事法典问世,有实质性刑法典,有程序性刑法典,还有的两者兼而有之。从罗马皇帝查理五世(Emperor Charles V)的《加洛林刑法典》(*Constitutio Criminalis Carolina*)开始,接下来是法国国王路易十四(King Louis XIV)的《刑法条例》(*Ordonnance Criminelle*),再下来就是拿破仑的刑法和刑事诉讼法典,可谓枝繁叶茂,硕果累累。英格兰的发展状况则不同,没有教授们所擅长建构的概念性框架,它的刑法发展历史,主要是一系列随机的逐步改变,通常是在现存犯罪目录的基础上,再累加数条新的重罪,并使得死罪的数目如雪球般越滚越大。一个最好的例证是:在18世纪,有些私人议员在地方的压力下(如,在一系列的干草垛焚烧案之后),不假思索地在提案中,提出将死刑适用到很多轻罪上。不过,那个时候的刑法,其实并没有它看起来那么糟糕,罪名之所以显得如此"浩若繁星",正是因为缺乏一个对犯罪的普遍性定义,像《萨利克法典》(Lex Salica)那样,对盗窃不同财物罪名各异,如窃猪罪、窃牛罪、窃绵羊罪、窃山羊罪、窃狗罪、窃鸟罪和窃蜜蜂罪。[53] 如此这般的后果,可能是不人道且令人生畏的,对它的避免,主要是通过使用法律拟制的手段(一种屡试不爽的古老的法律技巧,它实际上避开了现行法律的适用,但在表面上并没有显露任何对其违背的迹象),用迂回的方式来实现的。一种方法是,让陪审团人为地低估盗窃物的价值,以避免对窃贼适用死刑。另一种做法是,把神职人员所享有的特权,拓展到所有人身上。这一古老的特赦令(privilegium fori),曾经为神职人员所独享;它根植于基督教罗马帝国,并是国家与教会展开激烈斗争的焦点所在。然而,到了18世纪初期,它已经"飞入寻常百姓家",成为人人享有的"特权",每个犯了普通法上的重罪的人,都可以援引该特权,逃避死刑的惩罚(在1717年的立法出台后,替代性的惩罚是将其驱逐出境)。因此,为对付这种迂回措施,演生出了另一个转弯抹角的司法技巧:为确保刑法的实施效果不受削弱,颁布了一些明文规定不受神职特权保护的犯罪的特别法,这种做法从16世纪就开始了,但直到18世纪

---

[53] Langbein 教授也指出,虽然在立法上,以死刑相威胁的罪名似乎越来越多,但因犯重罪而被真正执行死刑的人,在比例上却呈减少趋势,即"刑法上的死亡率"降低了。参见 L. Radzinowicz, *History of English Criminal Law and its Administration from 1750*, 4 vols. (London, 1948—68),除此之外,还有近期发表的一篇文章 J. H. Langbein, "Albion's fatal flaws", *Past & Present. A Journal of Historical Studies*, 98 (1983), 96—120.

才取得了显著效果。所以,对那些不太留神的观察者来说,表面上看,好像增加死罪的数量,实则不然,这是通过把过去神职人员所独享的特权向普通人延伸,对旧的事态进行了一次重组而已。[54] 这样,英格兰和欧洲大陆的刑法发展轨迹,也就相去甚远了:在欧洲大陆,刑法理论的发展一直居于主导地位,一系列著名的刑事条例和刑事法典,几个世纪以来一直在不断衍生;而在英格兰,刑法的发展有着自发性和不规律的特点,通常会自相矛盾,各种制度之间彼此排斥,刑法理论始唤未出。[55]

## 其八:刑事审判中的指控与陪审团裁决

刑法与刑事诉讼法唇齿相依,因此,现在是时候让我们把研究目光转向刑事诉讼法,看看长久以来存在于英格兰和欧洲大陆之间的区别有哪些。在这一部分,我将简略地论及刑事指控,然后对陪审团制度作更为详细的剖析,后者是普通法世界最为独特的护卫与保障。同时,我选取的研究对象仅仅是刑事陪审团,而非民事陪审团,因为后者在欧洲大陆从未被采用过,而前者曾一度在那儿广为流行;尽管现在纯粹意义上的刑事陪审团,在欧洲大陆已经绝迹,但不容置疑的是,它是同时闪耀在欧洲大陆与盎格鲁—美利坚法律发展历史上的一颗明珠。

在讨论陪审团制度之前,我们还是先花一些笔墨,谈谈刑事指控制度。英格兰人和欧洲大陆人(以及苏格兰人)的做事风格是各有千秋,也就是直到不久的过去,这一差别才在慢慢地缩小。我之

---

[54] Langbein, "Albion's fatal flaws", p. 117. S. F. C. Milsom 对历史上英格兰刑法的看法是:认为那是一段"悲惨的历史",并且"没有任何值得称道的东西"。参见 *Historical Foundations of the Common Law* (2$^{nd}$ ed., London, 1981), p. 403。

[55] 在刑法领域,并不存在统一的欧洲模式,一直是以各国自行其道为主,这也是19世纪编史工作中非常典型的现象。许多国家的刑法,本身就是19世纪的产物,再者,如 J. F. Stephen 所撰写的 *History of the criminal law in England*, 3 vols. (London, 1883),虽然已经过时了,但却依然无可替代。

所以说"直到不久的过去",是因为在这一点上,正如在其他许多方面一样,英格兰法律体系似乎正在向对岸移近:《犯罪起诉法》(Prosecution of Offences Act)在1985年5月23号获得了批准,它将推动英格兰的司法实践向苏格兰和欧洲大陆的模式看齐,并要在英格兰和威尔士成立一个刑事起诉署(Crown Prosecution Service)。

然而,历史上进行刑事指控的做法,却与此大相径庭。数世纪以来,最主要的差别是,在欧洲大陆,对犯罪提起指控一直由一位皇室的代理人负责,称为"财务检察官"(procurator fiscal)(如今天在苏格兰还看得到的地方检察官),或叫做"国王的专门代理人"(the king's procurator),他向法庭提起对犯罪嫌疑人的指控,通过宣读诉状,通常叫做"公诉状"(réquisitoire),在诉状中,他像出庭律师一样,表明自己的控诉意见,试图说服法官判被告有罪。不过,他当然不是出庭律师,而是代表国王、握有大权的官员,他的一言一行,都代表着国家权力。诉讼的另一方,是被告及其辩护人,站在他们面前,检察官就如巨人面对着小矮人,顿感底气倍增,振振有词!——对刑事诉讼中这一力量失衡,英格兰学者们虽隔岸观火,却也深表遗憾。英格兰的做法则完全两样,对犯罪嫌疑人的指控,是由审判地的陪审团进行的,陪审员都是和嫌疑人一样的市民百姓。他们将对案件的表面证据是否充分进行裁断,以决定是否对嫌疑人提起刑事控诉。这样,在同一个刑事诉讼程序中,就出现了两个陪审团:一个是大陪审团(grand jury),决定是否提起指控;另一个是小陪审团(petty jury),裁决被指控之人是否有罪。不论是皇家的诉讼代理人,还是提起公诉的大陪审团,都是在中世纪后期发展起来的,前者的出现,是君主政权在与犯罪的斗争中,发挥着越来越重要作用的结果,而后者产生的历史环境,且容后文另行道来。[56] 从12到20世纪,大陪审团制度在英格兰一直有条不紊

---

[56] R. C. van Caenegem, "Public Prosecution of Crime in Twelfth-century England", *Church and Government in the Middle Ages. Essays presented to C. R. Cheney*, ed. by C. N. L. Brooke *et al.* (Cambridge, 1976), pp. 41—76.

地运作着,但在 1933 年,它被废止了。它的位置不是被欧陆模式的皇家检察官所取代,而是设置了一个前无古人并相当引人注目的新职位——公诉局长(Director of Public Prosecutions)。他事实上就是一个国家官员,他的职责是,根据警方所提供的犯罪材料,决定是否提起公诉,在这方面,他的角色和欧洲大陆国王的代理人(*procureur*)很像,不过,与后者不同的是,他不出庭,也不在法庭上对被告作任何控诉,或要求被告伏法认罪。法庭上的工作,将留给出庭律师来做,作为收取薪酬的辩护人,他们将为皇家在法庭上效力,同样,或许某一天,他也许就会摇身一变,成为犯罪嫌疑人的辩护律师。出庭律师是律师协会的会员,不是国家官员(尽管有些出庭律师专职于指控业务)。关于英格兰没有检察机关(*ministère public*)的历史,我们暂且收笔于此。[57]

现在,让我们把话题转向新的《犯罪起诉法》,分析一下英格兰法律究竟向大陆法系靠近了多少,相信将会有许多有趣的发现。在陪审团制度的历史发展中,尽管最近的发展趋向表明,英格兰与欧洲大陆的司法实践中,存在着"重新接近"(rapprochement)的现象,但不可否认的是,最初是欧洲大陆首先向英格兰靠拢,采纳英格兰陪审团模式的(中世纪早期除外,这里对此将不作展开)。的确,英格兰法律几世纪以来最伟大、最令人瞩目的标志性制度——陪审团制度——在 20 世纪的时候明显给人日薄西山之感,这已是不争之实。大陪审团(美国没有继承的普通法遗产之一)的撤销,在前文早已提过了。民事陪审团在司法实践中也近乎绝迹。最后,新的立法还通过减少可公诉犯罪的数量,来不断削弱刑事陪审团的地位。这一切的发生,声称是出于经济上的考虑——陪审团

---

[57] 对这个问题的评价,参见 M.-L. Rassat, *Le Ministère public entre son passé et son avenir* (Paris, 1967)。

诉讼程序的确价格不菲。[58] 在此值得一提的是,在德国,花费了几代人的努力建立起来的刑事陪审团制度,到魏玛共和国(Weimar Republic)的时候,被无情地取消了,不为别的,正是它过度高昂的费用。不过,几个世纪都风风雨雨走过来了的陪审团审判程序,其费用为什么会突然间在我们这个时代变得如此的难以承受,仍然是一个没有定论的话题。

尽管有如此众多的变化,甚至考虑到英格兰刑事陪审团制度的辉煌不再,可是照现状看来,不列颠和欧洲大陆之间,还是存在着许多显著的不同之处。情节严重的犯罪,在英格兰还是由陪审团来审判的,而在欧洲大陆国家,只有比利时和瑞士的某些州,似乎还保留着这种纯粹的英国陪审团模式;其他国家,如德国和法国,早已经混合了陪审团的成分,其中既有法官,又有普通市民陪审员。只要稍回顾一下历史,导致这一差异的原因也就会自然浮出水面。

正如大家所熟知的,历史事实的主要轮廓,向我们展示了一个欧洲大陆与英格兰之间,你来我往、彼此取长补短的过程。陪审团制度的始创者,是法兰克君主政权,后来,当诺曼人建立了以他们自己的名字命名的诺曼底公国后,他们把陪审团制度作为当地政治制度的重要组成部分而继续使用(同时沿用的还有封建制度、教会体制和诺曼—法兰西语言)。自1066年诺曼征服后,他们把该制度——和其他许多制度一道——随同入侵的脚步,引入了英格兰,并把它扩展到民事诉讼和财务诉讼领域。很快,它又被延伸至刑事审判领域,最初以大陪审团的形式出现,不久之后(主要是因为过去古老的神明裁判遭遇了前所未有的危机),就产生了审判陪审团的形式,对是否有罪的事实问题进行裁决。在13世纪的欧洲

---

[58] 在本文的写作过程中,一项旨在停止把欺诈案件提交给陪审团审判的法案,正在筹划当中。政府对此给出的理由是,现代欺诈案件错综复杂,远不是非专业的陪审团所能把握的。基于同样的理由,现今某些国家的政府也在试图削弱立法机关的权力,因为现代社会法律关系日益复杂,选民们选举出的议会这一来自不同背景的男女大众的混杂集合,实在难当此立法重任。

大陆,陪审团审判让位于罗马—教会法精细而专业的证据体制,最初在教会法院中使用,后来就扩展到国王和亲王们所统辖领地的法院中。甚至在诺曼底,这个曾以陪审团为盎格鲁—诺曼法律体制之标志的地方,也不得不逐步屈服于法国皇家政策的压力,采用了罗马—教会法的诉讼程序。到了现代,陪审团制度早已被欧洲大陆国家置于被遗忘的角落,启蒙时期的一些观点认为,设立陪审团制度是一个失常而荒谬的行为,怎么可以把决定是否有罪这么人命关天的大事,交由一群没有任何法律专业知识的乡野俗夫来解决。这是一个罗马法横行的时代,它的理论原则和程序,在专制主义的欧洲如日中天。然而,到了 18 世纪,这一奉为至尊的罗马法开始遭受批评,比如,它那非民主的、秘密的甚至专制的方式和风格,都成为批驳的靶子。饱受抨击的,还有它那套严格证据制度(*preuves savantes*),或叫法定证据(*preuves légales*),当然还包括严刑拷问的使用(这种方法在普通法中,从来都是不可接受的)。法国大革命爆发后,这些陈旧的证据规则,连同其他许多制度,都被驱逐一空。所留下的空白,正好由来自英格兰的制度填补,它就是陪审团。国民会议(National Assembly)的某些议员,甚至希望把民事陪审团也一同引进,但法律职业人士阻止了这一做法,他们认为,在民事案件中,法律问题和事实问题联系过于紧密,不宜分开处理。然而,在刑事审判领域,陪审团运作得相当成功,该制度发源于法兰克王国,几个世纪之后,在 1791 年的九月,又回到了阔别已久的故乡,此时已改称法兰西王国。拿破仑保留了陪审团审判制度,不过却把陪审团人员的组成,置于政府严密的审查之下,同时,还存在着一些专门处理各种严重犯罪的特别法庭,尤其是那些审理政治性犯罪的法庭。

整个 19 世纪,陪审团审判都是自由主义运动高举的一面旗帜。所以,尽管它在尼德兰王国(在 1815 到 1830 年间合并成了现在的比利时和荷兰)威廉一世(William I)时被废止,1830 年的比利时革命又令其东山再起。在德国,对重建陪审团制度的呼声持续高涨,并产生了广泛影响,也正如所预期的那样,这一举措在

1848年革命时获得了成功。对历史事实的回顾，到此，我想应该已足够说明问题；同时，我强烈地感觉到，陪审团在欧洲过去两百年中的发展历史，至今在文字记载上尚为一片空白，相信对法律史和政治史学家来说，躬耕于这块园地，将会有丰厚的回报。[59]

要用一两句话来描述当今的状况，还不是一件容易的事。不过，可以肯定的是，那种经典的陪审团审判——只由普通民众组成，既进行刑事又进行民事审判——已江河日下：除比利时和瑞士的部分州仍保留有刑事陪审团外，它在欧洲大陆已经销声匿迹了；在英国，民事陪审团在实践中已经不再使用，而刑事陪审团的审理范围，一如大家有目共睹，也在不断遭受侵蚀。不论在哪里，具备专业知识的法官总是青云直上，如在法国和德国，法官们要么独自坐镇，要么插身陪审团之中，与其他门外汉一道对案件进行审理和表决。[60]

在离开刑事诉讼程序这片海岸之前，还有最后一个问题不得不提及。确实存在这么一个领域，让欧洲大陆和英格兰的学者们都觉得他们之间隔着一道深深的鸿沟，那就是欧洲大陆没有英格兰所独有的"人身保护令"。尤其是在英格兰，当遇到那些错误地理解了这一古老诉讼形式之意义的人们，他们便会告诉你，简单说来就是：大多数英国人都感谢"人身保护令"，是它，保护了他们不受非法逮捕，尤其保护了他们不会未经审判就被监禁；在欧洲大陆可不是这样，那里的警察可以随意对人进行监禁，并扣留无限长的时间。这是一幅讽刺画，因为在关于警察对嫌疑人进行拘留并候

---

[59] 关于德国的情况，参见 E. Schwinge, *Der Kampf um die Schwurgerichte bis zur Frankfurter Nationalversammlung* (Breslau, 1926)（对法国大革命时期的发展状况也进行了分析）；G. Hadding, *Schwurgerichte in Deutschland. Der Schwurgerichtsgedanke seit 1848* (Kassel, 1974)。同时还参见 W. R. Cornish, *The Jury* (new ed., Penguin Press, 1971)。

[60] 我们满心期待能够早日看到施欧帕（Schioppa）教授带领下的专家组的研究成果，他们选择了18世纪以来欧洲大陆和不列颠陪审制度的发展历史作为研究对象。该课题的初期研究成果，参见 A. P. Schioppa, "The Jury", *Englische und kontinentale Rechtsgeschichte: ein Forschungsprojekt*, ed. by H. Coing and K. W. Nörr, Comparative Studies in Continental and Anglo-American Legal History, ed. by H. Coing and K. W. Nörr, I (Berlin, 1985), pp. 56—62。

审这个问题上,与其说是不列颠(尤其是英格兰)与欧洲大陆的不同,不如说是它们之间难得的相似之处。确实,在英格兰和在欧洲大陆一样,嫌疑人可能会在审判未决的过程中被长期拘禁——事实上他们也的确曾虚度着候审的漫漫长日,拘禁期也许会延长至18个月(只有意大利似乎对拘禁期限规定得更长一些);同样,在这两个地方,警方拘禁行为都是在司法机关严格的监督下进行。值得一提的是,在本文写就的同时,有人提出一份议案,要求在英格兰也以制定法的形式,限制还押候审的时间——这又是从苏格兰借鉴而来的他山之石,后者的制定法规定了110天的还押候审期限。

## 其九:不喜欢法典化的英格兰

我们现在进入对另一处差异的讨论,不论是在英格兰还是欧洲大陆,每一个法律人士都会承认该差异的存在,即普通法国家的法律没有被法典化。如果说普通法代表着什么的话,那就是没有法典,同样,大陆法则象征着法典化。在英格兰不存在法律的法典化,并不代表法典在那个国家没有市场:很多法典最忠实的拥护者和最热心的倡导者,就是来自英格兰的法学家。同时,法典化的缺失也并不意味着那里的人们没有为实现法典化而努力奋斗,比如詹姆斯·菲茨詹姆斯·史蒂芬爵士(Sir James Fitzjames Stephen)的刑法典,就差点儿成为了法律。不过,无论有多少人为法典化摇旗呐喊,也无论曾为此何等地尽心竭力,官方认可的法典化,至少到目前为止尚未出现。不管欧洲其他国家是怎样在为英格兰作出典范,后者依旧岿然不动,法官们作为普通法的坚定守护者,使得法学家们根本没有机会取代他们坐上国家法律生活中的第一把交椅。我正是希望对这一颇有情节的故事,作更为深入的挖掘与探讨。

在此有必要提醒大家注意两点。大陆法采取法典化的做法,是18世纪以后的事,最初是在实行开明君主制的国家,然后扩展到经过革命洗礼及拿破仑统治的法国。也就是在那个时候,欧洲大陆的法律渊源才呈现百花齐放的局面：有罗马法，习惯法（有时会以成文的形式表现，并被各级政府赋予制定法的效力），由教会法院执行的教会法，还有能在判例汇编中查找到的、由各级重要法院积累的判例法——在这些法律渊源中，教会法与世俗法并存，皇家立法与地方立法同在。另一个要提醒大家注意的是，在法官和律师们的日常法律实践当中，普通法和大陆法的区别远不如我们想象中那样绝对，大陆法国家的法院，在很大程度上也会遵从上级法院作出的先例。这种遵从甚至可以达到这样的地步，即法院在事实上已经把法典中的某些似乎与现代习惯和理念完全格格不入的条款抛在一边，弃之不用，而不是被动等候着立法机关对有问题的条款予以正式废除。由此，我想起在20世纪50年代后期，我们学习的基于法国民法典第720—722条"对同时死亡者的继承规则"（*commorientes*-doctrine），还是现实中适用的法律规则。然而，不久之后，法院就开始拒绝使用这项规则了，理由是，它已经落后于时代的步伐，对它的适用常常会导致荒诞不经的结果，最后，比利时议会在1977年9月19日，以法律的形式正式废除了相关条款。[61]

另外，拿破仑的法国民法典，尽管许多条款已经由后来颁布的法律进行部分修改，但它至今在法国和比利时仍具有法律效力，其中某些条款规定得非常概括和简单，而现实生活中的情况又是千变万化，因而这些条款的适用，必然会造就大量司法的判例。因为，尽管总的原则依然如故，正如优士丁尼（Justinian）所言，"判决应依法律而非先例作出"（legibus, non exemplis judicandum est）[62]，但是，下级法院很自然地倾向于跟随上级法院的做法，甚

---

[61] "对同时死亡者的继承条款"针对的是未留遗嘱继承，对在同一起事故中丧生的几个人的死亡顺序，从法律的角度设定一些假想（该假想的主要依据是死者的年龄和性别）。关于该原则在大陆法中的起源，参见 H. Coing, *Europäisches Privatrecht*. I: *Älteres Gemeines Recht* (*1500 bis 1800*) (Munich, 1985), pp. 203—4。

[62] "Judgments should be based on the laws and not on examples", i. e. precedents.

至在某些特定场合下，它们还必须遵从上级法院的先例。在法典特定条款周围的缝隙中，长出了茂盛的普通法丛林之最佳范例，那就是侵权法。在英格兰，侵权法的一般适用范围，从未被明文规定过，它是由法院在司法实践中，通过一系列互不相干的个案发展起来的。在法国和德国，侵权行为由民法典加以规范（《法国民法典》第 1382—86 条，《德国民法典》[Bürgerliches Gesetzbuch] 第 823—53 条），但关于它的条文寥寥无几，使它成了一块荒芜的领地，也就使得现代侵权法，基本上演变成纯粹的法官造法，所发展出的规则，与法典条文本身常常没有多少实质性的联系。[63] 正如《法国民法典》不会明确规定，"损害赔偿"除包括身体损害赔偿外，是否还包括精神损失赔偿？它也不会规定，对受害者的妻子，是否也要像赔偿受害者一样进行赔偿——如果说妻子可以获赔的话，那么情人是否也能享受同等待遇呢？当然，所有这些问题都只能留给法院在审判实践中解决，所以，不论在欧洲大陆还是英格兰，侵权法都最终归结为判例法。然而，不可否认的是，两者在最终法律依据的打造风格上，还是和而不同，（用茨威格[Zweigert]和科茨[Kötz]的话说）"普通法倾向于"一个萝卜一个坑"，每种法律规则具有相对独立性（如，欺诈和恶意诽谤之区别）；而大陆法，则倾向于整个法律体系的和谐统一，各法律规则间强调有机相连"。

现在，我们将对已经多次使用（甚至被滥用）的术语——"法典"——作一个系统归类，我想这也是为下文做铺垫的必要之举。首先，我们在这里所指的法典，有别于官方的法律（或案例）汇编，不论这种汇编是否对现存法律进行过照搬或重新整理，也不论是否在官方的主持下进行。这样一来，《国法大全》（6 世纪时，在罗马皇帝优士丁尼主持下制定，在他统治下的东罗马帝国作为法律而颁行，是历史上最恢宏的罗马法汇编）就不是法典，而是对现存

---

[63] K. Zweigert and H. Kötz, *An Introduction to Comparative Law*, transl. T. Weir, II: *The Institutions of Private Law* (Amsterdam, New York, Oxford, 1977), p. 234.

法律文本一个系统的整理和汇编：有既往的、新近的；有立法机关制定的法律，有法学家著作的节选。即使这些法律文本和节选的文段，是按照相关主题排列的，并且在特定程度上（甚至只是皮毛层面上）被特里伯尼安（Tribonian）和他的同僚们进行过修补和有序的重组，但这些都不能改变《国法大全》是法律文本的汇编、而不是法典的事实。《教会法大全》（Corpus Juris Canonici）同样也不属于法典，它全盘是一个由性质大相径庭的教会法律文件组成的大杂烩。它包括政务会的教会法，包括教皇颁布的教令——这些教令，是格拉蒂安（Gratian）于大约 1140 年在波伦亚编辑的，它的编排自成一体，还附有便于读者阅读的标题和由格拉蒂安本人亲自撰写的评论——该《大全》还包括后来由官方编纂的各种教皇教令集。在 1917 年，教皇颁布了《教会法法典》（Codex Juris Canonici），这才是教会第一部真正的法典。在许多国家，人们把所编纂的大型制定法汇编称为法典，这都是犯了概念上的错误：如不列颠的《王国制定法》（Statutes of the Realm），俄国沙皇尼古拉一世（Tsar Nicholas I）在 1830 年制定的《领地法典》（Polnoe Sobranie Zakonov，45 卷本，包含了 30920 部法律），以及他在 1832 年制定的《敕令法典》（Svod Zakonov，15 卷本），前者按照历史年代顺序排列，从 1649 年到 1825 年，后者则是自成体系的法律选集。

这些浩如烟海的法律汇编，往往是旧的新的法律都以他们最初颁布时的版本汇聚一堂，有的甚至理解起来都有一定困难。而一部真正的法典，却与此截然相反。它是一部崭新的法律，尤其是为某种特殊场景而制定的，并对法律某一重要领域的概念和原则，有着全面而系统的规定，它以法律的名义颁布实施，它的出台会使过去所有相关领域的法律、习惯和法律权威学说，都归于无效。在这些真正意义上的法典当中，又可以分成"保守性"和"革命性"两种。制定保守性的法典，主要是对法律进行重述，让它易于为公众所理解，消除存在的模棱两可状况，扫清原有法律的自相矛盾、疑窦重生以及不置可否的因素，除此之外，还会对原有法律进行一定程度的创新：启蒙时代，中欧国家颁行的一系列法典，就属于这种类型。与此相应,革命性的法典,则是要把旧的法律全体铲除,通过革命的暴风骤雨,洗刷某种旧体制或某个屈辱的时期,一切重新开始,甚至是另开辟一片崭新的天地:这类法典主要包括中间阶层的法律(见前文),以及早期的苏维埃法典。当然,还有混合型的法典(抽象的模型和纯理论的归类,总是不能囊括现实生活的全部),拿破仑所制定的一系列法典,似乎就属于这一类:它们保留了许多革命性因素(如法律上人人平等,启蒙时期《普鲁士民法典》[Prussian code civil]中就忽略了这一原则),但更大的篇幅,是恢复了罗马法和习惯法,有些部分,还退回到了中世纪甚至是罗马帝国的年代。

现在,世界上几乎每一个国家,都有自己的民法典、刑法典以及诉讼法典。例外的国家很少,但却举足轻重——南非、美国和大不列颠:首先是南非,它的法律体系,是建立在未被法典化的罗马—荷兰法和英格兰普通法之基础上的;在美国,绝大部分州的法律,都是基于英格兰普通法传统而建立的;而在大不列颠,苏格兰的法律基础,是罗马法和不列颠的立法,它们都是未被法典化的,而且英格兰也坚定地避免法典化。不容否认的是,部分法典化或说准法典化,曾以许多大而全的法律形式出现(如关于商事的立法,关于已婚妇女财产的立法等等),而且在印度,各个领域的英格兰法律都已经法典化,以便殖民地法院之用。不过,断言英格兰普通法不是法典化的法律,直到今天都是一个不争的事实。同样,正如没有被法典化的普通法那样,也没有被法典化的制定法和衡平法。

在我们对当今世界舞台上这一反常现象进一步深入推究之前,对相关术语作一简短阐释,或会裨益匪浅。"普通法"(common law)这个词并非不解自明,在不同的语境中,有着不同的含义。它的基本含义——"各个民族、行省或国家共同的法律"——就其自身而言,并不能指代什么,它完全取决于对何人或何国而言该法律是共同的。

英格兰普通法在历史上之所以得名,是因为它是英格兰所有自由人共同的法律,他们都从属于中央皇家法院的直接管辖。这一含义,把普通法与各种地方习惯法区别开来,在晚一些时候,普通法又区别于制定法而存在,一个是法官创制的,另一个是立法机关制定的——而这,正是普通法当今的含义。

然而,还存在另一种"普通法",或曰 jus commune,指的是罗马法和教会法,它们也冠以"共同的成文法"之名号。jus commune 之所以得名,是因为它为全欧洲(包括英格兰)所有精通这些法律的学者和法学院校所共同享有。它与 jus proprium(特有法)或 jus municipale(市政法)相对,后者指的是遍及欧洲星罗棋布的国家、行省以及城镇"自己"的法律。罗马法学家们深切地明白,他们所精通的法律,永远不可能完全取代地方法律的适用,所以他们就设计出了一套理论,根据该理论,jus commune 会为所有的法学写作和教学,提供一套普遍适用的分类标准和研究方法,并可在地方制定法与习惯法没有规定之处,自动填补该空隙。这一 jus commune 在 1500 年左右为德国所采纳,或说"继受",德文中称其为 das gemeine Recht,它成为德意志各邦共同遵守的法律。具体说来就是,中世纪的罗马法和教会法,在德国法律院校中蓬勃而生,在法院里也找到了用武之地(当然,不能否认在适用的过程中,要受到地方原有习惯法的影响)。

更加眩人耳目的是,这一令人捉摸不定的词语(法文曰 droit commun),在法国(还有部分现代国家),却有着另一个与"普通法"风马牛不相及的含义,它指适用于"普通"犯罪的法律,相对适用于"政治性"犯罪的法律而言,就像如下这句话所阐明的:"引渡仅适用于普通犯罪(crimes de droit commun),而不适用于政治犯罪(crimes politiques)"。

英格兰普通法(即判例法或法官造法)和制定法(议会制定的法)的区别,方才已谈及。在此,三言两语提一下"衡平法"。作为英格兰法律的重要组成部分,衡平法主要是关于特定领域的法律,如信托,它由高等法院大法官分庭执行。它产生于中世纪晚期,为避免或矫正由于普通法的严格实施所致的不公平或过于残酷的后果,或者是对普通法令状中没有设定的情形提供救济,由作为"国王良心的守护人"的大法官,行使衡平法的管辖权。

现在,就让我们更为全面地探究一番,为什么英格兰法律——不论是普通法、制定法,还是衡平法——都没有采纳法典化。读者无需翻阅大量的历史书籍就可以看到,学者们对这个问题的研究,从来都没有失去过兴趣。恰恰相反,关于英格兰法典化的话题,几世纪以来,是多么频繁地被提及、被建议和被捍卫,我们还可以看到,这些捍卫者们是多么的能耐非凡,他们又是来自怎样不同的社会背景。我们讨论的展开,将以主要的历史事实为限。

在17世纪的时候,为实现真正的法典化而振臂一呼的,不是弗朗西斯·培根,也不是罗马法学家,而是清教徒革命者。弗朗西斯·培根希望看到的,是制定法的重新有序整合,以及对判例法进行一个内在和谐统一的梳理。[64] 罗马法学家们则希望用科学的罗马法,代替布满中世纪法律荆棘的《年鉴》(Year Books),但是,前文已经告诉我们,甚至《国法大全》本身,都不是真正意义上的法典。真正希望法律被法典化成一本让普通市民随手可得的袖珍型小册子的,是追随克伦威尔的革命者们。就是这些改革者——他们主要通过黑尔委员会(Hale Commission)的工作而为人所知——希望用白话英语来代替法律法语在法庭上的使用,还提议引进民事婚姻。所有这些努力,都是为了使法律及其机构民主化,以削弱数量上不超过几百人的少数职业人士对法律的垄断地位,因为只有这些人,才懂得中世纪法律人士使用的法律法语(这些法语甚至法国人都很难理解),也只有他们才知道如何使用令状录和判例汇编。

在这儿,我们不可能对克伦威尔(Cromwell)时期改革方案的逐

---

[64] 用 F. Pollock(*First Book of Jurisprudence*, p. 360)的话来说,"弗朗西斯·培根,在1616年提出了一个经过深思熟虑而筹划的方案,提议对英格兰法律进行编辑和修整。他希望能够整理出一部古代法律规则汇编……并对制定法和年鉴进行重新修订,去掉那些过时不用的规则。但他并没有建议重新制定一部'范本式的法律'——用我们现在的话说,就是普通法法典:'我尚不敢提出这样的建议',他说,'要将普通法彻底改头换面。'"

个细节都做一番详细研究,但总体作些评论还是必要的。令人费解的是,在对英格兰辉煌而古典的法律史的研究中,这段令人着迷的时期,竟然被投入了阴暗的角落——说它令人着迷,不仅因为在英国历史上,很少有人会为了实现民主,而胆敢尝试去打破英格兰法律体制的垄断格局,同时还因为,它在17世纪中期时提出的改革方案,在一百五十年后的法国大革命中,有相当一部分被验证了。甚至将来会出现一本袖珍型的民法典,也被这些清教徒民主改革者们一字不差地言中了。拿破仑法典最初的版本就是很小的一卷(并且装帧相当精美),市民们可以很轻易地把它装在口袋里。热心的人们把法典抢购一空,构想当时之情景,不禁令人宛尔:人们口袋里装着民法典,在大街上走来走去,以便途经巴黎街心公园享受闲暇片刻之时,拿出来读上一读;或者是宁静的夜晚,一家人围坐在火炉边,无奈于家父的威严,不得不给家人背诵上几个条款!

为什么克伦威尔当政的这段历史会遭得如此冷遇?其原因众说纷纭。有人说,它所做的改革创新,在王政复辟时期,都化为了灰烬,所以没有必要对这一阶段大做文章。也有人说,他们提出的创新方案太幼稚:但有人真的会坚持认为,在17世纪中期,提议将英语作为法庭用语是一种幼稚的做法吗?法国的巴黎高等法院,在16世纪前半叶之前,还在用拉丁文书写判决,直到国王弗朗西斯一世(King Francis I)碰巧发现了这一令人难以置信的情况,才下令从今往后,法庭必须使用法语。而在英格兰,使用自己的本土语言——英语——进行审判的这一天,直到18世纪前半期,才姗姗来迟。

还是在18世纪,古老的普通法遭受了一次由学者专家组成的、声势浩大的攻击,也正是这个时候,出现了法典化最狂热的拥护者——杰里米·边沁(Jeremy Bentham)(他偷换了"法典"这个概念)。就在布莱克斯通写就他那详细阐释历史上之普通法的恢弘著作之后不久,对普通法的猛烈攻击,就由这个他自己亲自调教出来的学生发起了。边沁打出了法律可知性(他再一次偷换了概念)的旗号,来为法典化呐喊助威,他认为,一个由跨越几个世纪的千百万个判例构成的法律,对普通人来说不具有可认知性。但又如何能够想象，市民们可以生活在一个他们完全不能认知的法律环境当中呢？边沁的滔滔雄辩，很快被翻译成法文并传遍了欧洲大陆，但他的雄心壮志在英格兰却未见开花结果，它遭到了司法体系的强烈反对。即便如此，边沁的说教也不是在对牛弹琴，被他理论感化的信徒之一，就是我们在前面提到的詹姆斯·菲茨詹姆斯·史蒂芬爵士，他印度生涯中最主要的成就，就是刑法典的编纂。当他从印度回到英格兰的时候，也尝试在英格兰做同样的事情，并起草了一部刑法典（1878 年），尽管该草案备受欣赏，最终还是未能如愿被收入《法令全书》——也许是运气不佳，偏偏遇上了政府的倒台，并且未能唤起权势者的热情，实为独木难支。臧否之论，在所难免，如：一部法典的出台，会破坏法律的灵活性，会因为束缚了法官的自由裁量权，而阻碍普通法向前发展。法典化运动的滑铁卢之役发生在 1883 年，当总检察长提交一份关于刑事诉讼程序的法案时，该提案遭到了强烈反对，并被委员彻底否决了。[65] 第二次世界大战以后，在法律改革方面有过各种各样的官方的创议，其中就包括进行法典化，但直到今天，我们也没有看到任何有关法典化的梦想变成了现实。[66]

  法典化的种种尝试在英格兰的惨败，与它在欧洲大陆的风靡形成鲜明对照，不禁令人产生这样的疑问：让这所有尝试和努力频频绊跤的拦路石究竟是什么？司法界的反对当然是一个重要因素，但是仅凭这一小群数量上不过几百人的社会精英，单靠他们的三寸不烂之舌，就足以阻挡为社会其他力量所拥护、并被视为最自然而然、甚至是难以抗拒的发展潮流吗？更为广泛和强大的社会各界力量，在其中一定是起着不可忽视的作用，保守派就倾向于使法律的控制权掌握在司法系统手中，这不是出于他们对法官的爱戴，而是他们相信，在维护现有社会秩序方面，司法者比立法者更

---

[65] J. A. Colaiaco, *James Fitzjames Stephen and the Crisis of Victorian Thought* (London, 1983), pp. 200—5.

[66] J. H. Farrar, *Law Reform and the Law Commission* (London, 1974); R. Cross, *Precedent in English Law* (3rd ed., Oxford, 1977), p. 5.

值得信赖。英格兰的法官,历史以来就相当保守,因为他们不论过去还是现在,都按照级别选拔自最优秀的出庭律师群体,而这些出庭律师本身,传统上就来自上流社会和高层资产阶级。这一局面的形成,自有一系列独特的方式:过去,采用的是大张旗鼓的方式,法律明文规定,只有贵族和上流社会人士及其子女,才有权进入律师公会(Inns of Court)*学习;而在晚一些时候,该明目张胆的做法稍有收敛,法官的选拔,只在极少数膏粱子弟中进行,因为唯有他们,才能够支付得起公立学校和牛津或剑桥的高昂学费。显而易见的是,由这般出身背景的法官创制出的法律,一定会相当保守,财产交给他们来保护应当是很放心的。当立法者开始插手法律,尤其是民选出来的立法者,他们动辄要创新,要废除或修改法律——这对现有的富人阶层和贵族来说,实在是一个不祥之兆。

然而,令法典化进程在英格兰障碍重重的,还有另外几个原因:经历了一系列政治动荡后的英国人,已经把法典和那些令人厌恶反感的事件联系在一起了。

想到法典,就想到了清教徒的那场闹剧,想到了少数人实行的军事专政,想到了那些狂热的宗教信徒。他们还把法典和18世纪时期的"开明专制君主"扯上关系。尽管"开明专制"(enlightened absolutism)比"开明暴政"(enlightened despotism)(不管怎么称呼,它在本质上都是一个"舆论终结者"[contradictio in terminis])听起来更顺耳些,但"专制"依然为英格兰的公众舆论所唾弃,再者,英格兰人通常也不会把"开明"与那些国家的政府联想到一起。

另外,法典还让人们想到了法国大革命的腥风血雨,又一个让人毛骨悚然的回忆,当时多少英国政客为之着迷,以至于在往后的几十年中,介于前车之鉴没有出台过任何略带激进的措施,因为它们很快就会把不计其数的人,推上设于伦敦公众广场的断头台。埃尔登勋

---

\* 泛指各自治性的、自愿组合的非法人的出庭律师社团。现存的四个出庭律师公会是:林肯公会(Lincoln's Inn)、格雷公会(Gray's Inn)、中殿公会(Middle Temple)与内殿公会(Inner Temple)。——译者注

爵（Lord Eldon，卒于 1838 年）就生活在这个年代，他曾是民诉法庭的首席法官，后来成为大法官。作为一个极端的保守主义者，他恰是那个时代的典型，他反对所有的改革措施，除了取消司法决斗；他还认为，就算是不良的先例，也应当得到遵从，即使该先例已经臭名昭著——这么做是为了维护法律的确定性。在此要提醒大家注意，持这种观点的人还远不只他一个。甚至布莱克斯通也说过：

> 只有法律没有衡平，尽管有点僵硬并令人不悦，也远比只有衡平没有法律要对公共福利有好处：后者会使每一个法官都成为立法者，这将给人们带来无尽的迷惑，因为到了那个时候，就如每个人的能力和情绪都因人而异一样，法庭中法官们各自制定的法律规则，也会呈现出五花八门。[67]

如果大家熟悉丹宁勋爵——判例规避的坚定维护者——的判决和著作的话，就会知道，这场争论在我们今天这个时代，仍方兴未艾。[68]

最后，想到法典，人们也很自然地就想到了拿破仑·波拿巴，正是他，让不列颠卷入了多年生离死别的斗争中，他早已上了国家的黑名单，成为英国人刻骨铭心的仇敌。

有些读者也许会进一步发问：为什么在欧洲大陆，法典化进程会推进得如此顺畅呢，那里也有不少保守派的法官啊？现在，我们把注意力转向这个问题，正适逢其会，它还可以进一步延伸：为什么像德国和俄国这样极具分量的欧洲大陆国家，至少在 19 世纪末甚至是第一次世界大战以前，也和英格兰一样，没有采纳法典化呢（虽然这不是迫于司法系统的权威）？

---

[67] *Commentaries*, adapted by R. M. Kerk, I (London, 1876), p.41.

[68] 参见丹宁勋爵在 1982 年 11 月 7 日 B.B.C. 录制的电视访谈节目中所作的声明："许多法律职业者自打执业以来，就坚信法律应当是确定不疑的，他们不可以对它进行一丝一毫的改变或拓展，它必须具有确定性，该怎样就怎样。就算它的执行会导致非正义的后果，也不能牺牲它的确定性。这是一派学者的观点。另一方面，我想代表另一派学者的观点，即法律应当与时俱进，因此我们必须不断推动法律向前发展，如果需要的话，我们可以推翻一个不良的先例，以求满足不断变化的时代需求。"

有人说，只有到 19 世纪末，《德国民法典》的出台才算是时机成熟。事实确实如此。但这并不表明，德国在此之前没有法典的存在。在普鲁士邦，有古老的 1789—1792 年《普鲁士邦法》(*Allgemeines Landrecht für die Preussischen Staaten*)；德意志的其他许多邦，在法国占领期间，都采用了拿破仑法典(*Code Napoléon*)；而萨克森(Saxony)王国则有自己的法典。另外，其他法律领域中，如民事纠纷和法院组织领域的法律，远在民法典出台之前的德意志帝国时期，就已经以法典的形式出现。而《德国民法典》之所以姗姗来迟，主要应归咎于当时的政治局面：只要德国还处于四分五裂状态，制定一部共同民法典的意愿，基本就是镜中花、水中月——就好比试图去为欧洲大陆所有欧共体成员国家制定一部共同遵守的民法典一样，都是很不现实的。不过，在 19 世纪初期，确实有过这么一个千载难逢的机会摆在德国人面前：德国各邦可以把《法国民法典》作为他们的共同法，它在好几个亲王领地中早已具有法律效力了。如果这样做的话，德国将拥有一部共同的法典，而该法典的一流品质，也将赢得世界的普遍赞誉。这将成为德国对法律的第二次"继受"，它和第一次\*一样，会给德国带来许多法律上的优势：法律上得到统一，并且能够坐享一套具有内在高品质的法律体系。这种可能性——虽然被有些人炒得沸沸扬扬——最终还是没能实现。不单是德意志的民族感情不能接受采用敌国的法律，就是针对法典化这一原则本身，也存在强烈的反对意见。就如同在英格兰这个没有法典的国家会出现法典化的坚实拥护者那样，在德国这个已经拥有一部法典(至少在她的相当一大片领土内)的地方，很自然也会出现对法典化的顽固抵制者。这个人就是普鲁士的法学家和政治家 F.C. 冯·萨维尼(F. C. von Savigny, 卒于 1861 年)，他最初在马尔堡大学(Marburg)做私人讲师(*Privatdocent*)，然后在兰德夏特大学(Landshut)任教授，在 1810 年，他成为新成立的(并极具政治敏锐性的)柏林大学的罗马法教授。他在 1814 年出版了一本

---

\* 指德国对罗马法的继受——译者注。

小册子，即《论当代立法和法理学的使命》(Vom Beruf unsrer Zeit für Gesetzgebung und Rechtswissenschaft)，强烈抨击了当时法典化的主张，并与当时德国最坚定的法典化拥护者 A. E. 蒂博(Thibaut，卒于 1840 年)展开了历史上著名的论战。萨维尼认为，法典会把法律停滞在历史的某一时刻，而法律在本质上却是个活生生的实体，它会随着民族意识洪流的推进而向前发展、演变：法律是民族精神(Volksgeist)的若干载体之一，它应当能够自由地紧随民族精神的步伐而日新月异。到此为止，要身处现代的读者们认同萨维尼的理论，并非难事，事实上，包塔利斯(Portalis)——拿破仑法典最具哲学头脑的缔造者——就对萨维尼的观点做出了声援，他说，法典不应该制定得过于具体，而应该为判例法的发展留下足够的空间。当萨维尼提出这样的问题："民族的法律"该何去何从？它的具体内容应该由什么人来确定？读者们会惊讶地发现，答案竟是法学家，是那些法学教授！他们被认为是确定何为民族法律的最佳人选，由于"现代生活的复杂性"，这项任务不可能落在普通民众的肩上。这样一来，德国的法学教授们——基本上都是罗马法专家(萨维尼本人，就是一部很有影响力的著作《现代罗马法体系》[System des heutigen Römischen Rechts, 8 卷本，1840—49 年]的作者)——就责无旁贷地作为法律的传谕者，通过法律传达民族的心声。当然，说到底，整个论战的大背景，就是对法律控制权的争夺。眼下这种情况，就是法学教授和立法者(开明亲王或是民选代表)之间的较量。萨维尼对法兰西共和国那种大众民主式的立法尤为惧怕。他从骨子里就是一个保守主义者，他相信贵族出身的领导者比普通人更懂得法律，他们会为民众说话：很显然，那些多具有贵族血统的法学教授们，如萨维尼自身，是天生注定以捍卫法律为天职的。萨维尼的理论在当时获得了广泛支持，因为他道出了那个时代人们内心深处的反共和、反法兰西的保守倾向。这带来的后果是，属于前几个世纪的罗马法，依然占据主要地位，德国也进入了这样一个时代，在那里，罗马法教授们达到了他们最后却又是最辉煌的巅峰时刻，创建了当时的主流学派——所谓"学说汇纂派"。至于俄国,也同样在是否引进法国民法典这一想法上举棋不定。沙皇亚历山大一世(Alexander I)的首席大臣 M. M. 斯波兰斯基(Speransky,卒于1839年),就是该主张的极力倡导者,但沙皇突然间放弃了这个想法,仅仅是出于政治上的原因:他不能忍受引进敌国的法典作为自己国家的法律。这样,俄国没有民法典的状态,一直持续到沙皇政权的倒台。有趣的是,在1864年,俄国却引进了《法国民事诉讼法典》(de procedure civile),这样,在俄国就出现了有民事诉讼法典却没有民法典这一奇怪的现象(虽然两部法典都是作为彼此的补充而存在的):要知晓俄国的民法,就只能到我们前文所提到的那些浩如繁星的立法汇编中去大海捞针了。在学术上,俄国也深受罗马法的影响,尤其是德国的学说汇纂派。毫无疑问的是,司法系统的态度——与英格兰正好形成鲜明对比——在事态的发展过程中,几乎是无足轻重、可以被忽略不计的。

现在,无论是原苏联还是德国,都生活在法典化的法律环境中,因此,英格兰成了欧洲的"孤家寡人"。不论她最著名的法学家们提出多么慷慨激昂的抗辩主张,在政治制度的保守性和司法系统的坚固防线之下,她依然坚守着自己的传统发展模式。这就很自然地引出了我们第十个、也是最后一个英格兰与大陆法之间的不同之处——法学教授在普通法发展历史中地位的式微。

### 其十:地位寒微的法律学究

众所周知,英格兰普通法是皇家法官智慧的结晶,法律学究及其理论研究——"法律科学"——在英格兰法律史的发展长河中,始终屈居于边缘地带。[69] 英格兰与欧洲大陆纵在诸多方面千差万

---

[69] 近来最重要的一部研究普通法最初发展阶段的皇家法官的著作,参见 D. M. Stenton, *Pleas before the King or his Justices (1198—1212)*, Selden Society 67, 68, 83, 84, 4 vols. (London, 1948—49, 1966—67); R. V. Turner, *The English Judiciary in the Age of Glanvill and Bracton c. 1176—1239* (Cambridge, 1985)。

别,但也没有哪个领域比在这一点上存在着更大差异了,因为"学者法"在欧洲大陆可是有着重如泰山的地位。事实上,若说欧洲大陆众多重要的法律领域,都是由法律学家们开辟的,就如同说英格兰普通法是法官们的杰作一点也不为过一样。罗马法与教会法在法律院校的讲授,以及专家学者们(大多为教授)对《国法大全》和《教会法大全》所作专著和评论的出版发行,到目前为止已持续了将近九个世纪。即使是今天,两部古老法典的身影已经为诸多形式的法典所代替,但法学院的课堂教学,以及最杰出的评论家们对理论原则的整理和归纳,仍然对蒙沐教泽的法学院学生以及司法和立法机关而言,是一股不可忽视的力量,并影响着他们的一举一动。这些法学家们不但对法典发表评论,进行多方解析,他们还对法典和判决进行批判,并研制出一套套的理论哲学,诸如,法律是如何发展的,或法律应当如何发展,等等。他们是整个法律界的真正主宰者:仅仅是法官的名字在重要案件中不被注明这一事实,就杜绝了民众对司法者个人崇拜的发生,而大家都知道,在盎格鲁—萨克逊(Anglo-Saxon)国家里,代表大多数意见的法官的名字,以及表示异议的法官和他们各自的不同意见,都会详细记载在公开出版的判例汇编中。大陆法系的法官因匿名而退居幕后,法学教授和律师们则在前台出尽风头。

大陆法系这一传统,自有其绵延数世纪的渊源。一切都开始于一个伟大的发现,那是在 11 世纪末期的意大利,人们发现了从未在西方世界问世的优士丁尼伟大立法的全文。鉴于《国法大全》许多零散的部分在过去就已为西方国家所知,因此,将这些七零八碎的部分加以编辑(一次对一千年来罗马法和相关法律思想的整合),也就听随西方世界之便了。一时间,掀起了一股研习罗马法的热潮,人们开始研究《法学阶梯》(Institutes)(一本简明易懂的教科书),《优士丁尼法典》(the Code)(一本关于帝国法律和皇帝解答敕令的小集子),《新律》(Novellae)(或称"新法律制度",也就是优帝自己颁布的作为《法典》补充的法律集),还有《学说汇纂》(Digest)(一本系统编排的经典法学家著作的节选集),波伦亚是当时的研究中心，也是中世纪所有法律院校之摇篮。在那里，学者们研制出了《国法大全》的全文，该文本也成为一代又一代教授和学子们的标准版本，称为"Vulgata"或"littera Bononiensis"（即公认的文本）。[70] 所有这些对古刊旧本的钻研热情，原本只应局限于一小撮专家、或有学术上兴趣的学者当中，就如我们今天所看到的对亚述人土碑和古埃及写在纸莎草纸上的案卷的钻研那样。而事实却恰恰相反，对《国法大全》的研究，吸引了西方世界成千上万学子们的目光，他们蜂拥至波伦亚，满怀热忱地学习那远远比他们所熟悉的地方封建习惯法高级的法律体系：罗马法本身就是出现这一求学热潮的原因所在，它作为一个最完美制度的终极展现，是所有做法律学问人士的北极星。对罗马法的研究，历史上先后出现过三个学派，每一学派都把优士丁尼的《国法大全》奉若圭臬，但却有着不同的研究路径，对罗马法价值取向的排序亦各有先后。首先是注释法学派（Glossators）（12世纪到13世纪前半期），他们把探究《国法大全》最基本的含义视为首要任务，这似乎也理所当然。他们的做法是，对该神圣文本的每一行甚至是每一个字，都小心翼翼地作出解释，或叫"注释"，具体而言，就是从《国法大全》的其他部分，引用相类似的平行段落，用以对手头所要解释的段落进行注释。出于对《国法大全》的最高崇敬，他们尽量避免在注释中加入个人见解，不过，他们在参照平行段落的过程中，也难免显露细微差别，这样，似乎就对某些绝对论断在理解上作出了限定。他们也有意避免参照自己身处时代的活生生的法律，而是把研究范围死死地限定在他们遨游其中的《国法大全》所处的古代法律世界中。例如，有一个出自《学说汇纂》的著名论断，法学家们已为之争吵了好几个世纪，它说，亲王（也就是皇帝）"不应受法律之约束"（翻译成现代语言，就是国家或政府凌驾于法律之上）。为这一强有力的论断作注释，

---

[70] 对这一问题近期最为深入的研究，参见 S. Kuttner, "The revival of jurisprudence", *Renaissance and Renewal in the twelfth century*, ed. by R. Benson and G. Constable (Cambridge, Mass., 1982), pp. 299—323.

阿库修斯（Accursius）带领他的读者们，参照永远指引正确方向的《国法大全》中的其他段落（其中有一段取自教会法）。[71] 他解释道："这句话的意思，当然不是指'皇帝的行为可以不受法律约束'；相反，皇帝的首要义务就是遵守法律，因为法律是他能够作为罗马帝国一国之君的坚实基础，但在罗马的政治体系中，没有任何个人或机构有权对皇帝进行审判，因为'一个人只能接受其上级的审判'。"这样一来，问题的讨论就不再是针对这句话的实质性内容，而是把矛头转向了政治结构和司法组织的设置问题上。同样，阿库修斯明明白白地知道，教皇有权对中世纪的罗马皇帝们进行责难甚至免职，而他却有意对自己身边的现实世界视而不见，因为他把注释工作仅局限于优士丁尼法律文本设置的框框中。该学派的代表人物是阿佐（Azo）和阿库修斯。

14、15世纪兴起的评注法学派（commentators），建立在前辈注释法学派打下的基础上，但又比后者更进一步。他们把眼界拓宽至身处的现实世界中，充分考虑到现实状况及实际的需要。他们非常的现实，知道中世纪的习惯法和立法就是活生生的事实，以罗马法为基础的法律科学研究，应该对这一事实给予充分的注意。因此，他们的目光紧紧盯住现实生活，在写评论和专著的时候，也敢于冲破古老的《国法大全》那严格限定的条条框框。他们的评论工作关注相关的现实问题，并不拘泥于《国法大全》死板的文字，而是尽可能做到深入浅出，随时可供法庭审判之用。他们常常针对提交给他们的某一问题或案件，为当事人和法院提供咨询意见（"交由辩论解决的案件"[consilia]），这就让学者们的工作与现实生活紧密结合，为同胞百姓们排忧解难。但这一切都无从改变他们自始至终的罗马法学家身份，他们所给出的"建议"都是基于罗马法，并充溢着对《国法大全》及其早期注释者所做注脚的参照

---

[71] 关于这个问题更为深入的评论，参见 B. Tierney, "'The prince is not bound by the laws.' Accursius and the origins of the modern state", *Comparative Studies in Society and History*, 5 (1962), 378—400.

引用。该学派还第一次探讨了罗马法在早已远离古典时代的欧洲社会所处的切实地位问题,它形成了"共同法"(*jus commune*)与"特有法"(*jus proprium*)关系理论(正如前文所谈到的)。该学派的代表人物是巴托鲁斯(Bartolus)和巴尔杜斯(Baldus)。

第三个学派,是16世纪的人文主义法学派。这些人文主义法学家,作为知识启蒙运动的部分力量,怀着该运动赋予的极大热情,回归到罗马法最初的渊源,他们厌恶中世纪语言文字的杂乱无章(尤其是陈腐的拉丁文),崇尚用哲学和历史的方法来研究古典罗马时代及其法律文本的真实含义。人文法学家企图恢复罗马法的本来面目以及它在古代社会所处的地位,这就要求破除中世纪以来所堆积的诸多对罗马法的束缚和误解,开拓一条真正从历史角度进行研究的途径。他们正是朝着这个方向去做的,毋庸置疑的是,他们对罗马法及其社会背景,有着更深刻的认识和更精确的理解。他们还制定出优秀的《国法大全》批判性版本,其杰出程度,只有到了19世纪《德国民法典》这一标准文本的出台,才实现了超越。不过,尽管它在学术上贡献不小,对司法实践却没有发挥多大作用。纯粹的古代法律,只能在古代的罗马才能找到自己的舞台;对现代欧洲法院来说,只能是个烫手山芋,无从下手,法院往往更欢迎经评论法学家们改造过的、可以为欧洲现实生活所用的罗马法。即便如此,17世纪的许多法律职业人士,还是能够把具有现实使用价值的、巴托鲁斯等人加工过的罗马法,与人文主义法学派开创的、对古典罗马法的深刻再现,和谐地融为一体。其中的佼佼者,是在格老秀斯时代的荷兰出现的"文雅学派"(elegant school)。人文法学派的代表性人物有阿尔卡托(Alciatus)和居亚斯(Cujas)。

所有这些对罗马法的研究,都成为学者精英们独占性的消遣,他们传道授业,笔耕不辍,写作时使用的当然是拉丁文,赐教的讲坛也遍布各大学,从圣·安德鲁斯(St. Andrews)到那不勒斯(Naples),从科英布拉(Coimbra)\*到克拉科夫(Cracow)\*\*。实际上,这些学术研究成果,也在以不同的方式,渗透到法院的审判实践中,影响着欧洲大陆国家人们的日常生活(在英格兰并无二致,只是渗透与影响的程度要小得多)。

教会法是第一个感受到罗马法新研究——即中世纪的新罗马法(neo-Roman)——所带来的新气息的领域,然后再去影响普通市民的日常生活。不久,人们就普遍认为,未接受过罗马法院校的教育,就不算受过法律培训,因此,每一个梦想成为教会法学家的人,都必须到那儿去学习作为教会法入门初步的罗马法知识。尤其在诉讼程序方面,两者的联系比起方法论上的结合来说,显得更为密切,正因为罗马法庭和教会法庭的规则如此紧密地缠绕在一起,所以在12世纪,诞生了一门崭新的学科,那就是罗马—教会法程序。从13世纪开始,该程序就一直在西方基督教世界的教会法院中使用。在这儿,不仅是神职人员,还有许多世俗凡夫(他们通常出现在主教授权官员[bishop's official]主持的婚姻关系案件中),都能够亲身感受到,一个深受罗马法影响的教会法院是如何兼容并包的。

那个年代,在旧罗马法以相对简单而"本土化"的方式盛行的欧洲某些地区,也很自然地倾向于接受各学派提炼与再现过的罗马法,并实际上已开始逐步采纳。尤其在意大利北部、西班牙东北部以及法国南部这些环地中海地区,它们一衣带水,由于坚实的文化与商业纽带而唇齿相依、此唱彼和。

没过多久,这些王国的高级法院就已经加入到罗马—教会法之列了,并由罗马法学家(或如他们所称"法律专家"[legists],因为这些专家曾以研究罗马皇帝颁布的"法律"[leges]为业)把持着法院的运转。最有名的例子就是巴黎高等法院,成立于13世纪中期,许多法院均唯其马首是瞻。

---

\* 葡萄牙城市。——译者注
\*\* 波兰城市。——译者注

不但法院的法官和律师们都从上到下被罗马化,而且新兴的民族国家也开始基于罗马法进行立法。卡斯提尔和莱昂王国(Castile and León)国王阿方索十世(Alfonso X),从1252到1284年颁布了他的《七章法典》(Siete Partidas),它事实上就是一部当地语言版的罗马法教科书。

到了中世纪晚期,所有不限于纯粹地方意义的法院,至少都有一些在国外或国内学习过罗马法的法官或律师(因为大学的数量在激增,规模也不断壮大)。如果他们在某方面的法律知识有欠缺,法院通常都会将案件提交给精通这方面的专家,由他们相互切磋解决(consilium)。

旋即,针对这一各学派智慧的结晶,公众中产生了普及拉丁文的需求,因为罗马法明显日益影响着越来越多人的生活。从13世纪开始,为了满足这一需要,研究习惯法的学者们在写作的时候,常常会把罗马法作为蓝本或模式,甚至在他们的著作中加入大量罗马法的入门知识,并用当地的语言来表达,这样就可以达到让读者们熟悉这一新的"法律福音"的目的。到了中世纪末期,市面上出现了多种"法律小词典",普通市民可以在里面找到罗马法专业术语的对译和精解,新兴的法律人士总喜欢大量使用这些术语,它们总会让普通百姓如坠云里雾里。

步入现代,该趋势开始遍布欧洲大陆,罗马法鞭笞欧陆的古典时代来临了。当时,即使是习惯法学家,为了让自己的研究受到重视,也不得不埋头于罗马法等相关法律渊源中寻章摘句,他们中的某些(不只是习惯法学家)到了最后,还自立山头,成为实至名归的罗马法专家。所以,查尔斯·杜姆林(Charles Dumoulin,1500—1566年)不仅是经典的巴黎习惯法评论家,还写了诸多论述罗马法中错综复杂的法律问题——如债法——的专题论著。英格兰在这一漫长的历史时期中,理论原则、法学教授还有法律科学的地位,又是真真切切地每况愈下。英格兰法律建立在由先例展现的习惯法的基础上,因此,向大家传播法律真谛的使者,不是以权威人士身份鼓吹宣讲法道的法学家们,而是法官。年轻人若是立志从事法律职业，他们不是走大学这条康庄大道，也不是要用心去研读某本法律圣书，从教授们口中得知什么是法律的确切含义；他们会进入某一律师公会（除非他们选择在教会执业或是从事外交工作），潜心聆听出庭律师和法官们的指教，通过观察法律在法院中的实际操作来学习法律——就好比一个年轻的学徒欲成为鞋匠，就会去拜师学艺，通过每天的耳濡目染，逐步亲手实践，最终学成出师。学习法律的最佳方式，就是在法庭中学，在记录控辩理由的书本（年鉴）中学，以及在法官与出庭律师之间迅疾而精彩的争辩中学。学生们智慧源泉的发掘，不是来自与现实生活毫无关联的罗马法著作，更不是来自运用罗马法之秘方对习惯法所作的大量解读。布拉克顿的《论英格兰法律和习惯》(Treatise on the Laws and Customs of England)，是一部包罗普通法广泛内容的鸿篇"概要"(summa)，书中以罗马法的学习作为阿里阿德涅（Ariadne）*之红线；然而，布拉克顿的巨著，就如一块孤零零伫立的巨石，在它之后的几代人中，没有人再对它给予过多的关注，它不但前无古人，还后无来者，也未曾因之而开启一个学派。这一罗马与教会法风格的著作，就这样走进了一个死胡同，后来几个世纪中，我们所熟知的伟大名字——利特尔顿和柯克——在写就各自巨著和《柯克法学总论》(Institutes)时，他们的资料来源是普通法，是令状录和法庭案卷记载的先例，是年鉴和判例汇编，而不是盖尤斯（Gaius）、乌尔比安（Ulpian）和特里伯尼安。

除普通法外，牛津和剑桥，像罗马天主教西方国家（the Latin West）中的所有大学一样，也传授教会法和罗马法。教会法的讲授，是为了满足教会对称职法律人员的需求，该学院曾经盛极一时，直到国王亨利八世（Henry VIII）将其取缔，理由是过于尊奉天主教教义。他并不反对罗马法，甚至积极鼓励它发展，但"民法学家"——对罗马法学者的称呼——在英格兰法律舞台上，从来都还只是一个配角。他们活跃于极个别适用大陆法的法院中，如海事

---

\* 克里特王弥诺斯之女，曾用小线团帮助忒修斯逃出迷宫。——译者注

法院,但他们与普通法法律职业者在人数比例上,不超过一比十,同时他们也不得插手普通法的保留性事务,那是名门望族们财产的基石所在——土地所有权。直到18世纪中期,英格兰法才作为一门可圈可点的学科登上大学之殿堂,而在法国,本国法律早在17世纪就已经列入大学课程。新学科要进入现有学院的课程编排中,并非易事。查尔斯·瓦伊纳(Charles Viner,卒于1756年)在牛津大学捐赠了一个讲授英格兰法的教席,正是该瓦伊纳教席的第一任教授,使英格兰法排入了大学课程表。这位教授就是威廉·布莱克斯通爵士,其皇皇巨著《英格兰法释义》正是在他所作的精彩演讲之基础上写就的;理所当然地,该书以作为对传统英格兰法最后也是最辉煌的再现而闻名,因为到了19世纪,随着《撤销法》和《司法组织法》也随之出台,英格兰法遭遇了全面围攻。布莱克斯通运用优雅的文笔(难以想象该文竟是出自一个英格兰法律人士之手——事实上有人作过这样一句评价,即"很少有法律著作能像该书那样,让一个知书达理者在阅读时,没有任何沮丧或厌恶之感")[72],不仅对普通法的原则进行了归纳总结,还显示了普通法的内在统一性,他告诉世人,普通法同样具有严密的逻辑性,它不是法官在多如牛毛的案件中委诸偶然而形成的互不相干判例之简单堆积。布莱克斯通之后的很长一段时间里,瓦伊纳教席都一直处于低谷,因为任教者都把它视为一个挂名职务,这在18世纪的大学中是一个普遍存在的现象,教授们似乎都在为追寻丰厚的报酬而努力,而其中显然不包括教学(至少在教学的受益者——学生——眼里是如此,他们很少看到哪个穷酸学者为了获得那一丁点儿薪水而投身教学的)。

到了19世纪,用严肃认真的态度对待法律教学的观念,真正赢得了市场。由于法律教学的模式从来都是在摸索之中,并没有任何先决之论,这也就引来了一场持续升温的辩论。

有些人赞成在大学中成立法律学院,认为这是传授英格兰法

---

[72] C. H. S. Fifoot, *Judge and Jurist in the Reign of Victoria* (London, 1959), p.21.

最合适的场所。值得一提的是,当德国的法律院校成为法学教育的中心,并在世界上享有盛誉的时候,这一做法在当时的英格兰只是存在的几种可能性之一,并且远不能代表普遍性意见。无独有偶,当戴西在 1882 年担任牛津大学瓦伊纳教席的教授时,他选择的就职演说题目是"英格兰法能在大学课堂中学到吗?"——一个得到了肯定回答的反诘。[73]

另一些人则认为,出庭律师公会才是组织传授和学习英格兰法的一方宝地。尽管大家都公认,律师公会已不再有往日的辉煌,它日益沦为律师们相互吹捧的俱乐部,但在过去,这里正是法律职业人士出师的地方,在某段历史时期,人们就是在这儿研习和切磋英格兰法的——这是一个很值得恢复的好传统。展现在眼前的事实却是,在 1852 年《普通法程序法》(Common Law Procedure Act)颁布以前,在大学里就没有过正儿八经的法律学习,而律师公会中传统的职业训练在很早以前就已经销声匿迹了。[74] 后来,情况发生了好转:律师公会在 1852 年采用了一套职业教育体制,而牛津在 1850 年的时候也迈出了谨小慎微的一步,成立了一个新的法哲学和现代历史学联合学院,后来在 1871 年,成立了单独的法哲学学院。[75]

还有持第三种意见者,认为法学教育应该由法律职业协会自己来组织,独立于大学校园之外,当然,年轻的学子们可以首先在大学中获得一种通识教育,学习广泛的文化类学科,如古典文学、哲学或历史等。然后由职业协会——也就是法官、出庭律师和事务律师的组织——自己安排法学课程,自己组织进入法律职业门槛的考试,这种想法在目前引起了人们格外的兴趣,比如在法国,

---

[73] Cosgrove, *Rule of Law*, p. 52.
[74] Fifoot, *Judge and Jurist*, p. 21.
[75] 出处同上,pp. 24—5。同时参见更为详尽的研究成果:P. Stein, "Legal theory and the reform of legal education in mid-nineteenth century England", *L' educazione giuridica*. II: *Profili storici*, ed. by A. Giuliani and N. Picardi (Perugia, 1979), pp. 185—206。

最近就出现了非常类似的做法,至少对出庭律师是这样(法国有专门负责组织考试的国家行政学院[Ecole de Magistrature],而律师协会又会亲自组织一场职业准入资格考试)。曾几何时,从法律学院毕业出来获得最后证书,就已经具备资格进入律师界或法庭执业(比利时到目前还是采取这种做法);但现在,持有大学法律专业证书者,要成为律师或法官,还必须通过另一单独设置的职业准入资格考试。

　　经过这多方激烈的讨论之后,采用大学教育方式的观点,最终力压群芳、脱颖而出,法律学院也遍地开花,不过,它们真正开始受到广泛重视,却是在第二次世界大战之后。到了今天,与上一代人之前的状况相比,我们可以说,所有希望以事务律师、出庭律师或法官身份从事法律职业的年轻人,实际上都将踏上从法律院校获得法律文凭这条路。在早些时候,他们还可能要在大学本科教育阶段获得一个非法律专业的学位,如古典文学、历史,甚至是数学,总之不是法律,因为在大学阶段就专门研究法律,未免显得过于狭隘和精细了。然而,大学教育方式的普遍接受,也不绝对排除其他方式的并存。要想进入法律界,单凭一张大学法律文凭是不够的,还要参加法律职业协会专门组织的一年的学习,然后参加考试,通过者才能成功执业。大多数法学专业的学生,都会在法学院就读三年之后,再参加这一年的专门学习。古老的律师公会,也继续在竭己之所能,为他们日后步入法律职业生涯,修桥铺路——尽管现在它们的地位相对于大学教育和法律职业协会组织的专门学习来说,已经退居二线了。当然,法律学院的蓬勃发展,也给法学教育事业带来了生机。不过,英格兰的法学教授,还远不能和他们在欧洲大陆的同行们同日而语,他们尚不具有后者的威望和影响力。他们的著作以供学生使用的教科书为主,即使是自己更具理论性与原创性的著作,也不像在欧洲大陆那样,被律师和法官们视若珍宝。尤其是上议院贵族法官,他们似乎从来不会多看这些学术性著作一眼。[76] 但是，情况在悄然起着变化，未来的某一天，在法律学院听讲座的台下，很可能就坐着这些上议院贵族法官（这一转变过程估计需要四十到五十年时间），他们也许会更加注重专业书籍，而理论法学家们也终于能够在英格兰获得自己的一席之地。

同为高等学府，为何在英格兰与在德国的地位会存在天壤之别？实在让人难以想象。在北海的此岸，法律院校属凤毛麟角，法学教授在法律界也退居边缘地带；而在北海的彼岸，法学教授备受尊崇，以至于出现了极为引人注目的"学者断案"（*Aktenversendung*），即法官在对案件的某一法律问题拿不准的时候，由法庭将案件的有关文件移交给某一大学法学院，请教授们给出处理意见，而法庭会依照学者们提出的"建议"作出相应判决。谁又能想象英国高等法院、上诉法院或是上议院贵族法官，会去问法律学院的老师他们该怎样作出判决？顺便提一句，著名学者萨维尼在柏林大学任教期间，就首创了这种"学者断案"的做法，他和法学院的同事们无形中组成了一个"判决集团"（*Spruch-Collegium*），一个能够对法庭移交过来的案件作出独立判决的很特别的裁判庭。他发现该角色正适合法学教授：去指导那些无知的法官，告诉他们法律是什么，指示他们该如何作出判决。

面对英格兰与德国这一巨大反差，我们又该如何作出解释？为什么同在北海边，一边是法官造法，另一边却是教授断法？这是我们下面要探讨的问题，不过我们的讨论范围，会扩大到德国以外的欧陆主要国家，立法者的角色也将一并考虑在内。

---

[76] A. Paterson, *The Law Lords* (London, 1982), p. 15.

## 2 鼎足而居:法官、立法者与法学教授

### 事实回顾

就历史事实作一梗概性的回顾,并不是一件难事。在欧洲诸国,对法律知识的掌控曾几易其手,从司法界到立法会,再到大学校园的法学教授。当然,这并不表明,在特定时空中,每种力量会处于绝对的掌控地位,情况往往是彼此相伴相生,既有判例法,又有制定法,同时还伴有学者们论及法律问题的著作。只有在比如10、11世纪的欧洲大陆——那个高度封建化的时代,才出现了几乎把立法与学术研究完全排除在法律舞台之外的情况。我们也看到,特定时期的某些国家,司法界成长为诸力量中占绝对优势的群体,他们被认为是实质性的"造法者"。由此,我们可以清晰地得出如下结论:普通法是由法官创制的,中世纪与现代罗马法(亦可称为西欧的新罗马法)是由法学家创设的,而法国革命时期的法律,则绝大部分出自立法者之手。

行文至此,读者或许已注意到,前述内容与我们传统法学理论中的"法律渊源"关联甚切。正如每位法学本科生所熟知,法律渊源包括习惯法(形诸判决并委以规则)、制定法和法理。然而,"习惯法"(主要表现为"判例法")、"制定法"和"法理",都不应被视作某种虚无缥缈的抽象臆想,而应将其理解为社会中不同群体对特定社会与政治需求的表达。故而,当历史教科书在尽情褒扬某时某地制定法的蒸蒸日上,或贬低判例法的江河日下之时,我们不禁要问:这些制定法的制定者是谁?这些判例法的创制者又是谁?他们分别代表着什么利益?在每一社会所共通的地方性政治权力

角逐中,他们又扮演了什么样的角色？我们目之所及,通常是不同的利益群体与阶层的权力之争,因为掌控立法权乃掌控社会的必由之路,而不是各种"法律渊源"彼此之间的你争我斗。细心的读者会发现,若仅盯住"法律渊源"本身,无异于鞭笞一匹死马,但传统的法学教科书,总会不厌其烦地提醒我们各种"法律渊源"的重要性,而不会去追问——是何人在使用或操纵这些"渊源"。以下所引论段,显示了法律人士对学者们在法律术语上为施加个人影响力而各显其招的看法,它摘自 W. 弗里德曼一部非常有名的著作,谈及萨维尼和蒂博之间的那场论战(见前文):"在法典化的实际问题背后,还存在着更多的对立性问题,即理性与传统的对立,历史与革新的对立,体现人类创造性和能动性的活动,与法律制度的自发完善之间的对立。"[1]另外,罗斯科·庞德(Roscoe Pound),更把普通法视为一个打败了一系列敌手的人物。这些敌手主要有,12 世纪教会的司法管辖权,文艺复兴,宗教改革,以及 16 世纪德国式的对罗马法的"继受"。法律的至高无上地位,在 17 世纪得以确立,并在 19 世纪初的美国达到了登峰造极的程度。[2]汉布雷(Hanbury)教授——牛津大学瓦伊纳教席的第十一位主讲人——也视英格兰的法律发展史为普通法与大陆法的较量史,并着重强调,"布莱克斯通的《英格兰法释义》,在英格兰普通法与衡平法对大陆法的最后胜利中,起到了举足轻重的作用,该胜利表明,决定英格兰法律体系的发展何去何从的,不是大陆法,而是普通法和衡平法"[3]。如此众多战役的胜利,竟被完全归功于一套法律体系！为什么人们宁愿用一个抽象的拟人化比喻,来代替那些真正参与了每一场战役,并运用普通法来保护自身利益的现实个人呢？谁又曾见过一个法律体系能去迎战并打败它的敌手呢？当劳森(Lawson)教授在他一部闻名遐迩的著作中,谈到"某种默默起作用

---

[1] W. Friedmann, *Legal Theory* (5$^{th}$ ed., New York, 1967), p.210.

[2] Roscoe Pound, *The Spirit of the Common Law* (Boston, 1921), pp.5—6.

[3] H.G. Hanbury, *The Vinerian Chair and Legal Education* (Oxford, 1958), Preface.

的社会力量(certain forces at work)"的时候,他并没有言明这些"默默起作用的"个人和社会群体姓什名谁,而是使用了"某种意念"(types of mind)这一极为隐晦的表述。"在大陆法系,"他写道,"存在着某种默默起作用的社会力量,这种力量在普通法系却并不明显,它引发了某种倾向于法典化的意念的产生,而这些社会因素及意念,似乎比法典本身显得更为重要。"他进一步指出,遵循先例的历史在大陆法系与普通法系大异其径,并更为隐晦地做出如下结论:"这一历史性的差异,同倾向于法典化力量的存在与否,息息相关。"[4] 既如此,我们现在的任务,就是要竭力发掘在特定的历史时期,是哪些具体的力量在推动立法与法典化的进程,这一推动又是基于什么样的社会动机。

在我们对该问题推宗明本之前,先来关注一下各国的状况。在意大利,这一最早开始把法律当做学问来研究的地方,解开《国法大全》真正含义的钥匙,把持在法学教授们手中,他们在法律界卓尔不凡的地位,从12世纪始,一直持续到古代法律体制淡出历史舞台,即现代法典初露矛头之时。在英格兰,从12世纪后半期到19世纪的司法大改革,法官们不断在创制并秉持着普通法,立法活动被视为一种干扰与妨害,法律科学的发展对法官们的影响也是微乎其微。在德国,被地方与区域性法庭"发现"的习惯法,在中世纪时曾大行其道,从16世纪开始,直至1900年《德国民法典》的颁布,该习惯法逐渐被后继而来的浪潮淹没,他们是优士丁尼神圣典籍的精通者、拥护者与解释者。而在法国,司法界、立法界与学术界在很长一段时间里,一直处于势均力敌的状态,三者中没有一种力量能够肆无忌惮地独领风骚。当然,由法国法院认可并确定下来的习惯法,占据着很重要的地位,但有相当一部分的习惯法,其效力并不来自法院,而是由君主政权确定并赋予其法律地位。而这一君主政权,同时又是国家的最高立法者,从菲力普二世

---

[4] F. H. Lawson, *A Common Lawyer looks at the Civil Law* (Westport, Conn., 1955), p.46.

奥古斯都(Philip II Augustus)执政时期开始,所颁布的条例呈稳定增长趋势,到了16世纪往后,数量上更是攀升至难以估量的程度,在路易十四与路易十五(Louis XV)时期,有些法律甚至以法典的形式展现在世人面前,从而具有更加恒久的生命力。不过,这种皇家立法在真正具有法律效力之前,必须经巴黎高等法院进行登记备案,这表明,尽管国王对法律的通过拥有最终决定权,但他的政府还必须顾及到德高望重的法官们可能会有的"抱怨"与"抗议"。法学家们的贡献同样不可忽视。自12世纪始,从罗马法的传授者第一次在蒙比利埃(Montpellier)*撒播福音的时候起,一些著名的法律学者就没有中止过对罗马法以及习惯法的研究。他们中某些人的著作,如查尔斯·杜姆林、多马·让(Jean Domat)和罗伯特·约瑟夫·波蒂尔(Robert Joseph Pothier),对1804年法国民法典的出台产生了直接的影响。所以说,在法国法律发展史上,对法律科学的研究,从来都不会被视为无足轻重。在荷兰共和国,我们却发现了另一种情况。与法国不同,中世纪的习惯法从未以书面的形式固定下来,也从未被颁布或"确认"过,在立法方面,也没有过多的制定法出台,普遍适用于全尼德兰联合共和国层面的立法更是少之又少,因为尼德兰的封建化程度更甚于其他国家。该空缺也就顺理成章地由法律学者来填补,其中最早与最有影响力的一位,就是胡果·格老秀斯,他把荷兰古老的习惯法素材与市民社会的精深法学理念相结合,创建了一套崭新的法律体系。恰当地说,这一智慧之结晶应被称作罗马—荷兰法。但它从未被颁布或被赋予过法律地位,更不用说在缺乏中央集权的共和国全境颁行或实施,甚至在荷兰省也做不到:它在那儿得到承认,仅仅是因为其精纯的品质,以及它广为法律的实践者——律师及法官——接受与推崇。

同属西方世界,各国之间竟存在如此令人咋舌的差异与多样性,这无疑是带来许多问题的根源之一,其中最让人着迷的,莫过于探究这一切都是如何发生的。是什么因素,使得法官、立法者与

---

\* 法国城市。——译者注

法学教授们,在同一法律发展轨迹上,如此乐此不疲地轮换着各自的位置?现在,就让我们来解读这个问题,我们将通过构想一些答案,对照事实,加以验证。

### 解读一:"民族精神"?

对此问题的第一个解答,大概也是最容易想到的一个,是把这种法律发展的差异归咎于欧洲各民族的多样性。该解答可进一步解读为,此国与彼国的法律发展状况不同,是因为生活于其中的人民不同,他们的民族性格、民族精神以及天赋才能,是环肥燕瘦,各擅其美:正是这一民族个性的差异,导致在处理法律问题的方式上——如同他们处理其他问题一样——每一民族会有各自独特的路径。举个更为具体的例子,德国人倾向于理论,而英格兰人更倾向于务实,由此,前者发展出立足于《国法大全》、以法学教授为主导的法律体系,而后者则走上了由法官主导、基于判例的发展道路。然而,针对这种说法,存在着强烈的反对意见。没有人能够否认,德国产生了许多伟大的理论哲学家,但同时德国人务实的一面也是毋庸置疑的,他们中也同样孕育了伟大的技术创新人物,涌现了极具天赋的组织者。另外,这种倾向于务实或理论的不同思维方式,会不会是法律发展差异带来的结果,而不是引起该差异的原因?一国法律与政府发展的独特性,是民族个性发展的结果呢,还是正好相反?后一种观点在让·雅克·卢梭(J. J. Rousseau)的著作中,有过详尽的表达,他写道:"Il est certain que les peuples sont, à la longue, ce que le gouvernement les fait être",意思是,从长远看来,有什么样的政府,才会造就什么样的民族。[5] 假若一部经典的法律,以及奉该法律为圭臬而展开的法律研究,被视为一国法律体制的基石,该国的法律发展道路,就自然会朝着学究式与理论化的

---

[5] Art. *Economie politique* in the *Encyclopédie*, 1735, Cohen-Tanugi, *Le droit sans l'Etat. Sur la démocratie en France et en Amérique* (Paris, 1985), p. XI.

方向延伸。《国法大全》及其中世纪以来的发展与衍生,能够成为现代德国法律的基石,是出于政治方面的原因,而与其民族个性毫不相干。在罗马法与德国的民族"精神"之间,并不存在任何特别的姻缘关系;当德国人在为获得政治上的统一这一苦苦追寻了四个世纪的梦想,而作最后努力的历史性时刻,法律的统一也就自然被提上了日程。中世纪末期以前,没有任何迹象表明德国人在学习罗马法方面有过人的天赋,他们亦未对此表现出任何兴趣。确切地说,罗马法更应当是意大利人把持的专利,他们运作罗马法与教会法,就如同运作教会一样的驾轻就熟。有人做过统计,中世纪罗马法,90%是由意大利人创造的,法国次之,占6%,而西班牙人、德国人与英国人各占1%。但同时我们亦惊奇地发现,这些"民族个性"是如何随着时代的转换而发生变化的。进入现代,意大利丧失了她在法律科学研究领域的主导地位,而在中世纪对罗马法的贡献几乎为太仓之一粟的德国,却异军突起,甚至在19世纪时成为领军人物,所以,现在全欧洲都不得不学德语,以拜读德国历史学家与学说汇纂派学者们的大作。

## 解读二:专制的罗马法与民主的英格兰法?

第二个假设,将尝试从另一角度,即对罗马法天生的政治偏好和某些根深蒂固的民族传统这一角度,来寻求解答。将该假设用略微神喻式的口吻表达,也就是:英格兰本身及其法律法规,是民主的;而欧洲大陆,传统上就是非民主、独裁和专制的。因此,罗马法在欧洲大陆一路凯歌(当然是从帝政时期开始,罗马法才变得异常专制与独裁),而在英格兰却遭遇了滑铁卢。或者用更为简洁的话来说:"民主的英格兰排斥专制的罗马法。"许多伟大的历史学家都认为,大陆法与自由观念两者水火不相容,不能和谐发展。在此引用斯塔布斯主教(Bishop Stubbs)——19世纪伟大的牛津大学中世纪史学者——的一段话来说明这一问题,是再合适不过了。他在给历史学家 J. R. 格林(Green)的一封信中谈到:"在欧洲,大陆法曾经是民族发展的最主要障碍之一,并是一种听命于人施行压制的工具。我认为,实行大陆法的国家,没有一个曾经朝着自由的方向发展;相反,若哪个国家引入并采纳大陆法,民众所享自由权的终结,则是迟早的问题。"[6]现在,就让我们逐项研究这一假设中所包含的两个关键问题:罗马法真的那么专制吗?英格兰法律传统又是如大家所褒扬的那么民主吗?

第一个问题很容易回答。罗马法从优士丁尼时代开始,就充满了东方专制主义色彩,一直持续达数世纪之久。罗马帝国的中央集权与独裁专制,已达到了无可复加的地步。体现在诸如"君主不受法律约束"(princeps legibus solutus)、"君主意旨即具法律效力"(quod principi placuit legis habet vigorem)[7]等拉丁谚语中的罗马法原则,已经不折不扣地展现了其专制的特性。还有关于皇帝法(lex regia)的理论,也将罗马法专制的一面表露无遗,该理论宣称,早在久远的过去,罗马人民就已经将国家主权转让给了他们的统治者们,并永远不可收回。在罗马帝国的法律中,丝毫看不到有民主的迹象,不论是直接的还是间接的民主。更不用说帝国时代晚期的元老院,那儿充斥着国王的亲信,他们还沉浸在"恺撒万岁!是您赐予我们荣耀!是您带给我们财富!我们所有的一切都蒙恩于您"[8]等诸如此类不尽的欢呼与喝彩声中。

至于第二个问题,即普通法传统是否以民主为标志的问题,则不像前一问题那样易于作答,因此,我提议对构成民主性的不同要

---

[6] J. W. Burrow, *A Liberal Descent. Victorian Historians and the English Past* (Cambridge, 1981), p.134.

[7] "The emperor is not bound by the laws" and "what has pleased the emperor has force of law".

[8] 这句口号,在《狄奥多西法典》(Theodosian Code)于438年颁布的时候,就被重复了28次;在那期间,16句口号总共重复的次数达352次之多,一如我们在 *Gesta Senatus Romani de Theodosiano publicando*, in the ed. of the *Codex Theodosianus* by T. Mommsen and P. M. Meyer, I, 2 (Berlin, 1905), pp.1—4中所看到的。参见 D. A. Bullough, "Games people played: drama and ritual as propaganda in medieval Europe", *Transaction of the Royal Historical Soc.*, 5<sup>th</sup> s., 24 (1974), 102,他提到了"为帝王不停地欢呼且完全丧失理性的典礼",它往往会遏制不同的声音。

素分别进行考察。普通法在最初意义上——往后亦持续了很长一段历史时期——是关于自由佃户这一封建阶层的法律,因为它主要解决封建制度中的一个核心问题:谁能从谁那儿得到什么,并以什么为代价?罗马法中关于绝对财产权的理念,对英格兰的封建领地法而言,显得非常遥远,后者的产生,主要基于两个并行的理念——一个人从另一个人那儿获得并持有某物(物的因素),同时也就与该人建立起了一种特定的关系(人的因素)。这一最初意义上的英格兰普通法——也许称盎格鲁—诺曼普通法更为合适——是关于骑士阶层的法律,而皇家法院最主要的任务,就是要维持各王(king)军事力量之间的和平共处,当纠纷产生的时候,尽可能寻求司法途径解决,而不是让他们仅因对一块土地的争执就把刀架在彼此的脖子上。领地较少的王,以及资产阶级小市民们,与该法律无甚关联,那些没有人身自由的人——在12、13世纪,这部分人还不在少数——则几乎可以完全被忽略,除了在领主出示追回农奴令(writ of naifty)的情况下,即领主请求追回其逃走的奴隶的时候,才会与该法律发生关系。这也就清楚地表明,普通法发端之时,并无民主可言,但它也不具有专制的特点,因为它是建立在以隶属关系为中心的封建习惯上。这种隶属关系并不是单方面的服从,而是依托于契约自由基石之上,双方互享权利,互负义务。即使是位于封建制度金字塔顶端的国王,也对身居其下的臣民负有义务,须尊重他们的权利,并在很多时候不得不听取他们的意见。一旦国王疏忽于此,佃户们所享有的"反抗权"(*jus resistendi*)就开始发挥作用了,在约翰王(King John)统治时期,所发生的一切都在昭示世人,该"反抗权"并非装点理论的花瓶,而是可付诸实践中的寒光利剑。因此,这些处理军事寡头之间关系与事务的法律以及地主与佃户之间的习惯法,既不专制,也不民主,它们带有寡头统治的色彩。

历史上英格兰的政治结构是怎样一种状况呢?当国王被视为封建大领主时,他实行的必然是封建寡头统治,而当他被奉为一国的最高统治者——这一被上帝赐予得以统治其臣民的无上荣耀——他的统治便被披上了君主制与独裁的外衣。中世纪王权所具有的这一双重特性,正是国王权力性质本身的最佳体现——用C. 彼蒂特—杜特利斯(Petit-Dutaillis)一部著作的标题来概括,就是《封建君主制》(monarchie feodale)。所以,当我们发现,在历史进程中,独裁与封建这两种因素曾相互较量、此消彼长,也就不足为奇了。从征服者威廉到约翰王时期,君主制与专制因素一直占上风(史蒂芬国王[King Stephen]统治的一段时间除外),但是约翰王做得有些过火,无法收场,以至在他统治的后期激起民怨,最终导致了一场贵族暴乱。另外,14、15 世纪时议会的兴起,使得王权的这一双重特性发生了些许偏差,其中封建性的成分更为昭显,独裁色彩则略为黯淡了——当然,它也受到了欧洲新兴代议制政府观念的影响。中世纪晚期的议会,从任何一个角度看,都不能被称作是民主的议会,因为该议会所代表的选民——就议员们被选举的情况而言——均属于有产的上流社会及城市的领导阶层。16 世纪时,独裁统治抬头并占上风,但17 世纪,寡头统治又再度赢回失去的领地,该统治一直持续到 20 世纪,此时民主制已成为不可抗拒的潮流。过去的理论家们,喜欢将英格兰政体表述为君主制、贵族制与民主制的完美结合,其中贵族制因素,体现在议会中上议院(也称贵族院)的设置,而民主制因素,则表现为下议院(也称平民院)的创立。[9] 上流社会与市井平民,在议会中均有自己的代表,这已被誉为最具民主的体现,并获得了如潮的好评。然而,只有与其同时代的人才会发出如此赞誉,因为在我们今天更为挑剔的读者看来,做出这样的评价,似乎有过誉之嫌。

---

[9] 关于乔治·劳森这一活跃于17 世纪中期的学者的讨论,参见 B. Tierney, *Religion, Law, and the Growth of Constitutional Thought 1150—1650*(Cambridge, 1982), pp. 97—102。这个"混合宪法"的说法,早在托马斯·阿奎那(Thomas Aquinas)的代表作《神学大全》(*Summa theologica*)中就有提及:"这正是各种政体的一个完美结合;它由几种成分混合组成,有君主制成分,因为一国之君高高在上;有贵族制成分,因为对官员的选任是根据他们各自的才华与德行;有民主制成分,它体现着人民的权力,表现在国家的管理者来自人民,而人民也享有选举他们的管理者的权利",引自 Tierney, *Religion, Law and Thought*, p. 90。

历史上英格兰其立法情况又是如何呢？它能被贴上民主的标签吗？答案无可避免是否定的。普通民众对立法过程根本无从染指。不存在全民投票，即使是议会中更显"民主"一面的下议院，无需添加任何想象力都可以看出——它不可能代表"人民"：不仅拥有 40 先令以下永久所有权财产的人没有投票权，整整一个 19 世纪，上议院的贵族们，还时时准备着击碎下议院任何有关民主的非分之想。立法与人民无关，它由议会中的王族们说了算。在普通法的发展中，立法工作并不如法官那细水长流的司法工作来得重要，法官们用其极大的耐心，编织着悠长而又细密的法律之网。

那么，普通法法院和其他中央司法机构这种"法官断案"又是民主的吗？尽管司法救济的大门，对普通百姓半遮半掩，并未将其完全拒之门外，但从总体而言，答案仍然是否定的。在英格兰的司法传统当中，并没有如同雅典那样民众会议般的民主。那种通过召开全民大会（agora）、组成人民法庭来审案的大众化司法，对英格兰人来说，无异于天外之音。法官也不是由人民选出来的，他们均是按级别挑选自卓尔不凡的高级律师阶层，这些高级律师被誉为是社会的智慧精英，他们经过多年的职业训练，在律师界成绩卓越。但在某段时间里，法律将这一群体的来源，限制在贵族以及上层社会的后嗣当中。不过，在陪审团制度中，还是体现了大众化的因素（尽管陪审员仅限于有产者），因为至少在普通法法院，法官们会把重要的事实认定问题，交由陪审团裁决，所以，庭审中会尽量避免使用那些法官和律师们彼此交流时才使用的、艰涩难懂的行话，转用让身为门外汉的陪审员能够理解的语言。另一体现了民主因素的方面，则是审判程序的公开，但是我们也不要忘记，法院在审判事务中所使用的，是一种对大众而言非常陌生的语言——一种中世纪法国方言，因此，除了少数有幸受过这方面初步教育的人能听懂外，对其他人来说，基本与听天书无异。同时，到今天为止仍十分高昂的诉讼费用，也是对决定诉诸法律解决纠纷的人，所构成的一大障碍。在地理意义上，司法救济也不能轻易地获得，因为法院的设置过于集中，法官的活动场所主要集中在伦敦——这也是清教徒改革者认为亟待解决的问题之一。评判一个法律体系是否具有民主性质,另一不可忽视的标准,当然是它的可认知性。在这一点上,普通法的表现则不尽如人意,因为它过去没有、现在也没有被法典化,它被埋藏在"浩如烟海的先例中,针对同一情形作出的判例亦是五花八门、杂乱无章"[10]。更为糟糕的是,那些由法官捍卫着、闪耀着神圣光辉的普通法基本原则,只成竹于法官的胸中,即便是已经明明白白地作出了规定的制定法,若与之相冲突,亦不得不让位于这些不成文的原则。这一情形让人想起了罗马的贵族阶级,他们掌控着法律运作的"秘方",其他人则无从知晓。太平绅士一职的设置,能成为认定民主特征的一个因素吗?这种说法也很难站得住脚,因为这些传统的乡村当权者,不论是行政官员还是法官,都是不领薪酬、义务为国家服务的——他们掌管着英格兰边远乡村,直到19世纪后半叶,才让位于由选举产生的郡委员会。就义务服务这一事实来说,这些人只能从优裕的、过着闲适生活的膏梁阶层中选出(正如今天治安法官的选任,在某种程度上还保持着同样的做法),因而,他们寡头统治的特征,也就显露无遗了。纵观历史上的普通法,可得出的结论是,不论是普通法本身,还是其施行,都很明显具有贵族制与寡头制烙印,而不是所标榜的民主制标签。[11]

---

[10] 塔尼森(Tennyson)引自 Lord Denning, *The Discipline of Law* (London, 1979), p.292。

[11] 古希腊把政府组织形式分成三种,即君主制、贵族制(及寡头制)和民主制(及煽动主义),读者诸君对这种分法当然不会感到陌生。该理论的一种很有意思的变体——或说是为适应现代社会而作的调整与转变,形成自 A. 沃特森(Watson)教授,体现在他的 *The Making of the Civil Law* (Cambridge, Mass., 1981), p.21 中,他把政府组织形式分为以下三类:(1)"自由—民主司法观念",主张"人人具有形式上的平等";(2)"法西斯—贵族司法观念",坚持认为"人与人之间的不平等应当在法律上得以体现";(3)"社会主义司法观念",要求"所有人在法律面前一律平等,不仅是形式上,还须是实质上的平等"。我相信该三段论对分析问题会很有帮助,不过我对把"法西斯"和"贵族"联结在一起的提法还是持有疑问,这么做似乎是忽视了法西斯主义中平民的因素。

在克伦威尔执政下,曾有过一段短暂却又意义非凡的时期,那时候,人们千方百计地试图对英格兰的法律进行民主化,为此成立了一个专门委员会,直接听命于一位著名的普通法人士——马修·黑尔爵士(卒于 1676 年)。[12] 这个成立于资产阶级革命时期的"黑尔委员会",热衷于秋风扫落叶般的改革(至少有些委员如此),他们对现状提出了尖锐的批评,并制订出大刀阔斧的改革计划,以下所提及的内容均包含其中。该委员会发现,现存的法律鱼龙混杂,不知所云,自相矛盾,有悖情理,荒谬可笑,远离大众,并且语言诘屈聱牙、晦涩难明——由此也就产生了使用"白话英语"制定法律与规则的要求。很显然,该委员会喜欢平白易懂的语言文字,喜欢简洁明了的表达方式,许多法律人士对此诘难也持同样观点,他们虽然效力于这一有缺陷的法律体制,并令该体制永葆蓬勃的生命力,但他们还是认为,这种艰涩的语言,是这片土地上的蛀虫,是"这个可怜民族"的污点。

除了对旧体制的诸多指摘,委员会还提出了具体的改革要求,该改革方案已颇具现代法制的雏形。他们首先提议废除什一税(约翰·塞尔登早已表明,上帝并未赋予国家征收该税的权力),过于集中的司法权也被要求分散并下放。一个强有力的地方法院系统的建立,被提上日程,这一郡司法系统的组成人员,将由遴选出的非法律专业人士担任。委员会还要求组建法律援助制度,为打不起官司的穷人,提供免费法律服务;法官再不能挥舞其无形之手\*来指点案件的走向,而将代之以规定明确的法律;他们还要求取消仅因债务问题就对某人施以监禁的做法;同时,相对于宗教婚姻而言的民事婚姻也将被引进。站在三百多年后的今天,回望当

---

[12] 关于黑尔,参见 E. Heward, *Matthew Hale* (London, 1972)。关于法律改革,参见 G. B. Nourse, "Law reform under the commonwealth and protectorate", *Law Quarterly Review*, 75 (1959), 519—29 以及 M. Cotterell, "Interregnum law reform: the Hale Comminsion of 1652", *English Historical Review*, 83 (1968), 689—704。

\* 指法官心中的普通法基本原则。——译者注

年的改革,不禁感慨万千:什一税还没有完全被废除(尽管在将来的某一天,什一税务局[Office of Tithes]会将它们全部驱逐出流通领域);司法权下放的步伐,最近也才向前迈进了一小碎步;因债务而被监禁的做法,时至19世纪才被取消(某些特定情况除外);也就是在近期,英格兰选择民事程序结婚的数量,才开始多于选择教堂婚礼结婚。有人还提出了更具杀伤力的改革要求,即法律应当法典化,不应再留给司法解释任何自由裁量的空间,并且还提出(正如在前面所提及的),将"浩繁的法律浓缩成一本袖珍卷",这样,我们就可以拥有"一本平易、完整和有条不紊的法学专著,或者是整个普通法与制定法的节略本,以便为所有案件参考及引用",这一改革的声音,就如同在荒漠中的高声呼喊一样,回音渺然。

尽管着眼于未来,这些迫切需求的一部分,在某种程度上变成了现实,然而在17世纪,没有一朵改革之花结出了果实。有人会认为,这是因为这些需求的实现是一个长期的过程,无法奢望在短时间内见效。但该理由显然难以成立,只需稍回顾一下法国大革命时赶尽杀绝的改革就知道,同样是大约十年的光景,后者却带来了翻天覆地的变化:当强大的政治改革意志矗立在前的时候,旧体制就如置身于狂风之中,飘摇并崩溃,新的临时性措施每日不断。还有另外一些不利因素制约着清教徒改革,后来的王政复辟看似在清理改革残局,但其实在改革者当权之时,并没有多少措施得到了实现。要指明这些不利因素,实如探囊取物:资深律师们(虽然有些就任于改革委员会)并不希望看到,从普通法有史以来就开展于伦敦的法律业务,被分流至地方行省,这实在让他们感到如鲠在喉,心气不畅;另外,或许本身就是清教改革运动核心的富裕中产阶层市民,亦不赞同法律改革,他们担心那会轻易演化成一场社会变革,而这恰非其所愿。他们并未与专制制度势不两立,而只是倾己之力保护自己的财产免受任意征税,从而落入平均主义者与掘地派成员\*的手中。[13]结论由之跃然纸上:普通法的寡头统治性更甚于其民主性。因而,我们的第二个假设也就难立其足了——即便我们可以说罗马法是专制的,英格兰法也在历史某一短暂且不起眼的瞬间,闪烁过其民主的星光,但我们仍不能为英格兰法戴上民主的光环。

在构想第三种解答之前,我想先回到对罗马法专制特征的讨论上来,因为,我感觉先前所下论断,并不如它乍一看来这么简单明了,其中蕴涵着更深的玄机。罗马帝国政体的君主专制性已无可辩驳,困扰着历史学家的问题是:罗马法的成功,并不自发与必然地导致专制主义(在这一点上,我与斯塔布斯持不同见解)。最典型的例子是,北意大利——这一罗马法自"复兴"以来的几个世纪中,所受影响最为深远的地方——却是自由城邦中的佼佼者,也是民主政府管理体制最为成功的范例,尤其是佛罗伦萨;同时,罗马帝国诸王朝——如奥托王朝(Ottonians),撒利族王朝(Salians)与霍恩斯托芬王朝(Hohenstaufen)——的专制独裁,也没有在其他任何地方遭受过比在这儿受到的更为强烈的抵制。这一现象难道不令人咋舌并百思不得其解吗?

要理解这一点,我们还需对中世纪使用与引注经典的方式作一更为深入的探究,当然,同时也要认识到,政治制度的确立,是为权力而斗争的结果,并非来自对罗马法学者著作的寻章摘句。出于中世纪学者们喜欢引经据典的惯常做法,被奉为经典至尊的《国

---

\* 英国 17 世纪资产阶级革命时期代表无地、少地农民利益的一个革命派别。——译者注

[13] 正如一位史学家所言:"对法律改革的拥护,从来都是和对私有财产权的攻击紧密相连的"(W. Prest, "The English Bar 1550—1700", *Lawyers in Early Modern Europe and America*, ed. by W. Prest (London, 1981), p.76)。另一位史学家也说道,当普通人越来越多地卷进政治风波的时候,"对法律改革的要求,就会演化成对社会革新的需要,就会要求保护生活在社会中层和最底层人士的利益"(C. Hill, *Intellectual Origins of the English Revolution* (Oxford, 1965), p.263)。若想了解整个时期的状况,读者可参阅 D. Veall, *The Popular Movement for Law Reform 1640—1660* (Oxford, 1970)。

法大全》,能够为代议制政府形式所用,亦能转身变成独裁专制的条律——也就是说,《国法大全》能被使用者们依据各自不同的胃口,调和出味道各异的菜肴。比如,优士丁尼大帝曾说,令国王备感欣慰的是法律,此话不假;但他也说过,"众人之事,应由众人决定"(quod omnes tangit ab omnibus approbetur),这也成为了一句著名的法律谚语。还有什么口号能比这"众人之事,应由众人决定"更为响亮、更能为民主制——无论是直接民主还是间接民主——加油助威的吗?由此推理,公共事务,也就是关系到整个共同体利益的一切事务,都必须征得整个共同体的同意才能付诸执行,或至少征得共同体选出的代表们的同意!而我们也不难察觉这一被广泛引用的口号之白璧微瑕:《国法大全》的内容几乎与国家公共事务无关,相反,它属于处理个人事务的私法体制,比如,它规定了监护制度的运作,尤其在未成年人处理财产的某些行为须得到其监护人的同意方可为之方面,有着更为详尽的规定。同时也正是因为《国法大全》能被使用者随需要而变幻不同的面孔,使得意大利的法律工作者们,既能效忠于统治他们的皇帝,又能服务于当地社区政府,游刃有余,一举两得。(第四章对此将有更详尽的介绍。)

在转入对第三个假设的探讨以前,让我们再次驻足,探讨一下与民主的法律制度密切相关的、不得不被提及的最后一个问题,那就是:希腊法在欧洲法律民主化的进程中扮演了什么样的角色。该问题并未得到法律史学家过多的关注,——特罗杰(Troje)教授是一个显著的例外——,尽管它是欧洲法律发展史中最具诱惑力的问题之一。[14] 它遭受冷落的原因或许是,它所涉及的内容,在欧洲历史的进程中,几乎是无足轻重,而历史学家亦合情合理地倾向于关注历史上发生过什么,而不是未发生过什么。然而,当我们仔

---

[14] H. E. Troje, *Europa und griechisches Recht* (Frankfurt, 1971)。特罗杰的观点是,无论是雅典的民主制,还是拜占庭的独裁专制,和古典罗马与封建时代欧洲的贵族政体都是格格不入的。关于雅典法律,还可参见如 R. J. Bonner and G. Smith, *The Administration of Justice from Homer to Aristotle* (Chicago, 1930) 以及 A. R. W. Harrison, *The Law of Athens*, II: *Procedure* (Oxford, 1971)。

细思考这些问题的时候,在特定历史时期出现的人物或制度空白,常常会具有出人意料的重要意义。西方学者对希腊法律尤其是雅典民主制度的兴趣,在中世纪及其之后的一段时间竟然找不到任何的蛛丝马迹,而这一历史研究空白,却如同蒙面少女一般,别具诱惑力。语言并不构成研究希腊文化的障碍,因为希腊的科学著作还有哲学著作,很多都经由阿拉伯文翻译成了拉丁文,后来就直接由希腊文翻译成拉丁文了。原因也不在于对希腊思想不感兴趣,恰恰相反,古希腊及东地中海沿岸其他国家的历史、文化与艺术,一直是深深吸引着西方学者的智慧宝库,追随者的浪潮前赴后继,生生不息。所以,面对希腊法律思想与实践遭遇漠视这一事实,要找出个中原因并非易事,需要进行更深入的溯本求源,但以下所描述的情况,必定在某种程度上纵容了这一漠视。

作为罗马法代表的《国法大全》,浓缩了最优秀的罗马法律作品之精华,也正是这种法律的统一编纂,为注释法学者讲授罗马法提供了坚实的起点;与此相比较,希腊的法律思想之花,却未被置放于同一花园中供人集中观赏。要了解散见于各种文学、历史和哲学著作中的希腊法律思想,只能进行多方搜集。罗马人天生是勇士和工程师,天生是法学家和征服者;罗马法,是罗马人留给世界智慧宝库的一颗闪亮明珠。希腊人当然也可以对其法律上的贡献津津乐道,雅典民主制度的实践更是为世人高度颂扬,但他们最卓越的贡献并不在法律上,而是在艺术与哲学思想领域。

罗马公法对中世纪后期日益兴起的君主制度,起到了很大的推动作用,因为它本身就兼有君主性和专制性。它同时又是反封建的,当然并不是矛头鲜明地抗击封建制度,这种抗击意识在中世纪以前的古代尚不存在;反封建性主要体现在罗马公法的基本理念上,那就是中央集权论,认为所有权力均出自中央集权。这与法兰克帝国衰亡后,在欧洲发展起来的封建社会所倡导的理论,是格格不入的,后者的一个显著特征,是坚持权力分散论,认为权力应由各个统治中心独自享有。因此,罗马法成为激发现代各国灵感的源泉,为他们提供了思想武器和理论支撑,这些国家都喜欢把自己称为"帝国",比如亨利八世时的英格兰。[15] 而雅典民主制下的法律,对欧洲的君主们却不具备此吸引力。

本质上为寡头性和封建性的普通法,与罗马法一山不容二虎地对峙着,与希腊民主制度走的也不是同一条道。所以才会出现这样的局面:英格兰对罗马法的诱惑一直采取抵制态度,尤其是在16和17世纪的时候,皇室采纳大陆法的倾向初露端倪,那些罗马法学家们也都倾向于成为保皇党人,而普通法专业人士却倾向于议会党,捍卫着传统的普通法。倘若当时希腊法在欧洲像罗马法一样盛行,清教徒们说不定能从中获取些许灵感,以抵御罗马法的侵蚀。然而这毕竟是假设,实际情况并非如此。[16]

罗马法与欧洲大陆专制制度之间的裙带关系,还是斐然易见的,有时这种密切关系会表现得赤裸裸地真切,如勃艮第公爵刚勇者查理(Duck Charles the Bold),赤手空拳地征服王子主教辖区列日*(Liège)的时候,废除了那里一直沿用的旧习惯法,代之以新兴的罗马法。[17] 因而,我们也就很自然地看到,发生在18世纪对旧体制的斗争,一般都与对罗马法的攻击形影相随,同时,人们试图抛开所有的陈俗旧念,在"理性法"的基础上,创建一套全新的现代法律体制。再次提醒大家注意的是,在当时这场法律思想领域的战斗中,希腊法并未被人们摆上斗争的舞台。或许是其基调定得过于大众化,而使那些素来钟爱高深理论的法学教授、高级文官

---

[15] W. Ullmann, "This realm of England is an empire", *Journal of Ecclesiastical History*, 30 (1979), 175—203.

[16] 大约在17世纪中期,两部重要的希腊法律文献出版了,一部是对所谓的"阿提卡法"(*Leges Atticae*)的重新编纂(附有详尽的评论),另一部则是完整的《巴西尔法典》(*Basilica*)(Troje, *Europa*, p.17)。在诉讼程序上,我们完全可以说希腊法律具有极强的民主性,数量众多的法律门外汉能够参与法庭判决的作出;然而从一个民主的角度来看,它的弱点也是显而易见的,那就是希腊法律的不可知性,没有任何官方的甚至是非官方的法律汇编,只能从学者们或当权者的言论中去追踪法律的蛛丝马迹。

\* 比利时东部省份。——译者注

[17] R.C. van Caenegem, "Le droit romain en Belgique", *Ius Romanum Medii Aevi*, ed. by F. Genzmer, v, 5, b (Milan, 1966), p.47.

以及对自然法的勃兴责无旁贷的开明君主们,感到无法接受。另一个证明罗马法与专制制度间密切关系的有力论据是,实行独裁统治的罗马天主教会(它被能够毫不犹豫地写下"主教就是上帝"[papa Deus est]的阿谀奉承的法学家们,众星捧月般地簇拥着)非常欢迎《国法大全》,后者在全帝国范围内享有的至高无上与独断专行的地位,又为前者的统治提供了强有力的支持。教会当权者是大陆法原则的首倡者,并力倡最高程度的罗马化。在援职仪式辛酸的争斗历程中,教会的矛头直指封建秩序且在此之前的两个世纪里其势力不断壮大。然而,并没有任何事物能引起教会对雅典法律的丝毫兴趣,因为君主制因素的充斥并未为民主制的发展留下任何空间,尤其对雅典这种平民专政的直接民主更是如此。

## 解读三:政治历史

现在,我们可以开始对第三个假设进行讨论,以期解读法官、立法者及法律学者们对欧洲法律所产生的不同影响。不过,在试图为整个欧洲设立一种理论之前,较为谨慎的做法是,在我们讨论的起始,先借英格兰和德国小试牛刀。就这两个国家而言,我的观点是,法官在英格兰的主导作用与法学家在德国的显赫地位,都是这两个国家相异的政治历史及不同的体制设置所带来的直接后果。换句话说,我们的关注点,应放在对国家结构和公法建立基础的研究上,这些都形成于国家的历史发展过程中,可以为法官与法学家在两国地位产生鲜明对照之原因作一根本性解答。

我认为,自1500年以来德国法哲学在国家中所居的显耀地位,主要得益于下述情形。首先,由于缺乏一个有力的国家君主政权或议会,立法力量异常软弱。自从腓特烈二世(Frederick II)去世,群龙无首,国家四分五裂,政治生活的中心也由国家转向了东拼西凑的公国及自由城邦。司法体系亦显疲软,纵览全国,没有一个受到普遍认可、具有崇高威望的法院(最早扭转局面的是1495年的帝国枢密院[*Reichskammergericht*]),整个体系就是由一些区域性与地方性法院拼凑起来的,而它们的职权也极为有限。某些享有盛誉的城市法庭,如马格德堡(Magdeburg)的陪审法庭(Schöppenstuhl)*,就盛名远播,引来了不同区域同行们的纷纷效仿,但始终未引起全国性的反响。立法与司法的双重软弱以及不计其数陈旧又不成文的地方习惯间时常的相互抵触,导致了德国将对被视为"共同成文法"的罗马法的"继受"视为其法律现代化事业的一次飞越。引入《国法大全》以及它在中世纪发展衍生出的其他法律——一大堆用拉丁文写就的高深法律典籍,所带来的直接及不可避免的后果是:只有那些受过专门训练,能读解巴托鲁斯和巴尔杜斯著作的人,才能进行法律的传承、研习及施行,也就是那些在大学中受过罗马法的专业教育、拥有相关学位的法律学者们,理所当然地把握了打开法律科学之门的钥匙。而这正是其致命之处!因为一旦法律被束于这些神圣典籍的象牙塔内,也就只有那些精通法律的学者才能问津了,普通人只能望塔兴叹。罗马法只有罗马法学家才读得懂,就如同《塔木德》(Talmud)只有它的研习者才能告诉大家其真正含义一样,都是不争的事实。这一状况从16世纪一直持续到了19世纪末。

同样,法官在英格兰所占据的卓越地位,我认为是下述情况造成的。法律从一开始就不是建立在任何所谓"法律圣经"的基础上,因而也就不存在只有精通法律之人才知道法律研究的独门渠道的问题,法律也就不会落入这些法学家群体之手,成为他们的专利。[18] 中央立法者——在此我们要把政体因素考虑在内——往往

---

\* 指仅由陪审员、非专业审判人员组成的法庭。——译者注

[18] 它很可能——在很大程度上确实如此——落入另一个行会之手,那就是法律职业者行会,由出庭大律师和从他们中按阶位选出的高级法官组成。关于英格兰法律职业界的行会天性,参见 O. 坎·弗洛伊德(Kahn Freund)在 K. Renner, *The Institutions of Private Law and their Social Functions*, Internat. Library of Sociology and Social Reconstruction, ed. by K. Mannheim (London, 1949), pp.12—13 中所作的介绍:"英格兰法律的演变过程,实际上就是律师公会一系列行会规则的发展过程,会员和学徒们在实践中不断使用和发展这些规则,并以此为司法工作的指导。这一状况的产生主要归因于政治因素,即专制君主制在英格兰的失败……因而法律的施行一直牢牢地控制在法律职业者行会的手中。"

保持着低调。就是强大如亨利二世（Henry II）那样的国王，其立法在斯塔布斯做的立法汇编[19]中，也就只占据了寥寥数页的位置。自诺曼征服以来，第一次系统施行立法政策的，是爱德华一世，在他之后，议会的立法具有很大的随意性，一直到后来的都铎王朝，才引发了立法高潮。当时并不存在全面而持续开展的立法，而且众所周知，在爱德华一世以前，普通法早已在英格兰站稳脚跟了。与立法的步履蹒跚产生鲜明对照的，是司法的蓬勃发展。当时存在一个由君主政权创立、得力而稳定的中央法院体系，管辖来自全王国各种各样的初审案件。他们有皇家权力做后盾，法官们训练有素，并能铁面无私地适用法律，通过持续而稳定的判决——甚至不惜通过"玫瑰之战（Wars of the Roses）"——打造出这片王土的法律轮廓。这些皇家法官们作出的公告及判决，权威性遍及全王国，他们在形成普通法之际，还建立了与之相辅相成的高级律师和出庭律师制度，同时亦为两者的顺利运作保驾护航。在英格兰，法官告诉大家法律是什么，而在现代德国，则由法学家说了算。

简要回顾了德国及英国的情况后，我们将继续深入探讨之前提出的假设，并将其扩展至其他主要国家，相信这一探讨过程不会枯燥无味。这将要么驳斥，要么肯定我们先前形成的观点：法官、立法者与法学家各自的重要性，与他们各自国家的政治历史及宪法规定的政权组织形式直接相关。但在进行这一历史的比较求证之前，出于对那些平日里不习惯进行历史性思维的法律职业人士的关照，我们还是先对这"三足鼎立"之局的力量对比状况，作一扼要的分析。大致轮廓，如下所示。

在社会主义和极权主义国家，立法者权力无边，控制着国家的法律命脉；学富五车的法学家们，地位极其卑微；司法部门则亦步亦趋，一切为政党利益服务。在英格兰以外的西欧国家，法典和其

---

[19] W. Stubbs, *Select Charters and other illustrations of English Constitutional History* (9$^{th}$ ed. by H. W. C. Davis, Oxford, 1913), pp. 161—89.

他成文法在原则上占主导地位,然而判例法也远不是可有可无的,法官有独立审判权,某些德高望重的法学家也拥有不可低估的权威。

在英格兰,司法体系成为普通法大厦之顶梁柱。那是一个崇尚司法先例而非法典的地方,即使在现在一般为制定法所调整的领域,法官仍享有相当程度的法律解释权,他们根据古老的解释规则以及普通法和理性的基本原则,对制定法作出解释。读者在此最好能回忆一下之前我们探讨过的排他性解释规则的相关内容,以及现在对制定法采用的解释方式,这样,大家就不会低估当代英格兰法官所作出的创造性贡献了。他们的贡献当然不应被局限在对制定法的解释上。颇具胆识的法官,勇于进行理论创新,既不固守制定法,也不拘于先例,而纯粹是基于衡平的考虑,给予弱者保护。丹宁勋爵创设的"已婚妇女之衡平权利"的概念,就是一个很好的例子。这一衡平观念,使得他能够对该被遗弃的妻子提供法律保护,声称该妇女具有一项衡平权利,该权利使得她在丈夫弃她而去后,不受建筑单位、银行或其他团体的驱逐,仍能留在房子里。用威尔伯福斯勋爵(Lord Wilberforce)的话说,该原则的提出缺乏法律依据,它是丹宁勋爵众多"伟大创造"之一,他在上诉法院中适用了多年,直到后来上议院决定推翻该原则,因为当时相关立法尚未对此予以规定(后来立法上作出了修改,与丹宁勋爵的意思别无二致)。[20] 在美国,法官的地位是至高无上的,因为他们(不仅仅是最高法院的法官)是法律合宪性的最终裁断者。

法学院校在社会主义国家中都是人微言轻[21],不过,某些在政党中担任公职的法律学者,就政党对司法工作的介入事项上,他们还是能发挥些作用的。在被雷涅·大卫(René David)称为"罗马—

---

[20] 参见威尔伯福斯勋爵(Lord Wilberforce)在丹宁勋爵的电视访谈录中所作的评论,由 B.B.C. 在 1982 年 11 月 7 日录制播放。

[21] 不过,还是可以听到一些乐观的言论,参见 J. N. Hazard, *Managing Change in the USSR. The politico-legal role of the Soviet Jurists*, Goodhart Lectures 1982 (Cambridge, 1983)。

日耳曼家族"的国家里，法律学者通常均为教授级人马（他们著述颇丰，往往以多卷的评注［*Commentaires*］和专题论著［*Traités*］示人，有时该著述被称为"基本读物"［"*élémentaire*"］，该称谓用来称呼一部十卷的著作，听起来确有点啼笑皆非），以其学术上的权威，影响着一代又一代学子、律师及法官。有些还是立法委员会的顾问，通过对起草中法律的执行和控制，以直接介入的方式对立法施加影响。在普通法系国家，法学理念、理论以及大学者们的著作，不像在前述国家那样多如牛毛，它们对立法没有产生多大影响，对高级法官的影响也就更小了。最近的一项研究显示，英格兰的上议院贵族法官们，作为联合王国最高司法权威，极少拜读那些理论性著作，几乎不理会学者们在专业杂志上发表的对他们判决的评论，也没有任何一个上议院贵族法官声称，在他撰写判决书时会考虑到学者们的感受，他们之间也不会经常性地交换意见。因此，我们也就理所当然地看到，较为活跃的上议院贵族法官中，只有两人提到，自己曾在某一案件中，由于心存疑惑而写信向某位学者咨询，相反，他们中更多的人表明，他们从来不会对学者们在任何事件中作出的学术性评论给予过多的关心。[22] 在美国，有些法官是由选举产生的（虽然联邦法官并不如此），这就使得法官们关注民众的反应与支持，更甚于关注学术意见，尽管他们自己就是研习法律出身。然而，众所周知的是，顶尖法学院对美国法律事业的薪火相传，立下了赫赫之功。

乍一看也许会觉得奇怪，英格兰和苏联，在其他方面都相去甚远，唯独在这点上却是共通的：两者的法学院校在本国都地位寒微。对此的解释应该是，英格兰的判例法和苏联的法典与制定法，在本国都占据着最高山头，没有为法学家影响力的发挥提供过多的空间。

---

[22] A. Paterson, *The Law Lords* (London, 1982), pp.10—15. 我们很高兴地注意到，有两位上议院贵族法官公开表明，对 A. L. 古德哈特——我们现在的讲座就是以他的名字命名——所提出的批评意见非常关注（出处同上，第 17、19 页）。

现在,让我们从更为深入的历史视角,重新审视这一"三分天下、鼎足而居"的力量对比图,仅顾及历史条件,而不考虑现代因素。答案对每一个法律史学家来说,早已明若观火。

法官造法,是普通法根生土长的传统,在19世纪法典化和现代化热情高涨的时节,依然坚守着自己的防线。

法学家造法,正如先前所指,在特定国家的特定时期是如日中天,且看"后中世纪"的北意大利,16至19世纪的现代德国,还有自格老秀斯时代到法国法典之引入的荷兰,哪一处不是法学家的天下。

立法者造法,则在革命时期和19世纪的法国独占鳌头。19世纪的比利时也是一样,有一注释法学派(该法学派在当时的法国和比利时都非常盛兴)之先驱,他叫弗郎科伊斯·劳伦特(François Laurent,卒于1887年),就是弊校根特大学(Ghent)的教授。该学派以希腊语 *exegesis* 命名,意思是探究和解释著作,尤其是经典著作。该学派之所以以此为名,就是因为他们把法律教学和著书立说等所有活动,都归结为对被奉若神明的拿破仑时期诸法典的解释上,他们逐字逐句地推敲法典原文,并赋予其最为精确的含义。"*exegesis*"一词最初只会出现在研究圣经的场合,因为该学派将为数不多的法典奉若圭臬,而它们所包含的内容,除了法律,还是法律,所以"*exegesis*"一词才会被用在他们身上。法典之外不存在法律,法典出现之前亦无从谈法律——他们实在是对历史视而不见。传言巴格涅特教授(Bugnet,卒于1866年)曾说过,他不是在讲授民法,而只是在讲解拿破仑法典,这就好比说,在中世纪的医学院不是讲授解剖学,而是讲授盖仑学说(Galenus)。[23] 该法典不仅被视为前无古人,且被奉为后无来者。拿破仑严禁对法典作出任何评论,因为这样一来,如潮的评论很快就会取代法典本身的位置。因

---

[23] 这方面的经典著作是 J. Bonnecase, *L'Ecole de l'Exégèse en Droit Civil* (Paris, 1924)。也参见根特大学近期发表的一篇博士论文:B. Bouckaert, *De exegetische school. Een kritische studie van de rechtsbronnen-en interpretatieleer bij de 19de eeuwse commentatoren van de Code Civil* (Antwerp, 1981)。

而所有法律院校所能做的就是，严格遵照法典原文，提供最切合的解读。对法官而言，他们对法律发展的创造性贡献，被粗暴地限制甚至是抹杀了，大革命把他们降格为一个被动的角色，那就是著名的 bouches de la loi，意思是一种自动机器，只会对任何一个案件机械地提供现成的法律，在适用时仅仅是把立法者的话再重复一遍。在某些时期，大革命甚至做得更绝：它并不满足于仅将法官陷于一个被动者地位，而是试图将他们整体铲除，尤其是那些被任命的专业法官。后来，法官这一职位改由选举产生，并且摒弃任何专业资格要求。更有甚者，当权者还希望用已升格为强制性的调解程序，来代替正式的诉讼。当然，这只是一个暂时性的非常规时期，后来拿破仑终结了这种局面，他重新启用了法官任命制度，再度请那些受过专业训练的法官出山。[24]

是什么使得革命激进分子、拿破仑、还有劳伦特之流的法学教授们，对立法者造法有如此之大的狂热？又是什么，激起了他们对古老传统、法官造法以及创造性法律哲学的反感呢？原因有很多，且来自不同的层面，有法律意识上的，也有政治上的。就法律科学而言，它们被视为几世纪以来研究罗马法的智慧结晶，当然不会受到宠幸，因为罗马法本身在启蒙时代就受到了尖锐的批评与质疑。人文主义者无意间揭示了对罗马法不利的一面，表明罗马法远远不是与日月同辉、共山川齐寿的标本，不是上帝赐予放之四海而皆准的模范，它只是人类在某一特定历史时期、某一特定社会中的产物，因而并不具有绝对及所谓"神示的"权威。为什么——我们将论述推进到18世纪———一个来自没落文明的法律，要让现代欧洲臣服于脚下、并成为全欧陆普遍尊奉的信条呢？现代（moderni）理应超越古代（antiqui）才对！现代欧洲所寻求的，是一种比罗马帝国更具普遍权威的东西，那就是作为自然法基石的人类理性本身。政治环境也物是人非了。在中世纪，世界大同的观念非常流行，尽

---

[24] 关于所有这些，参见 J.-P. Royer, *La société judiciaire depuis le XVIIIe siècle* (Paris, 1979), pp. 209—62。

管这在今天看来也许不太现实。建立一个囊括所有基督教民族之世界帝国的梦想,一度出现在当时的政治思潮中,这也曾使得丹特(Dante)为罗马—日耳曼帝国的建立而高唱赞歌。到了近代,当然是威斯特伐利亚(Westphalia)一系列条约签订以后,建立一个世界教会和新罗马世界帝国的梦想,均灰飞烟灭。没有任何一个权力实体,能够统治或妄想统治全欧洲各族人民,国家主权正逐步登上历史舞台,但罗马法此时已不能为这些新兴国家所用。在罗马法中,没有王国的概念,更不用说主权国家了:它所知道的,就是世界帝国,在地方层面上就是城邦(poleis)和市政(municipia)了。因此,一部调整各国间关系的法律的制定,不能再以罗马法为基础,此时自然法的介入也就水到渠成了。最初的设想,只是建立一个处理国际政治关系的国际公法体系,基于由文明国家组成的国际社会都认为是合理的标准而建立。但系统提出这一"理性法"理论、并为之笔耕不辍的法律学者们,认为要使该法具有真正的生命力,最佳途径就是通过立法来实现。或者是由开明君主立法,这也是他们中大多数人所希望的;或者是由革命团体来担当。同时,"理性法"在18世纪,是反对旧体制下的愚民政策、过时的罗马法式的迂腐以及古代社会其他缺陷的有力武器。以理性之名,旧的社会结构受到强烈谴责,最终走向穷途末路。意欲求证,读者诸君只需拜读一下《改革请愿书》(cahiers de doléances),或是18世纪90年代的革命法典即可。这一切的发生都是如此的自然——唯一让人感到诧异的是,这股对自然法的如火热情,到了19世纪却被无声的鄙视浇灭了。劳伦特最不愿听到的就是自然法——法国民法典中有哪一条提到了它?自然法在短短的数年中就突然失宠,个中原因值得特别关注。该原因不能从时下的时髦观点中获得,而应在法国大革命和拿破仑时代所带来的社会巨变中探寻。自然法曾经是18世纪资产阶级用以反对专制主义及其同盟者——精通罗马法的拥护者——的武器。但是在拿破仑的法典时代,历经1792—1994年大恐怖的血雨腥风后,苟且偷生的资产阶级获得了他们想要的东西:商业自由、平等权、教会土地被没收、市场准入权,以及立法规则的确立。19世纪的"资产阶级大和平"由此确立。[25] 这一新掌权的阶级所不愿看到的,就是可能危及现有法典的自然法狂热思潮。这些法典,是由企业家和金融资本家们组成的新世界坚实的法律基础,他们兴起于路易斯·菲利浦(Louis Philippe)、拿破仑三世(Napoleon III)以及路易斯·阿道夫·菲尔斯(Louis Adolphe Thiers)统治下的世纪。"理性法"是不满阶层最自然会使用的武器,而当他们的需要得到满足并掌权后,任何略具煽动性的思想,对他们来说已是兔死狗烹。相反,如果哪个法学派能够安于本分,逐字逐句地遵从奉若神明的法典,那将会备受青睐。当然,19世纪还出现了一个新兴阶层——工业无产阶级,人们曾认为他们也许会求助于自然法来对抗现存秩序,但他们没有。在欧洲大陆,他们中的许多人反倒加入了19世纪新兴的马克思主义阵营。后者的理论吸引着这批热血青年,尤其是它对财产制度的正面攻击,而财产正是18世纪资产阶级誓死保卫的东西,除此之外,马克思主义对独裁专制等一系列无稽之谈的驳斥,也正中他们下怀。再者,自然法哲学是静止不前的,而马克思主义——如黑格尔派——则崇尚生生不息的进化和辩证而永恒的变化,与19世纪的发展更为合拍。

在纵览判例法、立法和法哲学各自在不同历史时期和不同国家的地位后,是时候来探讨我们提出的第三个也是最重要的假设,即这一现象背后起关键作用的因素是什么?这也是解开欧洲舞台为何呈现出如此多样性的钥匙所在。对此问题的讨论,将限定在12世纪以后的欧洲,因为在"中世纪前期",并不存在这样的问题,那只是法律发展的初期阶段,没有立法,没有法哲学,更谈不上奉为先例的判例法。有的只是习惯,偶尔被记载成文字,且残缺不全。在地中海沿岸以及大西洋和北海沿岸的文明国家中,这种原始习惯的外壳,在促使欧洲进步之外力的有意推动下,开始慢慢消

---

[25] A. J. Arnaud, *Essai d'analyse structurale du Code Civil français. La Règle du Jeu dans la Paix Bourgeoise* (Paris, 1973).

融,而正当此时,我们的故事才刚刚揭开序幕。因此,我会选取几个主要国家,分析其法律史发展的主线,试看作出一个政治方面的假设是否可行。我们的出发点是,政治环境在任何一个国家都占据着无比重要的地位:一个强大而统一的国家,会为国家立法者以及一个强有力的中央法院系统,在国家法律生活中发挥主导作用,提供有利的条件;与此相反,若一国名誉扫地,或软弱涣散,则不会存在强大而有威望的立法和司法机构,该空白会由法学家、法律原则和法学教授们研制的法律来填补。

如果不是回溯到阿尔弗雷德大帝时期,那么也应该从10世纪前半期再次征服丹麦法施行地区(Danelaw)的国王时代算起,英格兰当时是欧洲最古老的统一民族国家,或者说是民族君主国。这一古老的英格兰王国,是当时治理得最好的国家。当始于加洛林王朝后期的政治危机在欧洲大陆各国不同程度的漫延开来时,英格兰的君主却建立了一个无比稳固的地方政府体系。它首次使用了皇家令状,该令状后为欧陆国家所效仿,能通行全国。后来,诺曼人接管了这一固若金汤的君主政体,在全国实行有效的统治。他们吸纳了欧洲大陆封建体制的军事因素,但又将该因素控制在不影响国家统一与稳定的范围内。亨利二世,金雀花王朝(Plantagenet)的第一位国王,组建了一支皇家法官队伍,他们管辖全国范围内的初审案件或是签发令状,数量虽有限,但却处于不断增长之中。他们适用的实体法,都来自封建习惯,采用的程序,则依令状类别而定,并实行陪审团审判制度。这些由皇家法官连同国王本人一起发展出的法律,成为我们今天所知道的英格兰普通法,该法区别于地方法院一直沿用的地方性和区域性习惯。在亨利二世的统治接近尾声之时,关于普通法及其法院系统的第一部专著诞生了,作者正如我们所知,是格兰威尔(Glanvill)。没过多久,三个职能不同的皇家法庭成立并投入了运作,他们都在为普通法大厦的建设添砖加瓦。这三个法庭分别是:皇家民事法庭(Court of Common Pleas），设于威斯敏斯特[26]；御前法庭（bench coram rege），随同国王四处巡回审判，直到14世纪才落下脚跟，不再流动；还有财税法庭（Court of Exchequer），也坐落于威斯敏斯特。于是，在1200年左右，一套羽翼丰满的普通法体系，就这样在全国范围内建立起来了。只要稍微回想一下，法国直到1789年革命之后的几年间，才诞生了一部适用于全王国的统一法典，我们也就能更好地意识到普通法的建立对英格兰之深远意义。皇家民事法庭自其成立以来，就义无反顾地一往无前，表现出惊人的持久力，它一路走到了19世纪的司法改革，我们甚至可以说它一直持续到了今天，那就是如今高等法院的民事分庭。这一稳定性带给了它非同寻常的权威，因为对它而言，无所谓顺境与逆境。作为皇家法庭，在共享皇室威望的同时，还可以仰仗国家的权力，使其判决付诸执行。它也不存在竞争对手，尽管后来出现了一些法院取代了它的部分功能，有的是长久取代（如衡平法院[Court of Chancery]），有的则只是暂时性取代（如星宫法庭[Star Chamber]，在克伦威尔时期被取缔）。另有一个高级律师阶层活跃在法官周围，人数少而精——这是一个由热衷于法律的高层人士组成的团体，该阶层逐步发展壮大，聚揽了最优秀的法律人才。他们按中央法院系统对法官的要求接受训练，而高级法官，也是从他们当中依照级别高低进行选拔任命的。[27] 一个令人叹为观止的判例体系也随之建立，要么以官方的判决登记形式，要么以非官方的判例汇编形式，它们构成普通法的

---

[26]《大宪章》第17条规定，"普通民事诉讼不应该跟随法庭走到哪儿审到哪儿，而应该在某个固定场所进行"，几个世纪以来，人们都将该规定理解为，要在威斯敏斯特成立皇家民事法庭。不过，最近的研究表明，有人认为，"某个固定场所"这个词，是在13世纪之后才特指威斯敏斯特的。参见 M. T. Clanchy, "Magna Carta and the Common Pleas", *Studies in medieval history presented to R. H. C. Davis*, ed. by H. Mayr-Harting and R. I. Moore（London, 1985）, pp. 219—32。

[27] J. H. Baker, *The Order of Serjeants at Law. A chronicle of creations, with related texts and a historical introduction*, Selden Society Supplementary Series, 5（London, 1984）.

主心骨。这在欧洲是独一无二的,就法律上的影响来说,即使是罗马天主教最高法庭(Rota Romana),无论在哪一点上,都不能与之相比。

英格兰同时还有着浓厚的国家立法传统(法庭并不能决定和创造一切,法官们也深知他们的任务是司法而非立法),然而该立法传统的发展却是历尽坎坷,步履蹒跚,不可与法庭工作的一帆风顺与辉煌壮丽同日而语。昔日的英格兰君主政权,有着炫目的立法辉煌,从它颁布的一系列法令(dooms),还有不朽的立法或法令全书,均可见一斑。然而,从1066年那场灾难后,这一系列的辉煌都突然烟消云散了。诺曼人不喜欢立法,金雀花王朝也不喜欢(除亨利二世时制定过一些简短的法律条文以外)。一切都在漫长的等待中度过。直到被誉为"英格兰的优士丁尼"*继位,他在位的最初十年,也就是1272—1282年间,才迎来了这一古老的国家立法传统的重生。在都铎时代,议会在很多重要领域进行了数量可观的立法,许多都是由皇家政府发起制定的。18世纪时,议会通过了大量立法,但这些立法彼此矛盾,混乱异常,而且是代表私人利益的议员提议的结果,因此政府对这样的立法不感兴趣,它更乐于让法院通过创造先例,来发展那些重要领域的法律。1832年的议会改革,使上述立法尴尬得到了改善,在四十年左右的时间里,涌现出一批重要而彼此协调的立法,在政府的推动下,议会还对英格兰现存法律体制作了一次大检修。立法热情在1875年左右冷却了下来,并直到第二次世界大战之后才有所复苏。几个世纪以来,法律界普遍认为,让普通法自由发展,是最为明智的选择,制定法只有在极为必需的情况下才能颁布,立法被视为一种过激的法律救济。逐步调整,总比骤然改变要好,承担此任者,非法院莫属,他们处理那些令人尴尬的先例的本事,往往超乎人们的想象。[28] 拉德克利

---

\* 指爱德华一世。——译者注

〔28〕 偶尔需要打破遵循先例原则的情况,参见:Lord Denning, *The Discipline of Law*, p. 287。

夫勋爵（Lord Radcliff）——20世纪五六十年代的领军人物——直言不讳地认为，法官在某些场合有必要扮演立法者的角色，但又劝诫法官不能够明目张胆地这么做；他同时也明确表示，面对一个令人尴尬的先例，对于具备最基本专业素质的法官来说，只要有心去"规避"它，便不会构成一道不可逾越的障碍。[29] 罗斯科·庞德曾提到这样一则轶事，它非常有趣地刻画出律师们对立法的接受是多么的勉为其难，该故事讲的是美国律师界的一位风云人物，他在遗嘱中表明了向法学院捐赠一法律教席的愿望，并且设定了教席任教者的条件：必须向学生揭示立法的空洞与无用这一真相。[30] 这就表明，"至少在某种程度及某些时期，对制定法的不信任与恐惧"[31]，影响的不只是英格兰法官对立法的态度。这一状况的出现，主要归因于强大而持久的皇家法庭对普通法的创制与发展，而立法，也就只有在某种社会关系已经发生根本变化，其解决已超出法官的能力范围时，才会不时地介入。

这就为法律学者对国家生活施加影响留下了极少甚至没有留下空间，关于他们对法律施加影响的故事，可圈可点的也就屈指可数了。比如前面提到的格兰威尔，在他眼中，皇家法院的审判实践，就是被若干种类的令状分成几组，主要都是处理一些关于地产保有方面的事务。那部用拉丁文写就的著作，无论从实质上还是从行文上看，都带有彻头彻尾的封建性和盎格鲁—萨克逊色彩（在同一个统治者的管制下，英吉利海峡两岸法律的发展如出一辙）。在他的书里，时时处处都能让读者听到罗马法遥远的回响，仿佛他对

---

[29] Paterson, *Law Lords*, p.14, 引用了拉德克利夫勋爵的话，他说，"法官不应对他的立法角色过于张扬。一个在众目睽睽之下创造着法律的法官，无疑在向世人表明，他在某些场合会未经民主授权便担任起立法者的职能，这样做的后果是削弱了自己作为法官的权威"，他还进一步阐明："如果一个具有足够理性力量的法官，认为某个特定先例确有错误，如果他规避不了它，那真是一个天大的傻瓜。"引言载于上述出处第142页。

[30] Pound, *The Spirit*, p.46.

[31] H. F. Jolowicz, *Lectures on Jurisprudence*, ed. J. A. Jolowicz (London, 1963), p.290.

优士丁尼《法学阶梯》中的名言警句了如指掌似的。在当时的英格兰,人们还是可以读到《国法大全》的影印本,大陆法的讲授内容对他们来说也并不陌生,有些英格兰人甚至负笈欧陆学习大陆法。布拉克顿的鸿篇巨制则属于另外一类。不仅因为现有令状的种类在数量上较之过去极大地膨胀了,单就分析评价而言,布拉克顿也比格兰威尔做得更为详尽,而且他还力图在英格兰法律的发展与欧洲当代法律学者的思想之间搭桥建樑。换句话说,他熟知罗马法,尤其是阿佐的《法律概要》(Summa Codicis),并试图把罗马法融入当时已纯粹成为英格兰岛屿所独有的普通法当中——当时诺曼底已归属法兰西王国,并逐步为法兰西与罗马式的法律实践所同化。布拉克顿力图在《国法大全》的帮助下,对普通法作一理论上的全面阐述,该行为具有重大意义:它表明了普通法具有合理性及内在的一致性。然而实际上,它不符合以法院为主导的法律职业者的胃口,法官们需要的不是这些理论上的说教,而是与案件、先例、诉状等实际操作相关的内容,尤其是诉状,也就是关于律师提出了哪些答辩,法官接受了哪些,拒绝了哪些,接受或拒绝的理由又有哪些等等。

这些都能在此之后几个世纪的相关文献中查找到,记载这些内容的典型书籍,叫做年鉴(后来称为判例汇编)。法官和律师手中还须备有《令状录》,从中可以知道,什么样的诉由对应什么样的令状,以及如何操作。该《令状录》(registrum brevium)遵照现行令状种类的顺序编排,与此不同的是,另一本很有影响力并极具实用价值的著作是利特尔顿的《论保有土地》(On Tenures),其中包含对种类繁多的土地保有的阐释以及保护这些权利各自不同的令状。由此,在这个貌似以实体法为重的国家,人们却发现诉讼程序是更为根本的环节。权利只能听随于程序,除此而外别无他途。

我们要介绍的下一位雄心勃勃地要为英格兰法律描绘一幅统一图景的人物,是爱德华·柯克。在他的一系列著作如《判例汇编》和《法学总论》中,作者总致力于对英格兰法律作一完整而全面的阐释。这些著述博学精深,充满了从中世纪专著中精心挑选出来的先例。[32] 柯克在著作中提到了杜·坎哥(du Cange)——一个17世纪的法国学者——他似乎读完了中世纪文本(普通民众几代人努力得来的成果)中所有能找得到的只言片语,其目的在于从中提取出中世纪拉丁术语的确切含义(坎哥的工作热情带来的成果,是一部中世纪拉丁大词典,完全由他单枪匹马执笔创作)。

在布莱克斯通的《英格兰法释义》中,古老普通法的太阳,正展现着她最后的余晖,因为很快她就要受到布莱克斯通一个学生的攻击、奚落和嘲笑,此人正是杰里米·边沁。边沁希望进行改革和法典化,只是他在政治上没有地位,不能将其想法付诸现实。而他的学生布鲁厄姆(Brougham),却有朋友在政界身居要职,正是在他的推动下,英格兰司法体制的全面现代化开始了。边沁攻击普通法,说它是"虚拟的法律",是"伪造的法律",是"半法不法的法律",他指出,普通法体制下司法权的实施,就是"权力滥用"的最好例子。有些学者尝试去驳斥边沁的观点,认为遵循先例体制带来的一整套规则,具有与制定法一样的确定性,只有制定法才有权对这些规则作出改变。然而我们也注意到,情况并不完全如此,事实上,先例常常会被推翻——说得轻一点,是被一些巧妙的区分规避了(参照注释29中引用的拉德克利夫勋爵对这一问题的评论)。[33] 对边沁来说,年龄和权威、司法圣贤和历史都不重要,他唯一看重的,是功利。他也很在乎民主,因而要求法律必须是可认知及确定的,也就是必须法典化。

---

[32] 在此似乎已没有必要提及那些关于柯克的英格兰权威著作,倒是有一部法国的专题论著很值得我们关注:J. Beauté, *Un grand juriste anglais: Sir Edward Coke 1552—1634. Ses idées politiques et constitutionnelles* (Paris, 1975)。

[33] 参见 A. W. B. Simpson, "The common law and legal theory", *Oxford Essays in Jurisprudence, second series*, ed. by A. W. B. Simpson (Oxford, 1973), pp. 89—91. Cf. H. L. A. Hart, *The Concept of Law* (London, 1961), p. 132, 以及对遵循先例原则批判性的赞扬,见 D. Kairys, "Legal reasoning", *The Politics of Law. A Progressive Critique*, ed. by D. Kairys (New York, 1982), pp. 11—17。

多数时候,边沁也许只是一本小册子*的作者和理论的鼓吹者,而非真正的学者。19世纪最能当之无愧地被称为博学多才的法律学者的,是约翰·奥斯丁(John Austin,卒于1859年)。他的确是个很特别的人物,不仅因为身为一个理论法学家,而且因为他是英格兰自布拉克顿以来,第一个洞悉大陆法原理并受其影响的杰出法律人士——他求学于德国,并对该国十分仰慕。一个理论型的法律人,在19世纪上半叶的英格兰没有多大用武之地,他所接受的理论训练,没有为他进入律师界提供多少用处,因而他的工作成绩并不理想。这个国家唯一能为对法哲学深感兴趣的人提供的,就是大学里的教席,因而,奥斯丁很自然地在伦敦做起了法哲学教授。但是,由于他讲授的内容抽象且深奥,前来听讲的学生是门可罗雀,因而他也只得放弃了教席。但他从未放弃复兴抽象法律研究的信念,尽管那时候,"法哲学就像是从执业律师鼻孔中呼出来的臭气一样"[34],遭人厌弃。后来,他在刑法现代化委员会工作了一段时间,但这也没有使他获得多少乐趣。一切都表明,这类饱读圣贤书的罗马法学家,不能在社会上发挥多大作用,也许没有比让他成为咨询委员会的一员更合适的岗位了——在那儿,他会告诉您关于马耳他(Malta)**的一切情况!奥斯丁以及他怀抱的理想,诞生在任何一个时代和地方,都会比他现在所处的环境更好,因为他的梦想,是把法律研究变成一种科学,就像物理学的研究一样,取得一种世界性的认同。如同他的朋友边沁,他也赞同法典化,排斥历史,认为那是人类干尽了的蠢事的垃圾筒。也就是说,奥斯丁所推崇的,正是法律当权者们深恶痛绝的,而他厌恶的,又恰是他们由衷敬仰的。在本世纪,情况发生了扭转,对司法的普遍崇敬甚至受到学者型法律人士的鼓励,他们的任务,就是用学者批

---

  * 《政府片论》——译者注
[34] R. A. Cosgrove, *The Rule of Law: Albert Venn Dicey—Victorian Jurist* (Chapel Hill, 1980), p. 25,转引自 A. V. Dicey, "The Study of Jurisprudence", *Law Magazine and Review*, 4$^{th}$ s., 5 (August 1880), 382。
 ** 地中海的岛国——译者注

判性的眼光来审度判例法的发展趋势。著名的法学家和法律史学家威廉·S.霍尔斯沃斯爵士(卒于 1944 年)就认为,"在一个怀疑盛行的时代里,法律老师不应鼓励学生对司法系统吹毛求疵"[35]。如果非要让英格兰法律人士将法官、立法者和法学教授三者排一座次的话,他们或许会"把法院置于法律生活的中心",或许会承认议院是"法律绕之旋转的太阳"[36],但就是不会把法哲学研究放在任何与中心位置沾边的地方,在这样的宇宙论中,它最适当的位置,应该就像一轮苍白的月亮,只能反射着法官们智慧的光芒。

没有比英格兰和意大利之间的反差更为明显的了。在意大利,进入 19 世纪后,就完全没有政治上的统一可言,其南部,是一个封建王国;中部,是教皇国;北部,则是在罗马皇帝和德意志国王共同统治下的意大利王国(regnum Italiae),该王国还被并入了德意志帝国的版图中。自 11 世纪后半期以来,皇权的争斗在意大利就没有停止过,甚至迟至腓特烈二世(卒于 1250 年)逝世后,试图建立一个有效君主统治的幻想(或说是梦想)也始终没能实现。出于各种各样的意图和目的,北意大利被分成若干个城市共和国,它们后来在历任马基雅维利(Machiavelli)式君主的统治下,逐渐发展成现代公国。由此,完全可以预见这种地方割据状况给意大利的法律生活带来的后果:没有中央高等法院,因而也就不存在今后发展出全国性法律的可能性;有的只是地方和区域性法院,但它们不具备真正的威望(或许意大利南部的那不勒斯法庭除外),也不存在如英格兰那样有助于形成判例法传统的判决资源。当然,国家立法机关是存在的,但立法仅停留在地方层面,最多扩展到省级范围,而这些省级的法律体制,也无威望可言,只是地方显要们勾心斗角的权力角逐工具而已。总而言之,立法在数量上不少,但随机性很大,且朝令夕改,不触及真正的法律利益。罗马法学家则填补

---

[35] Stevens, *Law and Politics. The House of Lords as a Judicial Body 1800—1976* (London, 1979), p.194.

[36] P.S. Atiyah, *Law and Modern Society* (Oxford, 1983), p.1.

了这一法律真空,他们饱受《国法大全》的熏陶,这一高水准的法律典籍,使得那些当地的法律文献相形见绌。旋即,这些法律学者介入了诉讼领域,他们所掌握的法律科学,以及手中帝国法律的威望,是最有力的敲门砖。他们有时还被请去协调地方制定法间的矛盾,并为解决它们之间的冲突制定一套规则——这就是现代国际私法的起源。为地方法院提供咨询意见,也成了这些罗马法学家的主要工作之一,这些咨询意见,后来被整理成册并出版发行,且广为引用。这样就出现了与英格兰截然不同的景象:满脑子充斥着罗马与新罗马法思想的法学教授们,渗透在法律的各个领域,而判例法与立法机关的立法则显得可有可无了。[37]

德国的政治版图也是属于那种四分五裂的状况。在那里,国家直到19世纪后半期才获得了或说是再次获得了统一,但腓特烈二世逝世后,最终的结局还是分崩离析。虽然"德意志人"名义上的及象征性的首脑仍然受到承认,可政治生活的范围,已经退居到教会公国和世俗公国中,退居到帝国城市和自由城市中。其后果不难想见:没有真正具有全国影响力的中央法院,但一些地方及区域性法院有时还能树立自己的威望,可该威望从未逾越所辖地区之边界。除了可能存在一系列国家间的和约(Landfrieden)外,基本上没有中央立法;主要适用的是地方性习惯,而它们几乎不以文字记载,更不用说以法律的强制力颁布了。为克服上述种种缺陷,在欧洲人文主义思潮的熏陶下,人们做出了多方尝试,这也是马克西米利安一世(Maximilian I)试图在某种程度上重新统一德国所作努力的一部分。这些尝试和努力包括废除中世纪的习惯法,为取代它们的位置,"共同的成文法"即罗马法和教会法成为王国的新法律;同时还包括成立于1495年的帝国法院(Court of the Imperial Chamber),也称帝国枢密院,其被视为由帝国及其所属公国所设,

---

[37] 在最近一本谈论美国和法国民主制的书中,我注意到一种很有意思的说法,该书的作者似乎也认为,正是美国封建立法权和行政权的种种缺陷,造就了其司法权的强大。参见 Cohen-Tanugi, *Le droit sans l'Etat*, p.84。

而非皇帝的一手之劳。成立该法院的目的是为全国设立一个上诉法院,统辖新引进的罗马—教会法在全国的施行。最初,法官的组成,一半是罗马法专家学者,一半是爵士,而到了16世纪中期,所有法官均为法学家。由此可见,罗马法的胜利已毋庸置疑,尽管这一胜利并不彻底——地方传统,尤其是在萨克森地区,显示出对原有习惯的坚定维护与对新法的坚决排斥;新成立的高等法院,其运作也不尽如人意:各公国对它都不服气,他们千方百计地保住其免予上诉(de non appellando)、免予执行(de non evocando)的特权,免受高等法院的管辖。然而必须承认的是,《国法大全》的大获全胜,为讲授和解释它的法学教授们带来了事业上的突破;为习惯于从它身上引经据典的律师们带来了生机;同样的受惠者还包括那些获得法律学位的地方登记官以及受法庭之雇提供有偿法律咨询者,他们会告诉地方法院(法官大部分为不谙熟法律者)应当适用《国法大全》中的哪一条,巴托鲁斯与巴尔杜斯两位大师谁的观点应被参照。

启蒙运动时期的许多法典,往往是受到自然法学派凌空幻想的激发而产生,因而在遇到需要具体规定的情况下尤其是在合同问题的处理上,通常都还要请出古老而德高望重的罗马法。因此,这些法典在事实上,而不是理论上,保留了大量罗马法在现实中的使用空间,而一部纯粹的德国民法典在1900年的姗姗来迟,正表明整整一个19世纪,罗马法以及拥护它的高级教士们,一直把持着国家的最高权力。在俾斯麦(Bismarck)统一德国以前,没有真正的国家议会,也不存在真正的国家高等法院,法学家便主宰法律生活达四个世纪之久,甚至到了他们会指示法官应该作出什么样的判决的程度。

"联合省共和国"的尼德兰,如其名字所显,是一个联邦,同一般联邦国家一样,它属于国家类型中较弱的一种,即联邦机构不太发达且权力不大的一类——这正是美利坚合众国在起草其宪法时,有意识要去避免的。典型的中央政治机构是公国大会,它远不是一个真正意义上的国家议会,充其量只是由各省级公国派代表组成的会议,而真正的实权则掌握在各公国手中。在这种情况下,很自然也就不存在全共和国的中央立法机关(只有少数省份有),也不存在由中央政府通过命令对古老的习惯进行"确认"而形成的法律,更不会有中央上诉法院。荷兰省和西兰岛(Zealand)高等法院,那时候在这两省之外也都享有一定的威望,因为当时荷兰省和西兰岛虽不拥有切实的法律权力,却是富甲一方且最有影响力的地区。在这种情形下,胡果·格老秀斯创立了罗马—荷兰法,并赢得了众多追随者,因为罗马—荷兰法大部分是基于罗马法发展而来的,由此赋予了那些精通罗马法的学者们一个明显的优势,而这是共和国法律生活中其他影响力量所无法媲美的。这也就解释了为什么荷兰的法学家及荷兰的大学,在欧洲会有这么多的拥护者,为什么他们能够在现代法理学的崛起中起着举足轻重的作用、并以始创者自居的原因。所有这些,都为荷兰法加入了一种很特别的学术味道——对理论和抽象推理的高度重视,该特点一直保留到了今天,即使是面对拿破仑法典化浪潮的侵袭,也岿然不动。

　　法国成为一个统一的民族国家远早于德国和意大利,却又远迟于英格兰。这一时间差距的产生,主要缘于 10、11 世纪时法国君主制的崩溃,而那时旧英格兰正在走向统一。法兰西王国分裂成了诸个自治公国,在第二次分裂浪潮中,又分成了城堡国——直径在五至十公里之间的微型国家,围绕着一位封建领主及其城堡而建。情况自 12 世纪开始发生了变化(当时英格兰国王亨利二世,甚至比法兰西国王统辖着更多的法国领地),在往后的约四个世纪里,君主政权在过去查理曼(Charlemagne)王国的西部实现了政治统一。一个强大君主政权的出现,大致在 13 世纪中期,促成了中央皇家法院即巴黎高等法院的成立。该法院的管辖权及于全法国,享有极高的威望,组成人员均为拥有罗马法学士学位的法律专业人士。然而,该法院又与英格兰的中央法院有着很大区别,它主要是作为上诉法院而存在,除了某些特定的重要人物和事件外一般没有初审权。再者,当受理上诉时,它还必须适用地区的习惯法,因此,尽管它代表着一种统一的司法影响力,却不能为整个王国建立起一套共同的法律。从法律意义上讲,该王国依然处于分裂状态,我们可以清楚地看到:在南部几乎占全国 1/3 的地方,波伦亚法很快取代了旧罗马习惯法的位置;而在占领土 2/3 的北部,则盛行当地封建性的日耳曼习惯法。12 世纪新生的君主政权开始朦胧地意识到它的立法责任,这使得皇家立法在往后的几个世纪中,就再未中断过。在中世纪,立法在数量上虽然没有英格兰那么蓬勃,但从 16 世纪以后,它开始变得不可或缺,尤其是路易十四和路易十五统治时期,他们颁布了许多条例,其中的某些部分还被吸收进了后来的拿破仑法典。与英格兰相比,法国的立法体制还保留着国王及其同僚负责制,而非全民代表会议或国民会议(*Etats généraux*)。直至 18 世纪,缺乏统一的法律体系意味着一些重要的条例尚不能被赋予全国范围的效力。比如说,在 1735 年的时候,北部和南部关于遗嘱问题,就并行着不同的条例。后来,从 15 世纪中期开始,法国君主政权通过下令"认可"(即像法律一样记载和颁布)各种地方习惯,把分化了的国家法律都打上皇家的印记。这种"认可"的做法是一个很特异的现象,它是一个杂交体:一方面,它是形成文字并登记在册的习惯法,而另一方面,它又是立法,因为那些文字被赋予法律的效力,其他未被"认可"的习惯就不能与它相违背。这些被"认可"了的习惯,实则已经失去了习惯的某些基本特征,也就是说,作为习惯,它们应存在于人们的意识中,随着生活方式及思维模式的改变而不断产生、发展和演化,即习惯具有很大的变通性,而如同纯粹的法律一样、以文字形式颁布的"习惯"则没有这种特性。[38] 这样一个宽松的环境,为法律科学的发展创造了极好的契机。立法的发展,还没有全面到能置法学家的意见于不顾的地步(这种情况只会发生在法典与注释法学派之间),巴黎高等法院及其下属的各省法院系统,要发展出一种全王国共同

---

[38] 参见 J. Gilissen, *Introduction historique au droit* (Brussels, 1979), pp. 265—7 中的评论。

的法律，还只是一个遥远的梦想，它们所能够做到的，只是施行各种地方习惯。然而不得不注意的是，尽管大学中直到17世纪才开始讲授习惯法，这些高等法院中的法官们却都受过罗马法的专门训练，而受过这一训练的法官，无可避免地会用其所学，影响并改变该国的法律。再者，自13世纪以来，为解释和评论各地区习惯而著述不断的学者们，都曾在讲授罗马法的学校中接受过教育，因此再一次，罗马法的方法论、专业术语、甚至是它的一些本质内容，都在他们评论习惯法(coutumier)的过程中，发挥着不容忽视的作用。所以说，罗马法学者在法国有着充裕的发展空间。

在法国南部，因为受日耳曼人的影响较小，罗马法及相类似的法律在此地一直如鱼得水，波伦亚的种子在此遇到了肥沃的土壤，早在12世纪，研习罗马法的教授们连同他们的大学学府，就已在此地扎根并开花结果了。13世纪时，当奥尔良(Orleans)作为享誉国际的法科大学而开始其绚丽前程时，法学教授如皮埃尔·德·贝莱伯契(Pierre de Belleperche)和雅克·德·勒维尼(Jacques de Revigny)，就不再是意大利注释法学家们的"跟屁虫"，而是改装换颜，以罗马法研究的开山鼻祖的身份出现，同时，法国的法学家也在人文主义运动中承担了主导作用，居亚斯便是其中最为杰出的一位。

在北部，肇始于13世纪，许多法学家掀起了一股撰写习惯法评论的潮流，作为毕业于罗马法院校的校友，他们把从学校中学来的方法，应用在评论的过程中。但是，与德国不同，法国从来没有出现过全盘"接受"罗马法的现象，想想只需要把早已在南部盛行的罗马法加以推广到全国即可实现，这种现象似乎显得很奇怪。之所以没有这样做的原因在于，以查尔斯·杜姆林为首的著名人士，对罗马法采取了抵制态度，这种态度是有其政治上的原因的：罗马法让人感觉到它是一种帝王的法律(德语中叫 Kaiserrecht)，而帝王的法律意味着德国法，意味着查理五世的法律，而查理五世却与法国战争不断，是法国的宿敌。以法国习惯法特别是巴黎的习惯法作为出发点，建立起一套真正的国家法律体系，被认为是更为有尊严的一种做法。法国法律界给人的大体印象是：无论是司法界、立法界，还是学术界，三者都没有占据超常的优势地位，三家平分秋色。这也是与当时的政治现实相吻合的。法国的君主政权强大到能够成立巴黎高等法院，并采用罗马—教会法程序的程度，但尚未足以在全国范围内施行一套共同的法律。再一次，该君主政权有足够的强制力来制定众多的法律，但这些法律还不能凌驾于地方习惯之上，这些地方习惯甚至被赋予官方的地位，因而维持了法律的多样性局面。有全国代表大会不假，但由于受制于根深蒂固的地方政治传统，这些代表大会只有在皇权甚为微弱的时候才能发挥作用，因此他们也就不能发展成为一个全国性的立法机关。对国民自由的维护，并不掌握在国民会议手中，而是由高等法院控制，但这些法院常常固执地拒绝新皇家立法的执行。[39] 另一方面，学术界同时要与强大的法院系统和活跃的立法机关竞争，他们也从来没有在这一角逐中占据过上风。然而，学术界也是国家中不可忽视的一股力量，他们讲授罗马法，而该法在法国南部已被奉为准则，因此学者们是当地法官、甚至是北部的法官们的老师。他们还对官方的习惯法予以权威性的解释，并使得这些习惯法听命于他们提出的振振有词的批评，比如说，在查尔斯·杜姆林对第一版的巴黎习惯法提出批评后，政府即刻就颁布了修正版。从杜姆林到波蒂尔等一系列著名的法学家，他们洞悉习惯法和罗马法，熟知皇家立法，并正致力于为全法国建立一个有效运作的法律体系，即"法国普通法"（*droit commun français*），这些法学理论原则，取得了立法所不曾取得的成绩。学者们高质量的工作成果为自己带来了广泛的影响力，甚至超出了法国国界：波蒂尔的著作，曾被布莱克斯通及19世纪的英国法官们广为引用。

当然，前面描述的法国的这一均衡之势，仅仅维持到了1789年。法国大革命对它造成了很大冲击，制定法和法典被置于绝对

---

[39] J. H. Shennan, *The Parlement of Paris* (London, 1968), pp. 285—325; Royer, *Société judiciaire*, pp. 123—66.

的至高地位,法官无奈退居二线,法律院校则被无情地关闭了。整个 19 世纪,盛行着对法律甚至是法律中每一个字眼的盲目崇拜;到了 20 世纪,情况稍有好转,又回到了相对均衡的状态:法典原则上仍盘踞最高点,但法院获得了解释法律的自由,而这在前一个世纪是闻所未闻的。法学教授们在他们的讲课中也表现得更有胆魄,他们已不拘泥于法律的字句,更关注法律的规定是否有道理,是否符合当代的社会需求。

通过以上对这五个国家法律演进状况快速而又概括的研究后,似乎是时候下这样的结论了:司法界、立法界与学术界在塑造法律方面各自发挥的重要影响,很大程度上是由欧洲各民族国家不同的政治发展状况造成的。这一结论说明,法律发展史是政治发展史的一部分,而这又引出了另一个问题,即该定论如何与更为传统的看法"法律发展史是文化发展史的一部分"相协调[40]?至于法律的历史是否与观念的发展和利益的冲突有关,这是一个几代人都争论未决的问题[41],在此我们也搁置不论,即便是概要性的讨论也暂且回避。当然,没有人会坚持认为,在整个社会文化氛围的熏陶下,法律的发展会不受其影响;也没有人坚信,君主制、贵族制或民主制的产生,对法律工作者及其著作不会造成冲击。然而,有些历史学家认为,权力斗争总是问题的核心所在,法律工作者只

---

[40] 在 H. 科茵(Coing)教授一本关于欧洲私法发展史的新书中,前言的第一句话,就不加掩饰地宣称"*Rechtsgeschichte ist ein Teil der Kulturgeschichte*"(斜体字为作者所加),并引用 J. 伯尔克哈特(Burckhardt)的话解释道,讲述过去某段时期人民的所思所想(*Denkweise und Anschauungen*),是历史学家的责任。参见 *Europäisches Privatrecht*, I, P. 1。

[41] 读者们会想起鲁道夫·冯·耶林(Rudolf von Jhering)(卒于 1892 年)的著作,尤其是他的《为权利而斗争》(*Kampf ums Recht*,1872 年),参见 F. Wieacker, *Privatrechtsgeschichte der Neuzeit* ($2^{nd}$ ed., Göttingen, 1967), pp. 450—53。认为政治权力主宰着法律,以及"正义和权利的含义由强势政党凭兴趣说了算"的观点,是色拉西布洛斯(Thrasymachus)在柏拉图《理想国》(由 D. Lee 翻译,$2^{nd}$ ed., Penguin Press, 1974)的第一部分早就表明过的立场,p.77。参见 K. Minogue 对 J. A. G. Griffith, *The Politics of the Judiciary* 的评论,载于 *Times Literary Supplement*, 6 January 1978, p.11。

是被动地在一个由外来事件搭建起来的框架中思考问题;而另一些人则坚持,法律概念的产生、提炼和日臻精纯,是一个自发的过程,它理直气壮地遵循着自己臻于完美的发展轨迹,对身外的政治动荡也好,各路人马的你争我斗也罢,都不屑一顾。我所希望的是,这些不同观点,能为我们在理解政治性与制度性因素对欧洲法律发展的历史影响问题上,提供一些有益的启示。

然而,在本章结束之前,还剩下一个不得不提到的法律体系——它不是一国而是一个组织的法律体系——教会法。依照我们提出的假设,教会的法律及其相关规章制度又该呈现出怎样一种局面呢?很快我们就可以清楚地看到,教会所展现的,是一种别具一格而又趣味盎然的情形。提到教会,读者会联想到教会法的形成时期,从格拉蒂安(大约 1140 年)到卜尼法斯八世(Boniface VIII,卒于 1303 年),在教会中,尽管教皇被赋予了强大而集中的权力,并且他还是最主要的立法者,颁布着源源不绝的法律,但即便在这样的情况下,法律科学和法律学者依旧青山不倒。为维持和发展教会法,教会颁布了许多规章制度,尤其是数以千计从拉特兰宫(Lateran Palace)颁布的教令,它们成为许多国家组建法律体系的模仿对象。教皇及其教廷即后来的最高法庭,同时也是享有最高权威的法官:恒河沙般大量的案件被诉诸罗马教廷法庭,部分是初审案件,但多数为上诉案件,它们有的直接由法庭的法官审判,有的则被分派到来自它们自己国家的天主教法官代表处审判。同时无可置疑的是,研究教会法的专家学者们,在把教会法发展成一门法律科学的过程中,发挥了极大的推动作用,他们对教会法及教皇教令所作的评论都享有无上之权威。另外,由主教授权官员(通常都是大学毕业)主持的法庭,从 1200 年后,变成了处理一审案件的当然场所。那么,法学家是怎样在这样一个中央权力——立法和司法——都占据显赫地位的社会中获取一席之地的呢?有人认为,法学家能够获得重要地位很大程度上与中央权力的弱小有关,这种观点在这儿似乎站不住脚,真正的原因在于,事实上在教会里,中央立法者与法学家同为一人。自亚历山大三世(Alexander

III)往后,在整整一个教会法的古典时代中,那些伟大的身为立法者的教皇们,如亚历山大三世、因诺森三世(Innocent III)、因诺森四世(Innocent IV)、卜尼法斯八世,同时又都是伟大的法律学家。教会是一个学者为统治者的社会:中世纪的皇帝(尽管他们都英才盖世)没有一个是大学毕业生,而大部分的教皇却是。这些伟大的立法者们,不仅从大学的法律学院获得他们的学位,并且撰写了不少有关教会法的评论和综合性论文,在学界颇具权威,而这一切都发生在他们加冕为教皇之前。没有任何一个社会像教会一样,优秀的法学毕业生秉持着国家的最高权力,在其他社会中,这些毕业生也许会成为统治者的咨议员,成为立法者的助手,就像环绕在贤明的菲力普四世(Philip IV the Fair)身边的著名法学家们一样,但他们从来没有成为头戴皇冠的统治者的机会。在教会里,学者们手握实权,践履着如柏拉图思想中"哲学王"一般的使命,其中的原因当然是因为教会不是一个民族国家,尽管两者在行政、司法、立法以及财政机关上的相似之处往往让我们忘记了这一点。教会的权力结构不是基于领土和封建领地建立的,而是圣书的启示和神授的宗教信仰;虽说教会的公法来源于罗马帝国——迄今为止世界上最伟大的帝国,但究其实质,它是一个由被共同信仰紧紧绑在一起的信徒所组成的共同体,而不是像国家一样由特定领土内的居民组成。不管教会在机构的组织技巧上如何精妙,它之所以会存在,都是因为圣书的神谕以及圣徒的信仰,即使曾经有过行政权似乎要将神学扫地出门的时期,也不影响教会的神学本性。因此,谙熟教义的学者们,就必然会在教会中占据要位,因为唯独他们手中,握着解读《圣经》的钥匙。这种权力归属首先对神学家是受用的,对法律工作者也是一样,因为圣书当中不仅记载着真理,还包含有行为规范。教皇作为立法者的独特地位,发端于格列高利改革(Gregorian Reform)和教皇神权政治的兴起:自从改革以来,教皇等统治阶层,就决心要转变基督教的统治形式,教皇应该同时成为立法者。格列高利七世(Gregory VII)发现,实践中的许多在他看来属于滥用职权的做法,都是由习惯而来,若要动摇这些习惯,唯一的途径就是立法,也就是说,要废除"坏习惯",颁布新法规。因此格列高利对习惯的不信任,也就不言自明了。由于习惯通常以判例法的形式出现,这引发了判例在12和13世纪古典时期中地位的衰微,用优士丁尼的一句法律谚语来形容那个时期是非常恰当的,那就是:"判决应依法律而非依实例作出"(legibus, non exemplis judicandum est)。[42] 这句话明白无误地说明了当时众所周知的事实:当时在罗马以及大主教和主教们的法庭中,都存在大量的司法活动,而判例法作为判决之汇集这样一种形式,只是处于次要的地位。只有到了晚些时候,当最高法庭的判决经过系统的整理并出版发行后,情况才得以好转。[43] 这一教会法的古典时期,是法学家—立法者的时期,法律学者高居国家权力的最顶端。严格说来,他们颁布规章制度以及教令的行为,属立法性质,但这些立法,究其实质却是各法学派的教义:那是立足于大学所学订立的"学者法",而大学,正是未来教皇们曾经蒙沐教泽或传道授业之所。这种由受过职业教育的立法者把持的法律体制,在欧洲是独此一家,与此相当的最近的例子,应该是美国及法国革命后出现的某些现代议会,在那儿,法律学人再次掌玺,指点江山。

---

[42] Judgment should be given on the basis of laws and not examples, i. e. precedents.
[43] 一份权威而又简明扼要的阐述可见于 G. Dolezalek and K. W. Nörr, "Die Rechtsprechungssammlungen der mittelalterlichen Rota", *Handbuch der Quellen und Literatur der neueren europäischen Privatrechtsgeschichte. I. Mittelalter (1100—1500). Die gelehrten Rechte und die Gesetzgebung*, ed. by H. Coing (Munich, 1973), pp. 849—56。对这个问题的补充说明可参见 G. Dolezalek, "Die handschriftliche Verbreitung von Rechtsprechungssammlungen der Rota", *Zeitschrift der Savigny-Stiftung für Rechtsgeschichte*, K. A., 58 (1972), 1—104。

## 3　普通法和大陆法：独木桥与阳关道

在对欧洲法官、立法者及法学家的力量对比作了一番广泛的比较性考察之后，现在，让我们回到起点，回到英格兰普通法和欧洲其他国家法律的区别上来。英格兰司法界为何会在本国占据如此独特之地位，其原因在前文已进行了探讨，但该事实自身并不能表明英格兰普通法为何如此与众不同。我们不难想象，即使是一部全欧洲共同的法律，它在英格兰的适用也会具有本土风格，成为法官造法式的法律变体，所以，在今天我们会听到，对同样一套欧共体规则，欧陆国家和联合王国之间，会出现不尽相同的解释。在法律以法官为主导的国家和法律以立法者为主导的国家，通常会产生一定的区别，但区别一般仅为技术上的，不涉及法律的实质。具体而言，我们可以设想这样一种情形，对于欧洲所有国家来说，其封建法律的实质是一样的，也就是到了中世纪晚期，法律的发展在有的国家以司法系统为主力军，而在另一些国家则委任于立法机关。同样，我们也不难进一步推想，与城市和商业社会同步发展的法律，既可以产生于某些国家法官的审判实践中，也可以在其他国家以国王或封建领地王公们颁布的方式出台。但普通法和大陆法的区别远远不止于此：它们不仅产生机构不同，其最核心的法律本质也相左，一个是传统而封建的土特产，另一个则是崭新且罗马式的舶来品；一个是虽经历了几个世纪的不断调整与现代化，而仍固守封建制的原则，另一个则尊奉非封建的理念，建立在罗马法与新罗马法的理论基础上，两者分属迥然不同的两个世界——不仅立法方式上有很大差异，其建立基础亦相去甚远。至此，我们的关注点将转移到产生该种分歧的特定历史背景上。

## 分道扬镳，各行其志

从中世纪早期到 12 世纪中期，英格兰法和大陆法无论在实体上还是程序上，均公认为属同一法律体系——封建的日耳曼法。排除可能存在的语言障碍，一个在史蒂芬国王时代从欧洲大陆来到英格兰的旅行者，不论是身处英格兰的领地法院、自治市法院还是采邑法院，在认知与理解法律规则、法庭辩论及举证方式上，都不会存在问题。一个世纪之后，欧洲的法律版图起了变化：在欧洲大陆的许多地方，罗马法与罗马—教会法程序正在全面改变着人们的生活（其他地区也在争相效仿）；而在英格兰，一种土生土长的、适用于整个王国的共同法律，在酝酿并逐渐成形，它在实体与程序上都独立于并始终独立于欧洲大陆的新模式。我们可以准确地界定这种一分为二状态产生的时间，那是在亨利二世统治时期，他在罗马法步入历史舞台、并获得广泛与迅捷成功之前，对司法系统的组织结构与司法程序进行了一系列改革，该改革促进了英格兰法的现代化，使得英格兰在较晚一些的世纪中，在新罗马法模式唾手可得、以资移鉴的情况下，也未曾感觉到有放弃本土法制的必要。亨利二世统治时期所带来的司法体制最主要的变化：一是确立了一批皇家法官的地位，该法官拥有全王国范围内对土地提起特定类别诉讼（即不动产诉讼）的初审权；二是陪审团制度在民事与刑事诉讼中的引进，使其成为证明案件事实的标准模式（取代了神明裁判和司法决斗）。诉讼当事人蜂拥至这些新成立的法院，适用新的诉讼程序并为此特殊待遇而支付诉讼费，就这样，法官在司法实践中，建立了一套共同的封建法。法官的职权，随着新令状的产生而不断膨胀，这些令状给他们招来更多不同类型的案件。旧的地方法院正无情地被淘汰，并非因为任何以国王名义颁布的法律、或所谓诡计多端的谋划，其衰落的原因在于，皇家法官所具有的地方法官无可比拟的司法素质。同时我们不应忘记，这一意义深远的司法革新，并不纯粹或主要地发生在英格兰，在更多意义上说，它是一场盎格鲁—诺曼的司法改革。亨利二世在他统治下的英格兰王国和诺曼公爵领地,同时引进了新的令状体制和陪审团制度;在公爵领地法院和皇家法院即鲁昂(Rouen)和威斯敏斯特,施行的是同一套封建法律,两地的法官亦同属讲法语的爵士阶层,他们常常同时拥有在诺曼底的家族领地,以及在英格兰新获得的土地(所有土地均直接或间接地分封自同一个国王兼公爵——金雀花王朝的亨利二世)。正是法兰西君主国的诺曼底征服以及逐渐渗透到公爵领地受罗马法影响的法国法律,促成了盎格鲁—诺曼法向纯正英格兰法的转变。英格兰普通法初始的时候称盎格鲁—诺曼法,由王国和公爵领地所共有,两地并未因英吉利海峡而隔断,相反,正是海峡使得两者联为一体,由此可见后来成为天然屏障标志的海峡,起初并非不可逾越之天堑。亨利国王的司法改革,取得了卓有成效的进展,其原因不应从英国人的顽固性格或是"民族精神"上去挖掘,因为这一新的司法体制,从任何一个角度看,都不能视为英格兰所独有,它身兼盎格鲁—诺曼的特征,甚至诺曼特征更为明显。寻找原因应从特定的历史背景着手:亨利二世是一位强有力的君主,其统治无论在法兰西还是英格兰,均有着深厚的根基,皇权牢牢控制着整个封建社会,甚至教会也感觉到那强大的皇威,尽管教会为维护自己的特权,而不惜与之展开激烈的斗争。繁盛的英格兰,对相对庞大的职业中央法官群体具备足够的承受能力,而皇家法院的出现,也是应当时人们对现存司法状况极为不满的情绪之需。当时的情况是,地方法院既分散又衰弱:每个领主,只要拥有几个封臣,就可以自己开设法院,但面对一场叛乱的时候,它能够采取什么样的措施?其判决又是如何执行?尤其在对土地占有权的保护上非常欠缺,而土地几乎是 12 世纪英格兰所有人维持生计的基础;各种各样的习惯法是矛盾重重,古英格兰法与新的诺曼规则间的不协调,也常带来不少困惑;对犯罪的控诉非常不力,且指控权往往被少数个人掌握,尽管人们尝试过各种手段,以改善这种状况;最后,同时又是尤为重要的一点,人们对现存的古老的证明方式非常不满意,该方式既危险又有害(如果不称其为致命的话）。国王及其法官们施行的强势、快速且有效的补救措施，似乎成了解决凡此种种问题的唯一方法（就如同19和20世纪时，广泛的国家干预似乎对许多国家来说，都是补救放任自流的资本主义所引致不幸后果的唯一方法）。只有中央政府才能应付该种局面，但它能求助于何种力量呢？答案不是罗马法和罗马—教会法程序，因为时机尚不成熟，在亨利国王时代，即使是教会法院，也尚未转变为罗马法的风格，尽管罗马法在后来的几个世纪中，成功地征服了欧洲大陆，但在当时，各路学派正处于对罗马法研究的初步阶段。没有任何法律可"移植"，因而，利用和重组现有资源，使其变得与时俱进，并能满足现时需求，成为唯一的出路：这意味着皇家令状的司法化，尤其是那些保护土地所有权的令状，这样，人们便可放心地指望来年的收成；这也意味着陪审团启用的制度化，以往陪审团审判仅偶尔在一些案件中使用过；最后，这还意味着中央皇家法官群体的诞生，每个人占据一固定的法官席位。就这样，一套未受罗马法染指的、现代化的、在当时看来亦令人满意的司法体制和法律体系，正逐步登上历史的舞台。

与此同时，法律的现代化也在欧洲大陆如火如荼地进行着，范围主要限于城市，尤其是意大利北部和佛兰德（Flanders）*，在那里，由高级市政官（aldermen）组成的地方法院，被授予适用进步程序与规则的自由。但是，这种做法力量过于分散，未能够在任何一处建立起一套新的、统一的、全国性甚至是地方性的法律体制。大约在1200年，教会法院开始把其从波伦亚大学的法学教材中学来的新法律，应用于审判实践，从此，就一直由受过罗马法教育的、主教授权的官员总揽大局。从13世纪中期开始，各王国纷纷效仿

---

\* 佛兰德，欧洲中世纪的一个国家，今为欧洲西北部的一个地区，在北海沿岸，包括法国西北部部分地区、现比利时的东佛兰德省、西佛兰德省以及荷兰的西南部部分地区。——译者注

(不过走在最前面的,是西西里王国)。[1] 渐渐地,受大学学术力量的影响,以教会法院为榜样,并在各王国政府的极力推动下,罗马法日益在改变着欧洲大陆国家的民法,并在某种程度上改变着刑法。然而,相对于陈旧与封建的法律而言,真正推动这一崭新而现代的法律产生的,是大学。大学提供了书本知识,并输送着法律人才,仅凭他们,就足以在欧洲大陆开辟一个法律的新纪元。在意大利(北部和南部)、法国南部和西班牙东部等古老的地中海沿岸地区,这一新生的罗马法,早在 13 世纪,就落地生根了。在法国北部,虽然日耳曼封建习惯法仍顽强抵制着罗马法的入侵,尤其在它自身作了一些现代化改进之后,但即便如此,13 世纪时,研究习惯法的评论家们,已开始把罗马法作为他们研究工作的参考依据:他们能熟练地掌握罗马法的语汇,该语汇为其提供了文法,并成为研究习惯法的学者们取之不尽的宝库,他们可以在这儿,找到在地方法律实践中找不到的破解悬疑问题的方法。渐渐地,在法国拥有大学学位的法律人才逐渐掌管了法院。德国对罗马法扩散的抵制持续了更长一段时间,但当它放弃抵制、开始接受罗马法时,又走得比法国更远,它把罗马法视为"共同的法律"而全盘"继受"。在 13、14 世纪的英国,这一面临吞噬浪潮的关键时期,英格兰普通法已在人们的生活中牢牢站稳了脚跟。它有着自己的法院体系,法官由全国最优秀的律师组成;它有着格兰维尔和布拉克顿这样出色的法学家,他们撰写的全面阐释普通法的著作,无不表明普通法已浑然一体并自成一家;它有着完整的令状录,有些属官方法律文件;有着自己的律师协会和高级律师阶层——一个组织严密的高素质律师群体,高级法官均从该群体中根据阶位来选任;它还有着一套不断更续的、记录法庭案件详情的年鉴。英格兰的法律执业者很清楚地意识到他们的与众不同,只要把目光穿越海峡投向欧

---

[1] H. J. Berman, *Law and Revolution. The Formation of the Western Legal Tradition* (Cambridge, Mass., 1983), pp. 413 ff. ,其中对这一"西方世界第一个进行现代化的王国"有着精彩的描述。

陆,他们的这种优越感就会愈加明显,正如约翰·福斯特鸠(John Fortescue)在其1470年写作的《英格兰法律颂》(De laudibus legum Angliae)中那样,相比英格兰法律,他明显对法国法颇有微词。早在13世纪,英格兰普通法就已呈现出一种蔓延之势,这不失为几个世纪后其世界性扩张的一个小小的征兆。[2] 最后,但似乎又是最为重要的一点,普通法是合法保有土地的强力保障,因此亦被视为保护每一个贵族家族和每一间教会之财产的基石所在。权力和威望的持有,依赖于土地,而保证土地的安全,则仰仗于普通法。

## 南辕北辙,自成一家

当弄清楚了普通法在产生与发展之初是如此的与众不同之后,接下来的问题就是,几个世纪以来,它如何将该独特之处保持至今。有人说,这是因为它所保护的是土地权益,但这并不能成为一个充分的理由,因为在欧洲大陆,土地权益也受到保护,但却未能阻挡罗马法的高歌猛进:一个一心要削弱封建主义、适用罗马法的专制主义国家,即便是面对旧封建阶级的负隅顽抗,也完全有能力改天换日。

不过,英格兰法也并没有出众到能够有朝一日取代罗马法的地步。苏格兰最初也是遵循了英格兰普通法,13世纪时,普通法在苏格兰的土地上似乎已经根深蒂固,然而到了14世纪,该法律传统遭到抛弃,并于16世纪被源于欧洲大陆的罗马法所取代。从这个趋势上看,欧洲法律统一之梦似乎终将实现,英吉利海峡两岸不同的法律风景线,最终也会同曲同步、协调一致。一般人认为,欧洲大陆不会采用英格兰普通法,尽管曾经引进过后者的某些做法,如曾在18和19世纪被效仿的陪审团制度,但是在中世纪,英格兰陪审团制度却是大陆法系法律人眼中最碍事的绊脚石。13世纪的

---

[2] G. J. Hand, *English Law in Ireland 1290—1324*, Cambridge Studies in English Legal History (Cambridge, 1967).

时候,教会人员拒绝使用陪审团,认为把案件的决断权交给十二个目不识丁的乡下人,实在是可笑兼荒唐。最后,教皇因诺森三世以教令的形式,彻底否定了陪审团制度,他在 1199 年给普瓦捷(Poitiers)*主教的教令中写道,他已经注意到了在上述主教管区存在的这种不合理的习惯做法,即听完双方当事人的申辩之后,在场的所有人,无论鸿儒还是白丁,聪明或愚蠢,都能决定什么是法律,无论他们怎么胡说,都会成为判决。[3]

如果说欧洲大陆借鉴英格兰法的可能性是微乎其微的话,罗马法对英格兰的渗透却在许多领域确确实实地发生着。罗马法与罗马教会法程序,若说未触及到普通法法院,那么也的确影响了其他法院,如教会法院。众所周知,自从司徒拔和梅特兰之间近一个世纪前那场著名论战之后,英格兰中世纪的教会法院,一如其他罗马天主教国家一样,都依循了罗马教廷的法律模式(不排除会出现当地的习惯性与变通性做法)。英格兰教会法院在多早以前及如何完整地采用了这种新的模式,均被清晰而详细地记录在 13 世纪坎特伯雷省(Province of Canterbury)法院案件汇编的最新版本中[4],因此,教会法院一直以一种不同于普通法法院的方式审理诉讼案件。

在衡平法院,大法官行使衡平审判权,作为对普通法法院出现的僵化与缺陷的矫正和补充。衡平法院所提供的救济方式,的确毫无疑问的属于专业的法律程序,但普通法法院却不会提供这些救济,如禁令、特定履行以及文件的修正。由于大法官在大多数情况下本身就是主教,而主教法院的出现远在新罗马—教会法程序形成之后,所以,当我们发现衡平法院所使用的程序更接近于教会法而不是普通法的时候,也就不足为怪了。衡平法院审判程序与

---

\* 法国城市。——译者注

[3] Decretals of Gregory IX, book I, title iv, ch. iii, cf. J. P. Dawson, *A History of Lay Judges* (Cambridge, Mass., 1960), p.66. 该教令所针对的,不是严格意义上的陪审团,而是指法律门外汉在诉讼中对判决作出过程的积极参与。

[4] C. Donahue and N. Adams, *Select Cases from the Ecclesiastical Courts of the Province of Canterbury c. 1200—1301*, Selden Society, 95 (London, 1981).

普通法的区别表现在很多方面,比如,衡平法院不适用陪审团审判,对证人"诉讼主张"的刑事讯问(interrogation)也很明显是从教会法的《审判程序规则》(ordines judiciarii)中借鉴而来的。海事法院也因循了罗马法的模式,海事案件有规律的记载,始于1524年,所适用的海商法,更具有国际性而非英格兰地方特色,海事法院谙于处理的各种商业行为,在普通法法院看来却相当陌生。星宫法庭在诉讼程序上,比普通法法院更为强硬,对诉讼的介入也更为直接,它显得异常活跃与大众化,其中一个原因是,它不会受到那些被操纵与恫吓的陪审团的妨碍,而当时陪审团正被视为诉讼中的羁绊。每个对英格兰法律感兴趣的人,不仅注意到了这些非普通法的发展动向,还看到罗马法和教会法理论正走进英国两所著名大学的校园,就如在欧洲大陆国家和苏格兰那样。当然,那些发现本土大学讲授的罗马法知识满足不了个人需求的英国人,可以选择到国外求学,事实上他们也确实是这么做的。

在16世纪,德国与苏格兰对罗马法的"继受"以及尚备受争议的法国对它的"继受",为罗马法的繁盛掀起了高潮。相应地,在英格兰也出现了各种各样的学术圈,他们极力主张扫除中世纪繁如蛛网般的法律,并以罗马法这一"所有欧洲文明国家共同的法律"取而代之。很显然,持这一观点的,主要是那些曾负展欧陆的学者们,但该主张在某些当权者中,也获得了积极响应,亨利八世设立的罗马法钦定法律教席,即为明证。该一国之君非常看重那些带帝王气的东西,尤其是罗马帝国的法律以及基督教罗马的历任皇帝,因为他由他们当中看到了自己的影子——英格兰的"皇帝"[5]。在那令人陶醉的文艺复兴时期,普通法所面临的危机被人为地夸大了,同时,它自我更新的能力,却又被低估了,所以,现在学者们并不认为普通法曾面临过真正的危机。[6]

---

[5] W. Ullmann, "This realm of England is an empire", *Journal of Ecclesiastical History*, 30 (1979).

[6] G. R. Elton, *F. W. Maitland* (London, 1985), pp. 79—88.

## 3 普通法和大陆法:独木桥与阳关道

17世纪历史舞台所发生的一幕幕,很自然都与同台上演的斯图亚特(Stuart)王朝的政治统治有着密切的关系。普通法及其法律职业者们,与议会站在了同一阵线上,但并不是所有普通法法院的法官都与国王站在对立面上,马修·黑尔爵士这位非常有名的法律人士就对罗马法抱有好感,并且还为《学说汇纂》未能在英格兰得到很好的研究而深感痛惜。[7] 因为罗马法和特权法院被视为与专制主义等同,所以很自然,罗马法专家也是如此。议会党最终取得了胜利,它并未给失败的罗马法专家们以东山再起的机会;清教徒们当然也不喜欢罗马法,单是"罗马"这个名字,就会令他们想起罗马的天主教(前文提及的司徒拨对罗马法的攻击,如果说是出于对罗马法与罗马教会这一宗教自由的可恶盘诘者的无意识联系,也是可以理解的)。[8]

至此,是时候暂作停留,来听听著名律师、法律史学家和议会党活跃分子约翰·塞尔登(卒于1654年)是如何评论罗马法与教会法之间的联系的。他是在一篇评论《弗莱塔》*(Fleta)的文章中对这个问题展开探讨的,《弗莱塔》是一本记载英格兰中世纪法律的书,但它实际上又是一部关于中世纪和现代早些时候欧洲对罗马法"继受"的早期史。在该书中,他专门在第9章分析了英格兰对适用罗马法的厌恶。对于为什么罗马法在英格兰法律界没产生

---

[7] E. Heward, *Matthew Hale* (London, 1972), p.26. 作者在书中阐释了黑尔由于科学法律观的转变,而对罗马法产生了仰慕之情。他坚持认为,黑尔所掌握的罗马法知识及其研究方法,为他在著作 The Analysis of the Law 中试图对普通法进行分类打下了很好的铺垫。

[8] O. 坎—弗洛伊德强调了政治因素起到的重要作用,他写道,"说得稍微夸张一些,有人会认为,在这个国家,是1688年的光荣革命,而不是拒绝'继受'罗马法的潮流,结束了欧洲大陆意义上的系统性法律科学研究的命运"(出自他为 K. Renner, *The Institutions of Private Law and their Social Functions*, Internat. Library of Sociology and Social Reconstruction, ed. By K. Mannheim (London, 1949), pp.12—13 所写的序言中)。实际上,罗马法学家的命运,是被反专制党派的彻底胜利击垮的,但我们也不要忘记,17世纪中期的时候,清教徒改革者们的改革措施,在普通法法律职业人的顽固抵制面前,就如同以卵击石。后者所组成的行业协会,成功地顶住了来自保皇党人和清教徒的攻击。

\* 又称《英格兰法律摘要》。——译者注

多大凡响,他给出了两项理由:第一个理由是,"我们的祖先,只要一考虑到政府组织原则,就对罗马法怀着不加掩饰的反感(regimen publicum [共和政体])";第二个是,"民众对英格兰法或普通法,怀有深深的崇敬,他们视它为这个民族古老的天才之作,而对它心存持久的忠诚"(gentis hujus genio ab intima antiquitate adaptata)。[9] 值得一提的是,在此塞尔登使用了"民族的天才之作"这一表达,而这远远早于这一词汇在欧洲大陆约 1800 年开始的首次流行。然而,一位英格兰的法律历史学家,这么早就懂得使用"民族精神"一词,并非天方夜谭,因为在所有欧洲国家的法律制度中,英格兰的普通法,是最具民族个性且最为纯正的一个。

时至 18 世纪,罗马法在欧洲大陆受到越来越多的批评,因此,它更加不可能再去征服英格兰了。而此时正是大陆法系国家学习英格兰法的狂热期,试图借鉴英格兰法律体制为己所用。19 世纪的情况大同小异,虽然在英格兰法院的判决中,偶尔会出现对罗马法的援引,但其后总是会有但书,表明这是一个对在英格兰没有法律强制力的制度的援引。[10] 在不列颠这个最为辉煌的时期,她的

---

[9] 我引用的翻译出自 D. Ogg, *Johannis Seldeni Ad Fletam Dissertatio*。翻印了 1647 年的版本,加入了双语翻译、前言和注释,Cambridge Studies in English Legal History(Cambridge, 1925), p. 165。作为这一全民性"反感"的例子,塞尔登引用了国王史蒂芬针对瓦卡里乌斯(Vacarius)颁布的敕令,亨利三世(Henry III)对伦敦法律学院发出的禁止令,以及默顿(Merton)伯爵们的著名格言"我们拒绝改变英格兰人的法律"(*Nolumus mutare leges Angliae*)。塞尔登还用"继受"这个词,来描述 12 世纪罗马法在欧洲的普遍适用("... ita jam receptum fuisse juris Justinianei usum", p. 96),并指出,罗马法的施行,靠的不是敕令的权威,而是其蕙质兰心("rationis juridicae promptuarium optimum ac ditissimum")。

[10] D.T. Oliver, "Roman law in modern cases in English courts", *Cambridge Legal Essays in Honour of Doctor Bond, Professor Buckland and Professor Kenny*(Cambridge, 1926), pp. 243—57。在该书的 246 页,作者引用了廷达尔首席法官(Tindal CJ)在 *Acton v. Blundell*(1843)案中所说的一段话:"罗马法本身对这些王国的子民来说,并不是强行性规则,但是,当我们要对案件中的某一原则性问题作出决断的时候,如果我们手头的资料中没有任何权威性的材料得以直接引用,那么,若能在罗马法中找到支持依据,则不失会为我们由此所作出判决的合理性增添又一明证,因为罗马法是精通它的法学家们日昃忘食而研究出的累累硕果,是几百年来集体智慧的结晶,是欧洲大多数国家国内法的根基所在。"

部分骄傲与自信,源于她优秀的法律制度优越于任何其他法制,正如不列颠优越于世界上任何其他国家一样。在英格兰,德国的学说汇纂派几乎没有市场,一些罗马法学者,把这归因于英格兰的法律职业者有意保持他们法律制度的神秘性,不愿看到它被理论化而使得人人皆知何为法律。这一观点,我们可以从德国的一本权威著作中读到:"在英格兰,学说汇纂派的教学反响甚微。这一点也不奇怪,因为英格兰一直都将罗马法律制度与研究方法拒之门外:英格兰的法律职业者,只要能确保他们专业法律技能的垄断地位,确保法律对大众的模糊与晦涩,就会千方百计地阻止法律概念和结构的理论化。"[11] 但我们不禁要问:那些罗马法博士们,写过供一般读者阅读的、清晰明畅而又令人愉悦的专著吗?您能期望在街头发现手捧温德沙伊德*(Windscheid)《潘德克吞法教程》(*Pandektenrecht*)这样的巨著埋头阅读、并指望由此打破法律职业者垄断地位的人吗?

## 谁在逆潮而行?

当谈到普通法与大陆法的分歧时,人们很自然地倾向于认为,是前者偏离了后者,因为在大多数人看来,后者代表了欧洲法律史发展的主流。许多法律职业者和法律史学家,当然,尤其是欧洲大陆的法律人士,当面对是哪一法系与另一法系产生分歧这一问题的时候,很自然会得出这样的结论:如果一个国家采用与其他十个或十五个国家所不同的非罗马模式的法律制度,那么,一定是这个国家,而不是其他十个或十五个,与对方产生了偏离(也许有人会

---

[11] Zweigert and Kötz, *Introduction*, I: *The Framework* (Amsterdam, New York, Oxford, 1977), p.148.

\* 德国法学家和罗马法专家,海德堡大学教授,莱比锡大学教授。在1900年德国采纳民法典之前,他是最后一位对德国所使用的现代罗马法进行系统化论述的人,也是最伟大的法学家。其《潘德克吞法教程》(出版于1862年)是一部经典之作。他曾担任德国民法典委员会委员。这部法典的实质内容及文字很大程度上都应归功于他。——译者注

称之为背主流而行?)。严格限定在欧洲范围内来看这个问题,这种反应的确显得很正常,但若从一个全球法律发展历史的角度,而不仅仅局限于欧洲来整体审视,情况就会是另一种局面:综观全球,显得与众不同的,是欧洲大陆的发展模式,英格兰的发展模式倒是正常的。事实上,基于权威的《国法大全》和法典化是大陆法的两个主要特点,这两个特点造成了两个很明显的奇异现象,归结起来就是大陆法建立在了"神圣不可侵犯的教条"上。19世纪末期之后,现代某些著名法典所受到的崇仰,可与中世纪时对《国法大全》的尊崇相媲美,并且,注释者们对《国法大全》的字面释读,与解经学派教授们逐字逐句的推敲,并无二致。但罗马人,这一大陆法系的宗师本身,对我们现代的法典模式却是一无所知。罗马法是几个世纪以来由法律实践者逐步发展起来的,他们包括承审员(judices)(并非法律职业人士)、法律学者(非常有名望的法律专家)、裁判官(praetors)(大都为政治家),在其发展的最后几个世纪中,还包括罗马皇帝,因为他身边环绕着一批具有高等法律素养的文官。当一项法律争端产生的时候,它会被呈递到法律学者面前,他们就此给出法律意见,并著书立说;或者是被呈递给帝国政府,由政府官员根据皇帝的解答敕令(rescript)来裁断。若说法律是被包含在、或甚至有一半是蕴藏在某部陈旧的典籍中,并要靠经院哲学的方法来考证,这在罗马人听来实在是荒诞不经,因为罗马人虽曾出版过民间或官方的现存资料汇编,但他们从不编纂法典,不像现在欧陆国家所做的那样。对世界法律发展史的一个简短回顾表明:大多数文明国家,是像罗马人与英格兰人那样制定法律,即不断在原有法律中融入新观念、新技术与新规则,或是采用法律拟制的方式,避开现行规定,以顺应时代之需[12];只有中世纪的欧洲大陆,才开始把法律视为一种永恒的展示,它无视时代的改变,安稳

---

[12] W. Seagle, *The Quest of Law* (New York, 1941); R. Dekkers, *Le droit privé des peoples. Caract-ères, destinées, dominantes* (Brussels, 1953); J. Gilissen, *Introduction historique au droit* (Brussels, 1979).

地存在于一部神圣不可侵犯的典籍中——《国法大全》与《法国民法典》成为法律职业者尊奉案头的圣经。由于这些法律典籍被看作是代表了法律的最高境界,尤其是《国法大全》,被奉为箴规戒律(*ratio scripta*),因而,所谓的法律科学,就只能建立在对权威典籍的注释与评论上,它更多的是教条式的理论,而非实用的法律技巧。[13]

  这种做法,是否为发展与研究法律的最佳方式,乃是一个见仁见智的问题,但就整个世界历史来看,这的确是一种格外令人瞩目的特立独行。只有犹太和穆斯林法律似乎与之有可比性:因为犹太和穆斯林这两个民族,都是"圣书的子民"[14],他们的法律,也都发展于对各自经典的注释。但犹太和穆斯林法律与大陆法系有所不同:前者主要由宗教命令组成,富有浓厚的宗教色彩,他们的法律科学研究也从未脱离过宗教文献的原文,与欧洲18、19世纪对法典的相关理论研究井水不犯河水;但后者即《国法大全》与建立于其上的法学理论,在性质上是法律的而非宗教的,如果说教会法也许可以被看作与神学有部分牵连的话,那么讲授大陆法的教授学者们,则显然不能被视为神职人员的一部分。上述两者之间还有一个很重要的区别,即犹太和穆斯林法律都承威于神的旨意,而中世纪的《国法大全》是一颗自身就会发亮的金子,无需额外挂靠权威。《国法大全》最初作为法律由优士丁尼皇帝颁布,不过当时西罗马帝国已经实权不再,优帝的中世纪继任者们,也从来没有在他们的领土内宣布《国法大全》是法律,更不用说整个西欧了,如果说《国法大全》具有最高法律地位,那不是由于 *ratione imperii*,而是 *imperio rationis*,即不是帝王的命令赋予其权威,而是理性的力量。一个已经远去几个世纪的社会所孕育的法典,霎时间被整个中世纪的欧洲所接受并奉居高台,通过对这个已逝世界之圣洁遗产的

---

[13] A. Guzmán, *Ratio Scripta*, Ius Commune. Veröffentlichungen des Max-Planck-Instituts für Europäische Rechtsgeschichte, Sonderhefte. Texte und Monographien, 14 (Frankfurt, 1981).

[14] F. H. Lawson, *A Common Lawyer Looks at the Civil Law* (Westport, Conn., 1955), p. 63.

注释、争论和评议,全盘重新塑造了自己的法律体系——这种现象不仅令人喟叹,也许还是绝无仅有的。从这个意义上讲,英格兰的法律发展模式,即发展现有法律,进行法庭与审判程序的现代化,逐步建立起新的判例法,或除偶尔诉诸立法者外,剩余的空间则留给法律执业者,让他们忙于自己日常的答辩与审判工作,这种做法似乎显得更为合乎情理和一般化。由此可以得出结论,如果说存在分歧甚至是偏离的话,是欧洲大陆国家与主流背道而驰,而英格兰却是遵循了法制发展的一般道路。

# 4 试分伯仲:判例法、制定法还是学者法?

在以往的章节中,对于普通法与大陆法何时及如何产生,法官、立法者与法律学者又是怎样迈上法律舞台这些问题,皆已进行了探讨。但是,哪一种才是最佳的发展道路这个问题,却尚未提及,也就是说,以往的讨论都尚未涉足价值评价的范畴。许多历史学家认为,问题的讨论似乎就应于此止步,在他们看来,历史学家的任务就应该是描述历史,而不是告诉读者从历史中应吸取什么教训。的确,不计其数的著作与文章,都记载了不同国家不同时期的政府机构与法院设置,尽管对它们的描述已细致入微,但从中读者却未能被告知该特定政府对它的人民有多大益处,因为被认为是一个哲学问题,是一个主观的政治臆断,是历史研究的一大禁忌。除此之外,尚有许多有力的理由来支持上述这种做法,要列举出更多并非难事,然而,从普通人的角度看来,希望那些看起来对过往事件了如指掌的历史学家们,尽量从人类过往经历中总结出教训以供借鉴,似乎亦不失为一合情合理的要求。众所周知,历史法学派曾遭受一些著名法学家的批评,认为他们的研究"极端空洞无用,因为他们不能始终如一地提供一种供人们追求与奋斗的目标",并且指明,"历史研究方法实际上只是简单地告诉人们历史是什么,以此就充作是告诉了人们历史为什么会这样"[1]。

在先人所采用与经历过的政府形式问题上,历史到底为我们提供了哪些经验和教训呢?既然对我而言,这是可请教法律史学者的一个合理问题,那么以下我将尽可能对立法、判例法与法理学

---

[1] H. F. Jolowicz, *Lectures on Jurisprudence*, ed. J. A. Jolowicz (London, 1963), p. 180.

的特定价值逐个作评,一如既往章节所现。

立法最大的优点是具有确定性,因为法律规则是由享有权威的个人或机构用白纸黑字的形式制定出来的。若立法以法典的形式体现,则是把该确定性发挥到了极致,因为不仅普通人能轻易得知法律是如何规定的,而且法典综合完善的性质,也使得人们不必担心何时会冒出一些陈旧与几乎被遗忘的习惯法规则,以致使其合理的法律预期破灭。立法的缺陷就在于缺少灵活性,因为规则与法典一旦以精确的法律条文制定出来,除非新的法律来取代,否则固守不变。新的立法通常都滞后于时代的需求,且新法典的制定亦非朝夕之功,因此通常是对旧法采取修改的方式,而非全盘取代,这样做的结果就是旧法典的内在统一性横遭破坏,如1804年《法国民法典》,至今在比利时和法国仍生效,但是数以百计的条款已被20世纪的逐项立法所废弃或取代。

判例法的进入却有着较高的门槛。有人认为它也具有确定性的优点,因为根据遵循先例(stare decisis)原则,在相似的案件中法院会作出相似的判决。这一原则成了普通法曾笃守的一句圣洁的信条,法官们为维持这种法律的确定性,不惜将正义与公平牺牲在它的祭坛上——他们情愿为了确定性,而去遵循一个看似极不公正甚至荒谬的判决,因为法官一旦开始无视先例或完全将其抛在一边,普通法的一根支柱甚至是中流砥柱便将会坍塌。[2] 由此我们不难理解,19世纪末的上议院为何会作出将自己置于先前判例拘束之下的决定。然而,并非所有法官都持这种严格遵守遵循先例原则的观点,有些声称正义应高于确定性,正如某位法官在17

---

[2] 如果非要作出什么改变的话,那是立法者的职责。比如,参见科恩勋爵(Lord Cohen)的一段言论:"对法律而言,最忌讳的就是不确定性,如果我们置遵循先例原则于不顾,那么就是为不确定性敞开了大门。我想,要为防止司法机关僭越立法职能设置一道规则屏障,把法律引向可预期的确定性,应该还是可以找到很多支持理由的"(A. Paterson, *The Law Lords* [London, 1982], p. 133)。所以,虽然他认为1860年 *Simonin v. Mallac* 案的判决是错误的,科恩勋爵也拒绝推翻它,因为它已经被确定为先例一百多年了,在英格兰和整个英联邦国家的大量案件中都得到了遵循和应用(出处同上,p. 136)。

世纪所言,法官不应遵循一个坏的先例,因为"已经有一个人深受其害,不能让其他人因为相同的情形而再受其害"[3]。我们在前文提到的丹宁勋爵,就是后面这一观点的极力倡导者,上议院的态度也在1966年开始转变,现在,法官们也无拘于先例而可视情况来推翻它。[4] 对于正义和灵活性而言,这是一个不小的胜利,(某些)法院不再受拘于那些在作出判决的当时看似极为公平、而放在如今的时代中却显得不公正的先例,但这对确定性来说却是个不小的打击。当然,在大多数情况下,遵循先例仍是原则,但我们不敢绝对地说,法院不会因为某些特定的理由而推翻一个被认为是必须遵循的先例。由此,我们将疑惑地发现,某些学派高度赞扬判例法,是因为它的确定性,而另一些,却是因为它的灵活性(这也是法典化的反对者们极力宣扬的一张王牌)。但也正如前文所指,若法官们认为,绕开一个绊脚的先例而达到一个期望中的判决并不困难,这将不会使事情变得更简单。丹宁勋爵以下这段话,也许会带给读者更为深刻的思考:"事实上法律是不确定的……不到法庭作出判决,没有人知道法律是什么。法官们确实每天都在造法,尽管他们不愿意承认这一点。"[5] 无论如何,有一点必须承认:判例法最大的弱点,在于缺少一个适当的概念性框架,对普遍适用的概念与原则关注极少。

---

[3] 约翰·沃斯(John Vaughan),1668—1674年间民诉法院首席法官,该引言出自1673年 *Bole v. Horton* 案,引自 C. K. Allen, *Law in the Making* (7<sup>th</sup> ed., Oxford, 1964), pp. 209—10。几世纪之前的雅各布斯·巴特里加尤斯(Jacobus Butrigarius,1274—1348)也表达过类似的想法,他写道:"Nota quod judex non debet sequi sententias, nisi in se habeant rationem",意思是,除非先例是合情合理的,否则法官就不应当遵循。参见 *In codicis libros commentaria*, ad lib. 7, tit. 45, I. 13, 引自 A. Guzmán, *Ratio scripta*, Ius Commune. Veröffentlichungen des Max-Planck-Instituts für Europäische Rechtsgeschichte, Sonderhefte. Texte und Monographien, 14 (Frankfurt. 1981), p. 56.

[4] Lord Denning, *The Discipline of Law* (London, 1979), pp. 287—313; Paterson, *The Law Lords* (London, 1982), pp. 149—50。还参见丹宁勋爵在电视采访中所表达的观点,由B.B.C.于1982年11月7日录制播放。

[5] R. Stevens, *Law and Politics. The House of Lords as a Judicial Body 1800—1976* (London, 1979), p. 490.

130　　　另一方面,当需要确定某些普遍性原则时,法理学就开始独当一面了,因为它的研究领域不但包括抽象的法学概念,还包括对法律思想流派和司法实践的批判与分析。毫无疑问,法学家们对法律的解析与阐明,在方法与风格上完全不同于立法者与法官,但学术流派的弱点也是非常明显的,如他们的学术著作往往极度地学究化,例如卷目繁多的 *De citationibus* 便是明证。更糟糕的是,"学识渊博者总是与众不同"(*doctores certant*):法学家们喜欢发表异议,这也常让法官和当事人摸不着头脑。当然需要承认的是,某些时候法学家们能达成一种共识(*communis opinio*),但在图书馆浩如烟海的学术书籍中,亦不难发现表示异议的声音。只是这个时代不再幸运的有一个中世纪时的国王来裁判谁是对的,也不再容许按照自己的意思制定法律,并用教皇的权力裁断哪种学术思想占上风,而使其成为人人遵行的法律。

　　　这样的轻描淡写,对某些读者而言似乎无甚帮助,他们也许希望从一个更为直接与个人的角度来探讨这个问题。他们的反应会是,不论总体而言法官造法有多少好处,该法律的质量在很大程度上取决于法官的素质,也就是说,人们对法官造法(以及司法审查)的评价,也许会取决于对法官的人格与背景的考察。这是人本身就会存在的现实问题:法官造出的法律与法官的素质成正比(它不会比法官的素质更好)。因而,现在对法官本身及其任命者的历史问题作一更为深层的探讨,似乎不失为一佳策,那么,就让我们来对该问题透过历史的广角镜作一比较性研究。

131　　　　　　　　　法官:从票友到专家

　　　在原始社会中,人们认为正义的实现并不靠法庭:罪犯被私刑处罪,当场被抓获的窃贼被糊里糊涂地处以绞刑,家族之间的血亲复仇成了解决争端的办法。不久,法庭出现了,尽管最初并没有力量强制把争端交由其处理。早期的法官更像是仲裁员,他们只有在当事人自愿选择其解决争端时,才有权审案。在后来完备发展的司法体制中尚能找到该遗风,如中世纪的英格兰,犯罪嫌疑人可自由选择是否将该案交由陪审团处理,即是否"将自己的命运交由同胞发落"。的确,说得更书面化一些,这给某些生性执拗的人带来了很大压力,很多人情愿在狱中被压迫致死,也不愿交由陪审团裁决有罪,因为这不仅意味着要承担丧失性命的后果,还将丧失自己所有的私产,换言之,自己的后代会被剥夺继承权,家族的财产也会化为乌有。

早期的法庭并不是由常驻法官组成的。因而法兰克的临时领主法官(rachimburgii)*都是针对某一特定案件从民众中选出的,直到查理曼大帝时期,才设置了斯卡必尼(scabini)即终身任职的法官这一固定职位。从任何意义上说,这些从民众中选出的人都不是经过专业训练的法律人士,他们的主要工作是负责军事或是农业方面的事务,可是当他们经常性地作为法官来断案,并通常持续相当一段时间时,一种职业作风便润物细无声地融入了他们的工作中。中世纪晚期,这股职业风气正在缓慢地蔓延开来,在许多城镇,斯卡必尼或是高级市政官都被任命或选举为终身任职的法官,这就使他们具有了某些司法人员的专业素质,但我们不应忘记,他们原本的身份是政客,是行政官员,是商人,甚至有的还是地主。这就造成了权力集中而不是权力分离的现象,因为城市法律的制定者、裁断者与施行者,都是同一班人马,他们中的许多人甚至还操纵着经济命脉。而在皇家法院,法官都是训练有素的职业人士,这同时也带来职业风气的滋长,公众对司法的参与也就逐渐随之淡出。

荷马的《伊利亚特》(Iliad)讲述了一个关于早期希腊法庭审理案子的故事。这个故事是镌刻于著名的阿喀琉斯(Achilles)之盾上的诸多画面之一,火神赫准斯托斯(Hephaistus)将该盾牌锻造得精美绝伦。故事发生在集市上,一场关于赎罪金(wergeld)**———一个

---

\* 指在特定案件中,于郡法院担任临时法官的领主,他们在伯爵的主持下进行审判,但又具有完全独立的地位。

\*\* 盎格鲁—萨克逊和日耳曼民族国家法律规定,为防止世代血仇而付给被谋杀者家属的被杀赔偿金。——译者注

人的血的价格——的官司正在进行，一群人在围观。当事人自愿把案件提交给法官，法官们坐在光洁的石头上，围成一个神圣的圆圈。每当某位法官要提出自己的判决意见时，他便拿起纹章官的盾徽（herald's staff），然后开始陈述。在他们面前，摆放着两块金子，那是注定要奖赏给作出最公正判决之老者的，而判断哪个判决最公正，则是依照围观民众欢呼声的大小。[6] 有几点在此需特别一提：首先，民众直接参与了审判活动，就像他们在古代的日耳曼所做的那样，用掌声表达自己对一个判决的赞同，但是，他们并不提出判决（更不用说宣布判决了）；其次，判决的作出是法官们的事，法官都是些德高望重的老人，他们并不在一起商议或是达成一致意见，而是在民众的欢呼声中提出自己的判决意见，然后再由他们选出最佳判决并给该法官以奖赏；最后，法官们的坐相亦显现着正式乃至神圣的因素，如圆圈、光洁的石头，还有纹章官的盾徽等意像。这一场景很可能也曾在中世纪早期发生过，虽然在细节上有些许出入，但公众对审判活动的积极参与，以及非职业法官在围观群众的影响下进行审判，都是广为人知的。几个世纪以来，所有这一切都改变了，围观审判的民众在各个时期从不同程度上消失了，他们已不再拥有对心仪判决给予奖赏的特权，相反，就是对城市法庭的宣判颇有微词，也会受到罚以重款的威胁——哪个才是最佳判决，全凭法官们自己决定。在现代社会，若案件在禁止旁听（in camera）的情况下审理，公众则是被法庭彻底地抛弃了；就算是在公众可以继续被允许旁听的场合，他们也总是被告诫：若他们胆敢大声喧哗或出言不敬，则会被视为藐视法庭而被课以重罚。

　　随着公众力量的慢慢消退，受过专业训练的法官们势力在逐渐增长。对这一发展的各个阶段我们也并不陌生。在一开始，"前

---

[6] H. van den Brink, *The Charm of Legal History* (Amsterdam, 1974), p.51. 这段著名的故事（*Il.* XVIII, 497 ff.）读起来困难重重，并成为众多争论的焦点。读者可以在 R. J. Bonner and G. Smith, *The Administration of Justice from Homer to Aristotle* (Chicago, 1930), pp. 30—41 看到对这些问题的一个简明而逻辑井然的叙述。

中世纪"时代,也就是大致追溯到12世纪之前,几乎不存在专职意义上的法官,他们从未接受过专门的法律训练,也从来没有把审判作为他们的主要活动。这时有的只是一小部分法官,他们在法庭听审了多年案子,从而在实践中获得了法律知识,并了解了诉讼程序的运作。这些早期法官中,有些是封建领主,他们与其封臣一起主持着法庭,有些是加洛林王朝的斯卡必尼,他们与来自郡县(*pagus*)的法律顾问(*comes*)一起坐镇法庭(或者是他们的子孙后代,散布于加洛林帝国的各个角落),而在其他法院则是"一山一寨主",如在采邑法院,法官是农民,在郡法院是郡长,在市镇法院则是自由民和百户长(bailiff)。上述所有人中,没有一个是受过正规训练并以审判为主要职业的。与今天的状况相比,如今法院已是彻头彻尾地专业化了,以至于在欧洲大陆,即使是最低级的治安法官,也要求是大学法律专业毕业。这种专业化,尽管蔓延迅速,但并不绝对,如在英格兰,治安法官(太平绅士)并不是全职的(也不领薪水),他们也不是法律专业的大学毕业生(相反很多连大学毕业生都不是),但我们不该忘记的是,几乎所有的轻罪都是经由这些治安官之手处理的。这并不是现代社会的怪异产物,而是英格兰古老传统的沿袭,我们可以把这种情况描述为一种分化,一边是极少数高度专业化、受过高级训练并领取高薪的处于最上层的法官,他们几乎都集中在伦敦(他们是高等法院、上诉法院的法官及上议院贵族法官,还有那些领取薪金的治安法官);而另一边则是大多数处于低级别、非专业及未受过专门训练的太平绅士——现在称为治安法官,他们遍布于英伦各地。[7] 几百年来,即使是由高级法官

---

[7] J. P. Dawson, *A History of Lay Judges* (Cambridge, Mass., 1960), pp.137—45 阐释了从当地显贵中委任治安官这一做法的起源,书中表明,太平绅士认为他们之所以会承担这一负担繁重的公共义务,是他们的财富和社会地位带来的不可逃避的结果。他对太平绅士的人数进行了粗略估计,在1689年,大约有三千名太平绅士被委任,其中现任的大概是700到800人。该书还展示了当时人们对太平绅士的出身看重到了何种地步,在1833年,某个郡的太平绅士们发起了罢工,原因是有个新委任的太平绅士,他曾经是个杂货店老板,还是个卫理公会(Methodism)教徒。

审理的案件,该案的事实问题也都是由陪审团来决断的,如果我们还记得这样一个事实,那么也就不难理解,在英格兰,非专业因素在施行司法正义的过程中扮演着多么重要的角色,顺便说一句,这一资源对王室来说又是多么的廉价,因为陪审团和太平绅士都是免费的!在欧洲大陆,法律职业的专业化更是普遍,所有省份中,即使是最低等法院的法官,也都是大学毕业生与专业人士,他们不是数以百计,而是量以千计。这种不同于英格兰的局面古已有之,在英格兰的三大普通法法院,分列 12 名法官坐镇其中,而在巴黎高等法院,1297 年时就有 51 名法官,到了 18 世纪更是达到了 240 名。同时,还新增了 12 个高等法院,与先前存在的巴黎高等法院加起来,一共 13 个上诉法院中,法官总人数达到了 1200 人。[8] 在 1900 年左右,法国总共有 5000 到 6000 名法官,而在英格兰(包括高等法院、上诉法院的法官及上议院贵族法官),仅为 40 名(1727 年英格兰司法体系建立时计有 17 名法官,到 1875 年全国人口增加了超过五倍的时候,法官总人数也还只是 27 名)。[9] 在 1933 年的时候,英格兰拟增补五名法官的提议遭到了强烈反对,因为大家担心这样一来法官的素质会下降,但如今法官人数已上升到了大约一百名(尚有约两百八十名低级法官散布于全国的郡法院)。然而,即使是在欧洲大陆,法律职业的专业化也不是绝对的,军事法庭、商业法庭及劳动法庭的审判人员当中,也有许多并不是法律专业人士。

欧洲大陆这一历史现象的主要发展阶段,大致可以勾勒如下:职业化现象最早发生在教会。13 世纪以前,古老的主教法庭(curia

---

[8] J. P. Dawson, *The Oracles of the Law* (Ann Arbor, 1968), p. 2. 更详尽的数据参见 P. Stein, "Safety in numbers: sharing of responsibility for judicial decision in early modern Europe", *Diritto e Potere nella Storia Europea. Atti in onore di B. Paradisi*, I (Florence, 1982), pp. 271—83 (Quarto Congresso Internat. Soc. It. Di Storia del Diritto)。

[9] D. Duman, *The Judicial Bench in England 1727—1825. The Reshaping of a Professional Elite*, Royal Histor. Soc. Studies in History Series, 29 (London, 1982), p. 17.

episcopalis)常常会处理一些法律问题及其他诸多事务,它更像是一个人民法庭,因为它不仅由来自主教人马中的各类神职人员组成,还包括一些年高德劭的非法律人士。法庭采用传统方式进行案件的讨论和审判,不受制于严格的程序与规则。在12世纪行将结束之时,这种极不专业的司法方式,开始让位于主教授权的官员及其法庭。在那儿,审判权牢牢地把握在训练有素的法律人士(同时也是大学毕业生)手中,他们适用崭新而严格的罗马—教会法程序,这些规则都详尽记载于程序法律科学最早期的成果——《审判程序规则》中。有一点不是很确定:到底是新程序的应用导致了执行它的官员的产生,还是相反?是新的训练有素的法官的出现导致新的专业化程序的使用,还是后者的使用使得前者的出现成为必要?这是一个难以回答并且也许是徒劳无益的问题,因为这两种现象几乎同期出现,因此,我们暂且对这两者间的因果关系存而不论。到了13世纪,主教授权官员的法庭已经成为了西罗马教廷的普通地方法庭,这无疑是走上专业法官普及道路的一个突破口,然而,专业的地方法官在世俗法院的出现,仍然在遥远的未来。法学家最初都是在诸王国的中央法庭中找到自己的一席之地,在那里,同样也被注意到发生着类似的巧合,即法庭人事变动与新程序应用方面的巧合:约13世纪中期,法国国王路易九世(King Louis IX)在巴黎设立高等法院,并首次在他的王国内适用罗马—教会法的诉讼程序,以取代古老的神明裁判和司法决斗,其他国家也都纷纷依葫芦画瓢。13世纪晚期,在低地国家中(Low Countries)\*,如佛兰德,就有很多法学家为那里的伯爵们效力,当勃艮第公爵刚勇者查理于1473年在梅赫伦(Malines)\*\*设立他的法庭时,那里就已经是法学家的天下了。查理公爵去世的1477年发生了一场判乱,这场判乱要求清除并且最终清除了这些法学家。整体而言,中央法庭非常受诉讼当事人欢迎,他们从四面八方蜂拥而来:即使是在国

---

\* 指荷兰、比利时和卢森堡。——译者注
\*\* 比利时城市。——译者注

际形势紧张的时刻,来自佛兰德郡县的诉讼当事人,仍会跑到巴黎高等法院来寻求法律救助。[10] 对此,犬儒学派人士或许嗤之以鼻,因为这除了表明诉讼当事人受到无休止的驱动,要将他们的官司打到耗尽最后一线成功的可能性之外,别无他意。然而我认为,中央法院之所以在英格兰国王亨利二世时已如此受欢迎,很大程度上是基于当事人对在那儿能够获得更为公正的司法的期待,因为那里的诉讼程序更为合情合理、精确细致,那里的法官也更加训练有素,同时,相对于地方的司法当局而言,他们与当事人没有多少利害关系,因而也就显得更为中立。至于陪审团,它是由地方百姓组成的专门小组,尽管他们已经比神明裁判和司法决斗明显要可靠得多,但他们的中立地位也许还是会受到质疑。在这种情况下,当事人会很明显同时也是非常可以体谅的更信任专业法官。巴黎高等法院获得了如此巨大的成功,以致产生了设立省级高等法院的实际需要,另外,正如我们所看到的,罗马教皇法庭在12世纪时已经超负荷运转,因而任命了一批教皇法官代表来减轻罗马法庭的负担。

职业化趋势在中央法院获得了稳步发展,而城市中司法机构效仿的步伐却显得极为缓慢。因此,在佛兰德较大的一些城镇里,每天处理许多大小案件的高级市政官们(或曰 schepenen，échevins。他们拥有对刑事和民事案件完整的初审管辖权),就非常不欢迎大学毕业生晋升入他们的队伍。在16世纪以前,要在城市法庭中找到一个科班出身的大学毕业生,实在是一件很困难的事情,如果这些城市法庭的法官遇到涉及罗马法与教会法的问题并要寻求意见时,他们会求助于自己的顾问——那些由城镇雇来专为咨询目的而设的人。只有到了现代,在罗马法的普及与16世纪法律研究极度膨胀的压力下,才强化了城市法庭中的科班力量。在同一世纪,

---

[10] R.C. van Caenegem, *Les arrêts et jugés du Parlement de Paris sur appels flamands conservés dans les registres du Parlement*, I: *Textes*（1320—1453）, II: *Textes*（1454—1521）, Receuil de l'ancienne jurisprudence de la Belguque, I série（Brussels, 1966—77）.

学习法律的学生人数也以前所未有的势头增长着,不论是英格兰的律师公会,还是欧洲大陆的大学,全欧洲都一样。因为学法律被认为是能够过上体面城市生活的一个很必要的前奏,拥有法律学位是拥有梦寐以求的社会地位的象征(但这一风尚到 18 世纪就日渐衰微了,学习法律的学生人数也相应减少)因此,新出炉的法学毕业生大军也并不都进入法律职业领域,不过,还是有很多刚毕业的学生都选择到政府和法院中谋得一官半职。[11] 法律职业化的进程也不是一帆风顺的,科班人数的增加以及他们的执法方式,在某些地方还是遭到了强烈的抵制。这种抵制在德意志国家就体现得非常明显,在农民战争时期,人们对诉讼程序的耗时耗钱、罗马法过于精细的规定及法庭无限期的拖延提出了极为尖刻的批评。在瑞士,作为对罗马法和法庭中那些执行者的抗议,人们喊出了"我们不要再听到巴托鲁斯和巴尔杜斯了"的口号。[12] 到了晚些时候,当政府还试图对法律进行理论化和职业化改革的时候,照样还是

---

[11] 欧洲的情况参见 F. Ranieri "Vom Stand zum Beruf. Die Professionalisierung des Juristenstandes als Forschungsaufgabe der europäischen Rechtsgeschichte der Neuzeit", *Ius Commune. Veröffentlichungen des Max-Planck-Instituts für Europäische Rechtsgeschichte*, 13 (1985), 83—105. 英格兰的情况参见 C. W. Brooks, "The Common Lawyers in England, c. 1558—1642", *Lawyers in Early Modern Europe and America*, ed. By W. Prest (London, 1981), pp. 42—64, and W. Prest, "The English Bar", pp. 65—85. 四大律师公会的入学率一直在稳步上升,从 16 世纪早期的每年大约收 50 个学生,发展到詹姆士一世(James I)统治后期的每年收高达 300 个学生(Brooks, "The Common Lawyers", p. 53)。律师公会从来没有像当时那样大受欢迎,它们成为贵族阶层和上流社会子弟接受学校教育的最后一站,成为最时尚的选择(p. 54)。在 1614 年发布的"排他性命令"中规定,律师公会提供教育服务的主要对象,是本王国的贵族和上流社会人士(p. 54)。律师公会的学员登记名册显示,在 1590 到 1640 年间,有高达 88% 比例的成员是来自上流社会(p. 56),尽管我们也不要忘记,从 17 世纪早期开始,对"绅士"这个词的界定已不像过去那样严格了。Prest, "The English Bar", p. 79 中写道,在资产阶级革命之前,律师公会处于发展的黄金时代,被誉为"上流社会人士自由的学术天堂"。

[12] C. Schott, "Wir Eidgenossen fragen nicht nach Bartole und Balde", *Gerichtslauben-Vorträge. Freiburger Festkolloquium zum fünfundsiebzigsten Geburtstag von Hans Thieme*, ed. by K. Kroeschell (Sigmaringen, 1983), pp. 17—45.

会惹出很多麻烦来。发生在奥属尼德兰的事件就是一个很好的例子：当罗马皇帝约瑟夫二世（Joseph II）决定重新整合司法体系，并推行一套激进的职业化改革方案时，就遭到了众多掌管地方法院的领主们的反对，他们认为，这不但侵犯了他们的尊严，还影响了其收入，他们的不满是导致后来爆发短暂的大规模叛乱的一个原因。

职业化的兴起与法官地位的提升是携手并进的。法官获得了独立的地位，尽管斯图亚特家族依然视"他们的"法官为自己的仆人，后来还发生了爱德华·柯克爵士被国王辞退的著名事件，但从18世纪早期开始，法官就不再被视为是任何人的仆人，国王要想辞退他们，也只有在议会的两院都认同时方可——他们在事实上已经拥有了终身法官之职位。但我们也必须意识到，今天所奉行的这一原则，仅仅适用于高级法官：大部分的治安法官还是可以被辞退，只要司法官认为他们不再适合待在法官这个位置上。在欧洲大陆，情况又略有不同：普鲁士国王腓特烈大帝（Frederick the Great），仅因为他认为法官们没有做到恪尽职责，就毫不犹豫地申斥并惩罚这些法官，并且毫不迟疑地用他自己统治者的判决（Machtspruch）来取代法官们法律的判决（Rechtspruch）。在1779年就发生了一个著名的案子，法官们因作出了对磨坊主阿诺德（Arnold）不利的判决，而全部被逮捕并被提起刑事控诉，1780年1月，五名法官被判处一年监禁，同时被辞退。[13] 更为戏剧性、甚至更带悲剧色彩的，是年轻的汉斯·赫尔曼·冯·卡特（Hans Hermann von Katte）案。这一海军中尉任职于柏林的某军团，他曾经帮助当时还是王子的腓特烈（即后来的腓特烈大帝）从他父亲——普鲁士国王腓特烈·威廉一世（Frederick William I）——权力的阴影下逃离出来，但该计划却夭折了。冯·卡特后来被逮捕并接受军事法庭的审判，法官们的判决意见出现了持平的局面：一边认为应判处终身监禁，一边则认为应判处死刑。法院最终宣判了前者。国王

---

[13] Dawson, *Oracles*, p.250.

把这个案件发回原法院重审,授意法官宣布死刑判决,但法院还是维持了原判。作为国家的最高司法者,国王当即自己宣布判处被告死刑,而冯·卡特则在 1730 年 11 月 6 日被执行死刑,年仅 26 岁。

这些都发生在权力高度集中的年代,国王集行政、立法与司法的最高权力于一身。在法国,终身法官职位的获得,很大一部分是通过金钱交易,一个买回来的高等法院法官职位,被看作是私人财产,没有人能够任意拿走,否则会被视为偷窃行为。但是,即使是到了 18 世纪,法国国王还保留有最终掌控其手下法官的两个致命武器:一是国王总是握有一项保留的管辖权,那就是,他可以把自己感兴趣的案子抽调到他自己的委员会审理,就算巴黎高等法院已经宣布了判决(通常都被认为是案件的终局裁定),他依然可以作出自己的判决;其二在于,他也许不能够剥夺法官的职位,但他可借妨碍公务之名对其进行惩罚,把他们交到内部审判庭来处决,正如司法官茅佩欧(Maupeou)对巴黎高等法院那些执意阻挠皇家改革的法官们所做的那样。当高等法院公然拒绝执行皇室的一份最高命令(*lit de justice*)并且还罢工时,引起了一场罕见的骚乱与对抗。紧随而来的是在 1771 年 1 月 19 日的夜晚,一群荷枪实弹的步兵,给每位法官发了一张逮捕令(*lettre de cachet*)\*,要求他们声明准备还是不准备返回工作岗位。几乎所有的法官都拒绝给出复岗的承诺,他们中有 130 人当即就被流放到如奥弗涅(Auvergne)\*\*等偏远而荒芜的地方,并被剥夺了法官职位。[14] 这是皇家政府走出的非常极端的一步,很快他们就放弃了原来的主张,回到老路上来,因此,在古代政权存续期间,终身法官的地位在整体上得到了尊重。

我们后来注意到,当高级法官的稳固职位在不列颠已是不容置疑的时候,在法国发生了更加有意思的事情。清除旧体制毒瘤的措施之一,是取消对终身法官的任命。国民会议对贵族司法(*aris-*

---

\* 尤指法国大革命前盖有王玺的逮捕令。——译者注
\*\* 法国中南部地区和旧省。——译者注
[14] D. Dakin, "The breakdown of the Old Régime in France", *The New Cambridge Modern History*, VIII, ed. by A. Goodwin (Cambridge, 1971), p.596.

*tocratie thémistique*)给以猛烈抨击,称它为"所有贵族制中最危险的一种"[15]。在 1790 年 5 月 5 号,也就是废除法官职位买卖的九个月后,当局决定实行法官选举制,使法官只享有暂时性的职位,经过多方斟酌,该职位的任期定为六年。这之后不久,拿破仑这位被称为"结束了这场革命"的人,又恢复了法官任命制度。而治安法官的选举持续到了大革命的第十年,从那以后,除了两个短暂的时期[16],法官选举制度从法国公法领域彻底销声匿迹了。

如上所述,整个 19 世纪,法官任命制度成为常规模式,并且自从"第八年宪法(Constitution of the Year VIII)"颁布后,永久法官的地位在原则上也得到了巩固。然而事实上,政治的狂热一次又一次地左右着国家的最高权势,政党方面的政治原因,不时地通过执行"纯化(epuration)"政策来清理法官队伍。最近的研究成果为探究这些令人震惊的事件提供了极为宝贵的新线索。这些研究显示,除了某些堂而皇之的宣言外,拿破仑下台后的重建时期,对法官的终身职位并不尊重,在执政者眼中,只有皇家的任命才是职位占有的永久保证。因此,从 1815 到 1818 年间,有将近三百名法官被赶出皇家法院,包括几位院长和庭长。"七月王朝"统治下的 1830 年革命,导致了一场涉及面更广的"纯化"运动。1848 年"二月革命"后成立的"法兰西第二共和国",更是公开宣布废除终身法官职位,认为这与国家的共和政体相矛盾,并暂令那些被称为终身法官者停职。在 1852 年,法国又回到了拿破仑家族当权的帝国政体\*,该政权建立了"混

---

[15] J.-P. Royer, *La Société judiciaire depuis le XVIIIe siècle* (Paris, 1979), p. 210。高等法院的人员组成中,约有 90% 的人在他们买下法官职位前就是贵族,当他们被吸纳为法官的时候,谘议员还要逐个核查代表他们贵族身份的证件。这是比获得法律学士学位更为严格的一项要求,所以,用"贵族司法"这个词来称呼他们,实在是恰如其分。

[16] 试图回到法官选举制的两次不成功的尝试,一次发生在 1848 年,伴随着革命年代那高涨的共和思想和热情,另一次是在 1882 年,法兰西第三共和国政权认为司法系统过于保守,希望能够通过选举,替换上更多具有共和意识的法官(Royer, *Société judiciaire*, pp. 245—48)。正是在那个年代,每当提起美国那些民选出来的法官,总会令法国议会兴奋不已(A. Desjardins, "La magistrature élue", *Revue des Deux Mondes*, 52, pp. 549—75)。

\* 即法兰西第二帝国,路易·拿破仑史称拿破仑三世。——译者注

合委员会"(*Commissions Mixtes*),它对许多共和制的同情者提出指控并予以惩罚,其中有几位法官受到牵连而被辞退,且判处流放,甚至这些法官中的某些,仅仅因为没有出席为拿破仑三世唱感恩赞美歌的仪式,而被判有罪。当然,1870 年的时候,重新当权的共和党人立即采取了报复措施:一些在 1852 年被辞退的法官重新回到了司法官,而轮到他们较早时候的敌人收拾包袱离开。到了第三共和国时期,当局于 1883 年 8 月 30 日颁布了一项法律,暂停法官的终身职位达三个月之久,614 名法官被宣称仇视共和政体而被解雇(当时保皇派在国内还是非常活跃的一股力量)。这种所谓的仇视表现为:不出门迎接部门长官或坚持到教堂去做礼拜。当然,1883 年颁布的这项法律,仅仅在文字意义上存活了六个月。[17]

要想在司法界谋取一个高级职位,其要求在英格兰和法国如出一辙。最主要的考虑因素,就是法官候选人的社会地位,即他们应当属于贵族阶层,或是来自上流社会。在英格兰,土地财富在某种意义上比钱财显得更为重要,而在法国钱财则是关键性因素,因为那里的贵族需要用钱来买回一官半职。要走到法官这一步,在英格兰还须付出在律师公会学习的高昂成本(到了 19 世纪,还包括在公立学校的费用和在牛津、剑桥等学府学习的开支),或者是在为贵族阶层或上流社会人士公开保留的律师公会席位中学习的

---

[17] Royer, *Société judiciaire*; J. Poumarède, "La Magistrature et la République. Le débat sur l'élection des juges en 1882", *Mélanges P. Hébraud* (Toulouse, 1981), pp. 665—81; P. Lecocq and R. Martinage, "Les magistrates et la politique au XIXe siècle. L'exemple des commissions mixtes de 1852", *The Legal History Review*, 50 (1982), 19—47; R. Martinage, J.-P. Royer and P. Lecocq, *Juges et Notables au XIXe siècle* (Paris, 1982); P. Lecocq and R. Martinage, "L'inamovibilité de la magistrature française dans les constitutions au XIXe siècle et son application", *Liber Amicorum John Gilissen* (Antwerp, 1983), 215—48; R. Martinage, "Splendeurs et misères de l'inamovibilité de la Magistrature française du XIXe siècle", *Handelingen VIIIe Belgisch-Nwderlands Rechtshistorisch Colloquium*, ed. by M. Magits (Antwerp, 1984), pp. 99—118.

花费。[18] 即使是充当太平绅士,也必须符合一套严厉的财产制度要求,可见在 19 世纪的法国,富有仍然是非常重要的法官选任因素。地主阶层在法院中占据了很好的席位,人们也毫不掩饰地崇拜金钱——在法官候选人给司法部长写的自荐信中,那些在信中表明自己在城里拥有最豪华的宅邸,拥有稳固的财力,以此证明自己是最佳人选的人,总会脱颖而出。[19] 但必须承认的是,在法国,正规法学学士学位的学历要求还是一项必备的要素,这一点与英格兰有些许不同。当然,我们也应该看到它真实的一面:大学中对学生的要求是很低的,考试也未能严格把关,甚至有的大学还在兜售学位证书。

法官权力的增长,伴随着法官独立地位的巩固。光阴荏苒,法官的地位逐渐高于其他公民,该转变可被描述为"判决从出自同等地位公民之手,到由优势地位公民作出"。法官作为优势公民的状况盛行于罗马帝国晚期,那时审判权由帝国任命的法官掌控,而这种优势地位在教会中也极为突出,至少从主教授权官员的设立开始便是如此——凡夫俗子若到教会法院打官司,由主教助理来审判,终审则由教皇法庭的神职人员进行。此处,僧侣统治的等级制度观念已经显山露水,正如格拉蒂安所言,"世界上有两种基督徒,神职人员和尘世凡人",而后者很明显处于前者的管辖之下。[20] 另

---

[18] 律师公会的学生,都是来自"全英格兰所有郡中最上层或是相对上层绅士人家",他们"理所当然地要成为绅士并至少保持三代都是绅士",他们不得不为在律师公会中所接受的教育支付高昂的学费,国王詹姆士一世也下令,只有绅士出身的人才允许进入律师公会学习。关于这个问题参见 D. Veall, *The Popular Movement for Law Reform 1640—1660*(Oxford, 1970), pp. 30—64; Brooks, "The Common Lawyers", pp. 42—64; Prest, "The English Bar", pp. 65—85。

[19] 蒙比利埃的皇家法院其中一个分庭的庭长,想要成为高等法院的首席院长,他在 1823 年给保护人的信中写道,他最大的优势,就是他拥有全蒙比利埃最豪华的宅邸(事实上,只是郎格多克[Languedoc]地产的一座旧城堡),并且他每年还有 200000 法郎的租金收入(Royer, *Société judiciaire*, p. 283)。

[20] L. Prosdocimi, "Chierici e laici nella società occidentale del secolo XII. A prososito di Decr. Grat. C. 12 q. 1 c. 7: 'Duo sunt genera Christianorum'", *Proceedings of the Second International Congress of Medieval Canon Law. Boston College 12—16 August 1963*, ed. by S. Kuttner and J. J. Ryan, Vatican, 1965, pp. 105—22 (Monumenta Iuris Canonici. Series C: Subsidia, 1)。

一方面，在教会以外的封建社会中，却是另一番景象。人们坚定地认为，他们只能接受与其地位等同之人的审判，审判者应与他们出自同一自然环境、同一社会群体，而不是凌驾于他们地位之上，当然更不应是地位低于他们的人。地位优越者可以作为法院的掌门人，但判决必须由与公民地位平等的人作出，举个典型的例子来说，封臣应该在他领主的法庭受审，但审理者应是与他一样出身的封臣。顺便说一句，这也是反对上诉制度的理由之一，因为上诉至高等法院，通常就意味着把自己置于优势者而不是平等者的审判权之下。该封建观念在中世纪社会的其他领域也极为普遍：农民会诉诸采邑法院，而市镇自由民会出现在市镇法院。对这项原则最著名的一种表述，出现在1215年《大宪章》这一典型的封建文献中。《大宪章》第38条，除确立了法治原则和正当程序原则外，还规定：针对人身和财产的制裁，只能由"与被制裁者处于平等地位的人依据本国法律"作出公正的判决。同样的观念在同一时期的市镇中也相当流行，市民们组成了地方自治群体（commune），从中选举出市政官吏（jurati electi），经宣誓后他们就成为解决群体中争议的法官。

在后来的几个世纪中，这种法官必须与当事人地位平等的观念变得越来越淡了。在有些市镇，法官由任命或推选出的斯卡必尼担任，他们被当局统治者提升到一个高于一般平民的地位，并且还不允许对他们所作判决说三道四。而这种观念被人们彻底抛弃，则是在中世纪晚期君主制度下中央法庭的普遍建立后。在中央法庭，法官都是由皇家任命的，有时还与国王平起平坐，他们对处于低等地位的公民行使审判权时，不会考虑彼此间级别是否平等；而且多数情况下，巴黎高等法院的法学家们也许是城镇自由民出身，却会高高在上地对那些贵族和拥有土地的主教们行使审判权。他们在适用法律时，总是心怀这样的观念：在法律面前，没有特权阶层，也没有劣势群体或平等者，每个人都是国王的臣民，当他出现在国王的法庭上，他所接受的审判就应出自国王的法官之手。这在法国的一般民众中引起了极大的不悦，他们拒绝到巴黎高等法院打官司,拒绝接受那些上流社会或甚至是比他们地位更低的小人物的审判,并徒劳地要求与他们地位同等的而不是别的什么人对他们行使审判权。一个很有名的例子是,在贤明的国王菲力普四世时期,佛兰德的一位伯爵就拒绝把案件提交到巴黎高等法院审理。但主流并不因小股力量的抵制而转向,它一直以势不可挡的趋势持续到现代社会。不过,即使在今天,审判须由平等者作出这一古老观念,仍然可以找到它的痕迹,如士兵须在军事法院接受审判,而商人则在商事法院进行诉讼。

144 　　另一个能够很好地说明法官权力日益膨胀的例子,就是证据法的发展与演变。在最早期的时候,法官只是被动地观看神明裁判,而竭尽全力寻求最好的结果,是当事人及其拥护者的事情,法官只负责记录,看上帝给法庭和公众显现的是什么迹象,然后据此判决。而且,法官的知识内涵和个人感觉无关紧要,因为无论他对案件的实质问题是怎么想的,一旦原告在司法决斗中杀掉了被告,该案的诉讼请求也就得到了解决。如今,事情正走向另一个极端,所有担子都压在了法官或陪审团的肩上,他们经过谨慎审查所有证据后所得出的结论,就是该案的最终判决。在这种体制下,所有的事情都决定于法官或陪审团"经仔细调查研究而得出的判决"(*conviction intime*)。欧洲大陆在这个问题上则经历了一个很奇特的中间过渡阶段,在奉行严格证据制度即罗马—教会法诉讼程序的那段时期,法官们当然还是很主动地审查证据并竭力探究事情的真相,但他们并没有据此而作出判决的完全的自由。个中原因在于,各路学派的学者们,业已制定出计算各种证据证明价值的数学公式,所涉及的证据包括如口供、目击证人(witness *de visu et auditu*)、间接证据等等。只有当证据依照该公式得到充分证明时,法官才有权作出有罪判决,否则即使良心告诉他,应当判处被告有罪,这项自由裁量权也被法律证据规则无情地限制了。举个简单的例子,如果仅有一个目击证人,那么就具备了 1/2 的证据;如果还有一个可证明的指征(如被指控抢劫的人突然开始巨额消费),则具备了另 1/4 的证据;如果对被告进行拷问而获得其口供,那么就获得了剩下的 1/4 证据,由此便形成了指控被告的一套完整的证据(充分证据[plena probatio])。尽管这套严格的证据制度已经属于过去,但今天英格兰法中证据规则的精密,还时常会让我们想起它,因为这些规则也是为限制陪审团和法官作出有罪判决时所享有的自由而设的。近年来,有人认为,正是认可了法官经审慎研究后就有权作出有罪判决这一原则,从而使得严刑拷问(由此获得口供)在 18 世纪后期变得多余。因此,刑讯逼供的消除,与其说是当时哲人学者们高声疾呼的结果,不如说是这一法律原则的转变促成的。[21]

## 法院及其缔造者

法律会与创制法律的法官一样的出类拔萃,这已是一个不言自明的道理。这种情况在欧洲大陆或许不如在英格兰这一典型的法官造法之邦那么明显,但这种说法始终还是具有一定的普遍性。因此,现在提出这样一个历史性的问题似乎再恰当不过了:到底是谁打造了创制法律的法官队伍?学界对该问题尚未进行过全面的考究,在此我们仅做一些初步的探讨,以期能抛砖引玉,引发更为深入的研究。乍看起来,法官们之间主要的分界线似乎应划在任命而来的法官和选举而来的法官之间,后者的选任方式是受政府任命、由民众选举。[22] 但是,还存在第三种情况,即被推选而来的法官。

由统治者任命和由民众选举的法官的划分,出自 W. 乌尔曼

---

[21] J. Langbein, *Torture and the Law of Proof. Europe and England in the Ancien Régime* (Chicago, 1976).

[22] 由于现在采用民主选举法官方式的主要是美国,因而在此提供一些美国的参考书目,对读者或许有所帮助。*Judicial Selection and Tenure. Selected Readings*, ed. by G. R. Winters (2$^{nd}$ ed., Chicago, 1973); S. S. Escovitz, *Judicial Selection and Tenure*, The American Judicature Society (Chicago, 1975); "Judicial Selection in the states: a critical study with proposals for reform", *Hofstra Law Review*, 4 (Winter 1976), 267—353.

(Ullmann)著名的两分理论,即自上而下权力论和自下而上权力论,该模式可以作为区分这两种情况的工具:

模式一:自上而下论,即由统治者任命;

模式二:自下而上论,即由民众选举。[23]

当我们试图把历史上选择法官的方式套入这两种模式的时候,很快会发现明显还存在第三种类别——一个既非任命(极为正式的除外)又非选举,而是通过世袭或推选来获得职位的贵族法官阶层。世袭可以通过血缘关系实现,如过去的上议院,所有勋爵都井然有序地进行着审判工作,也可以通过继承某位祖先买下的法官职位而获得。法官职位的世袭垄断这一做法,在乌尔曼的理论体系中未能对号入座,这与另外的一些因素都表明,他的理论框架需要补充修正,因为他遗漏了也许可被称为"贵族体制"的部分(马克斯·韦伯[Max Weber]称其为"阁下"[*honoratiores*],而希腊人称它为"寡头")。该贵族体制产生于旧时代的君主体制衰落之后,现代民主制大行其道之前。一个很典型的例子是1831年的比利时宪法,它将国家的最高权力赋予了一个由1%的人口选举出来的议会。很显然,该例子并不符合自上而下的权力理论,因为虽然上有国王,但政治实权把握在由选举产生的议会以及为该议会中的大多数所支持的政府手中。可它也与自下而上的权力理论格格不入,因为尽管议会是民选产生的,可这些选民的资格却受到十分严格的限制,因而没有人会对此视而不见,认为其权力是来自于全体人民,实际上它只是来自一小撮身居社会上层的有钱人。所以,在我们的分析中要加入一个模式三:在贵族阶层中通过血缘或金钱传袭而来的权力获得方式。

---

[23] W. 乌尔曼第一次系统阐述"自下而上"和"自上而下"政府理论的一系列相关问题,是在一篇针对 M. J. 奥登海默(Odenheimer)的著作的评论中,载于 *Revue d'Histoire du Droit*, 26 (1958), 360—66。参见 W. Ullmann, *Law and Politics in the Middle Ages. An Introduction to the Sources of Medieval Political Ideas*, The Sources of History: Studies in the Uses of Historical Evidence (London, 1975), pp. 30 ff。

现在，我们就有了三个分析工具：模式一，由最高政治权力任命法官；模式二，由民众选举法官；模式三，在法官等级中依据出身即贵族或上流社会或职位的买卖来进行承袭，说穿了，就是依据财富的多寡来选择法官。

历史上的欧洲，原则上以模式一为主要方式，大多数法官都是由君主任命的，不过在现实中，任命法官的权力正在一点一点地被蚕食，如法官职位的买卖，或是排他性地在某个特定范围内进行任命都影响了该权力的实现。所以在现代，法国国王还是在行使法官的任命权，但将法官职位卖给竞价最高者的做法，很大程度上减损了他的任命自由。同样，自中世纪往后，英格兰国王在任命高等法官如两个皇家民事分庭的法官时，只能从高级律师（即依附于皇家法院的高级出庭律师）阶层中选择，因为他们享有在皇家民事法庭出庭诉讼的特权。斗转星移，昔日的仆人变成了主人。我们很明显地注意到，在最初的时候，国王可以随心所欲地在新成立的皇家法院任命法官，但这一任命自由正在慢慢被各种各样的方式侵蚀着，因此事实上，一种令人难以察觉的转变正在向模式三暗渡陈仓。

模式二在日耳曼人中相当流行，中世纪早期，自由人会议选出一些杰出人士坐镇每一次的自由民集会（*mallus* 或 *thing*）并审案断狱，在查理曼大帝时期，他们被由皇家任命终身任职的斯卡必尼取代。11 和 12 世纪间自发组成的地方自治群体中，一如前文所及，司法职能掌握在市政官吏的手中，他们是城市自治群体的官员，由群体成员选举并经过宣誓成为法官。在意大利，司法军事长官（*podestà*）也是由群体民选产生，而腓特烈二世却试图要自己任命这一职位，这成为他和意大利各城镇之间争吵不休的中心问题之一。腓特烈二世对民选法官和官员的态度，可以从他制定的《奥古斯都法典》（*Liber Augustalis*）第 I,50 条和第 I,10,7 条看得出来，这些条款规定，依据某些习惯或由民众选举产生司法军事长官、执政官和其他官员的城镇，"将被永久荒废与隔离，城镇中的所有居民都将被充作永久的劳力……而任何接受上述职位之人，都将被判处极刑"[24]。同时我们也看到,步入现代后的法国在几个特定时期即 1790、1848 和 1882 年还是引入了司法系统的选举制度,但都只是寒星一闪、稍纵即逝。

模式三正日益浮出水面,它不断在侵蚀着模式一的领域。举个例子来说,佛兰德的高级市政官一直以来都是由伯爵任命的,但在 12 世纪的时候,来自推选方式方面的压力已经凸显。这样一来,在著名的由阿尔萨斯的菲力普伯爵(Count Philip of Alsace, 1157—1191 年)授予佛兰德主要城镇的自治市特许状中,第 24 条就斩钉截铁地规定,这些法官的任命都必须依照伯爵的意志,"除此而外别无他途"[25]。到了 13 世纪,要求以推选方式选拔法官的呼声一浪高于一浪,已经势不可挡了,在中世纪余下的时间里,人们制定出五花八门的制度,以保障佛兰德的伯爵在任命城市新治安法官时享有一定的决定权,但大部分的决定权则取决于推选,这让城市的"贵族阶级"(patriciate)感觉如鱼得水。鉴于这个问题已经经过了仔细的研究,在这儿并不准备对如此复杂的问题展开探讨。[26] 总之,在封建社会,模式三明显占据了主要地位,从 9 世纪后半期开始,封建领地的世袭制不断发展,由于封臣同时也是他们领主所开设法院中的法官,这表明封建法院的司法职能已经是或正在变成世袭的;而现代社会中,简单而又直截了当的推选,作为一个有影响力的群体的自我传承方式,已实属罕见(今天这种方式仅见于新律师公会主管的选举,这些新主管由现任的主管们选出)。在这个过程中,变得日甚频繁的,是限制君主任命自由的其他方式。中世纪时,国王在任命巴黎高等法院新的谘议员时,须从

---

[24] H. J. Berman, *Law and Revolution*: *The Formation of the Western Legal Tradition* (Cambridge, Mass. 1983), p.429.

[25] R. C. van Caenegem and L. Milis, "Kritische uitgave van de 'Grote Keure' van Filips van de Elzas, graaf van Vlaanderen, voor Gent en Brugge (1165—1177)", *Handelingen Koninklijke Commissie voor Geschiedenis*, 143 (1977), 238.

[26] 参见 J. Gilissen, *Le régime représentatif avant 1790 en Belgique*, Coll. "Notre Passé" (Brussels, 1952), pp.29—50。

法院提供的三个候选人中选择任命,这也就表明君主的任命自由的确受到了限制。巴黎高等法院对新进人员开始掌握主控权的先兆,始于14世纪40年代,进入15世纪不久,它已经被公开授权采取推选方式来选择新法官,不过这种做法后来又被从高等法院提供的三个候选人中进行皇家任命的方式所取代。[27] 在现代,法国的职位买卖正如所看到的那样,已经极大地限制了皇家的任命权;德国也是如此,依据法律的规定,各级法院的法官都须选拔自贵族阶层;同样的事实也发生在英格兰,国王的任命自由严重地受制于高级律师所特别享有的职业垄断地位,那是一个由出庭律师组成的贵族阶层,他们依据能力而选拔,当然,也依据其出身和财产。英格兰上议院成为全国的最高法院,它由世袭的贵族(还有一些主教)组成,他们可以全体坐在法官席上对上诉案件进行审判。这种在19世纪中期的英格兰偶尔发生的做法,有利于那些同样是从这些贵族阶层中选拔出来、少数受过专业训练的贵族法官专业才能的发挥。顺便提一句,这一做法,是对英格兰式处事之道的极好阐释,因为那些非科班出身的勋爵(即未受过法律专业训练的上议院贵族法官)后来丧失了在上诉案件中的投票权,原因并不在于哪个法令或权威性的声明对该权进行了剥夺,而是在于自1844年以后,投票制度已不再进行(这正表明了惯例的力量),所以在若干年之后,当这些非科班的勋爵对某一案件很有想法、并试图干预的时候,他们的意见也只是被束之高阁,不予理睬。[28]

这一简要的全面考察给我们留下的总体印象是:在过去的欧洲,用较为正式的说法,由主权者进行法官任命的做法占据优势;而在现实中,司法特权等级以及法律职业界,在很大程度上控制着人员任命的实权。

---

[27] Dawson, *Oracles*, p. 281.
[28] Stevens, *Law and Politics*, pp. 33—4。上议院贵族法官的地位在1876年的《上诉管辖权法》(Appellate Jurisdiction Act)中得以确认。

现在，我想是时候对欧洲和美国的现状作一概览，以此作为对前面所有讨论的总结。我们很快会发现，事实上三种模式都在混合使用，只是它们在每个国家所占的比重有所不同。我们将选取三例进行讨论，一个来自欧洲大陆，一个来自不列颠群岛，而第三个则来自美洲。

比利时就是体现三种模式混合的一个很有趣的例子。模式一体现在，所有法官均以皇家政令的形式正式任命（除此之外，皇家赦免也是皇家司法权遗迹的一个体现）。模式二间接体现在，各种民选出的政治机构（如各省的立法会和参议院）在法官任命的提名中扮演着重要角色（就这点来说，刑事案件中的陪审团也可被视为一个民众参与的因素）。模式三也是存在的，因为各个法院都会提交候选人名单供国王进行任命。[29] 进入司法界（或是律师界）不需要再进行专门的考试，也没有专门训练未来法官的学校，对法官人选已不再有财产方面的要求，而只有知识上的资格限制，即要具有法律学位，这对迈入法官门槛已经足够了。

在英格兰，模式一体现在法官由皇室任命，也就是由内阁首相或御前大臣（也是政府成员之一）来任命，他们在选择候选人时有一定的自由裁量权。[30] 模式二也只是间接地存在，政府的权力来自民选的议会席位中大多数的支持，而陪审团也是一个司法大众化的体现。模式三则表现出强劲的势头，因为高级法官均从寥若晨星的皇家大律师（Queen's Counsel）中选出，这些皇家大律师本身也都出自法律职业界，他们是出庭律师中最成功、经验最丰富的一群，被授予"丝质法袍"。行使英格兰最高司法权之人即上议院的贵族法官，通常都是从其他不同位阶的高等法官中选出，即选自

---

[29] 事实确实如此，上诉法院的谘议员任命自两份候选名单，各有两名候选人，其中一份由法院提交，另一份则来自省级谘议院；比利时最高法院的谘议员任命，也是选自两份各有两名候选人的名单，法院提交一份，参议院提交一份。

[30] 对最高级法官的任命，即上议院常任上诉法官、上议院贵族法官以及分庭的庭长，都由内阁首相在与大法官商讨后推荐人选；大法官则负责高等法院法官、巡回法官、和他们以下的法官的任命。大法官在推荐候选人的过程中，会征询法律职业界的意见，并极为看重律师界和法官同事们的看法。

高等法院和上诉法院。英格兰对法官没有严格的学历要求(不论是法律还是非法律专业),也没有专门培训法官的学校,进入司法界也不需要经过专门的考试,但进入律师界却需要。总体而言,模式一在比利时和英格兰都处于弱势,在前者模式二显得强一些,在后者则是模式三占据优势。

在美国,模式一体现在,所有联邦法官,尤其是最高法院的法官,皆由总统任命,但该任命并不排除参议院的干预,在许多州,都是由州长对司法系统进行任命。模式二也只是间接的体现出来,任命法官的总统和州长都是由人民选出的,而在任命中扮演一定角色的参议院,也是一个民选的机构,当然,在那些法官由人民直接选举的州,该模式体现得更为明显。模式三则表现得很微弱,美国律师协会(American Bar Association)非正式地向总统提交一份推荐名单,或许我们可以说是为总统提供参考意见,州律师协会在州长任命州法官时也是采取同样的做法,这也就是我们仅仅能够看到的与模式三相关的事实。最后,活跃在民事和刑事案件审判中的陪审团,成为突显模式二的另一个因素,自独立战争之后,陪审团的力量益发强大,法官的权力也越来越受到限制,比如,法官对陪审团进行指导,这种在英格兰是再正常不过的做法,在美国却是被禁止的。[31]

通过以上诸番探讨,结论已经昭然若揭了:代表民主因素的模式二,在美国的司法系统中体现得淋漓尽致,模式一也不是无足轻重的,只有模式三中那些在欧洲传统中极为典型的代表职业垄断的因素,在美国却几乎不存在。

上述三种模式中哪一种最好,从对历史的考察中很难得出结论。而且,这个问题和我们早些时候提出的关于法官、政客和学者各自素质的问题有一定联系。的确,由政客在立法会中制定法律的方式,很明显与模式二很接近,而欧洲模式的司法系统所创制的

---

[31] 参见 Roscoe Pound, *The Spirit of the Common Law* (Boston, 1921), p.57 中所作评论。

法律，由于历史原因，与模式三结下了不解之缘，最后，由身兼立法者的国王颁布的法律则倾向于模式一。因此，我提议，此刻再次回到关于这三种法律渊源各自利弊的问题上来，它们很显然都反映了社会不同的价值观和发展趋向，并且常常处于彼此矛盾之中。

## 法典化：挑战司法垄断的利器

法典化历来就是反对司法系统或说是"身披法袍的贵族们（noblesse de robe）"的武器，这些贵族法官拥有该职位的所有权，在审案时总是喜欢援引一些从未见诸于文字的含混不清的一般原则。法典化同样也针对喜欢卖弄学识的法律博士们，他们只懂得把那些被奉为名言警句的东西互相引来引去，这些引言或是来自有千年历史之久的书籍，或是来自其他同样把法律知识埋葬在沉重坟墓中的博士们，他们的理论充满了矛盾，并只会把普通人引入歧途。18世纪启蒙运动时期人们对罗马法的埋怨，就是对以上指摘的有力支持。与上述两者不同，由被选举出的代表立法，并以法典的形式颁布法律，是人们最为殷切的愿望。法国大革命时期的立法，就是这一愿望最强有力的表达。它致力于防止特权和歧视的发生，防止因个人的独裁专断而侵犯他人的自由，促进法律上的平等，在大革命的某些时期，甚至还追求经济上的平等，提高物质产品的生产力，以求福利的共享。立法代表着法律的大众化，代表着革新，而罗马法和高等法院则象征着故步自封，象征着古代体制。

不必再费口舌去抨击法国大革命这一路人皆知的状况，然而有一个事实却没有引起普遍的关注，那就是在17世纪英格兰资产阶级革命中，清教徒也和法国人一样地热衷于立法，他们所施行的政策用 F. A. 哈耶克（Hayek）的专业术语来说，成为 *nomos*（法官创制的法律）和 *thesis*（立法者编纂的法律）之间传统对立的一个很有意思的例子。[32] 正如罗斯科·庞德所说,"英联邦已经进行了大量的立法活动","马萨诸塞州所取得的最早期成果之一,就是试图理顺各种制定法并编纂成法令全书,在该汇编的前言中,表明了对议会立法的坚决拥护"[33]。情况确实如此,《1684年马萨诸塞州的一般法律和自由》(Laws and Liberties of Massachusetts of 1648)对学习法典法的学生来说,是一令人兴致倍增的文献,并且它还可以被视为西方世界的第一部现代法典。该文献的问世经历了超过十年的准备工作,它涵盖的内容很广,不仅包括在殖民地应当得到遵循的有关法律、特权、权利和义务等一般性规定,还把内容延伸到了刑法、财产法以及家庭法等具体领域。在马萨诸塞的整个殖民地时期,这部法典都占据着至关重要的地位,同时也被新英格兰的其他殖民地竞相效仿。它不仅仅是一个对现有法律规则的简单汇编,而且是为构建适合于美洲大陆生活新环境的法律规则而有意识做出的一项尝试和努力。因此,它毅然决然地改变或抛弃了英格兰普通法的某些陈旧因素,最明显的表现是在程序规则上。这种改变的初衷,当然是希望获得法律的确定性,以此对抗司法的自由裁量权,但自从这个清教徒的殖民地大受圣经的鼓舞后,对明确记载的白纸黑字的推崇,就更是为法典化的实现推波助澜了。[34] 就英格兰而言,如前所见,清教徒政府正是希望通过立法甚至是法典化,来实现对英格兰的法律改革,而毫不理会那句古语的告诫:"我们的法律是神圣的、虔诚的、优秀的、仁慈的和公正的……那些希望对此作出任何更改的人,必然会丧失他作为人的所有理性。"[35]

---

[32] 参见 L. Cohen-Tanugi, *Le droit sans l' Etat. Sur la démocratie en France et en Amérique* (Paris,1985), p.55 中的评论。

[33] Pound, *The Spirit*, p.47.

[34] G. L. Haskins, "De la codification du droit en Amérique du Nord au XVIIe siècle: une etude de droit compare", *Revue d' Histoire du Droit*, 23 (1955), 311—32; G. L. Haskins, *Law and Authority in Early Massachusetts* (New York, 1960).

[35] F. Whyte, *For the Sacred Law of the Land*, 28 November 1652, 转引自 Veall, *Popular Movement for Law Reform*, p.65.

与所有这些下意识作出的、有时甚至可视为激进的革新相反，法官创制的法律，通常都反映那些创制者同时又是操纵法院之人的观点。司法系统，或者用经常使用的另一种表达即行使审判权的寡头阶层，把社会和经济发展的稳定置于其他所有因素之上来考虑，并不时地显露出一种保守主义倾向，该倾向来自于他们对先例的崇拜以及对作出不同于先例的新判决的深感厌恶。这种寡头制度看重个人财产，对不平等和特权也欣然接受，这些杰出的"寡头们"(*oligoi*)如果不是创制法律的最佳人选，那也是在操纵着法律，以此驾驭社会这艘航船平稳向前。这就是在英格兰和法国很好地抵御了罗马法侵袭的法官造法制度，该良好状态一直保持到它在法国的衰落，法国大革命带来的改革像桎梏一样束缚了法官的手脚，不让他们惹出更大的乱子。人们不禁要问：为什么欧洲大陆的法官，尤其是法国的法官，在他们的英格兰同行们还继续占据着一个非常高的——如果不是崇高的——地位的时候，却如此不光彩地被废黜了呢？在此作出一些解释，当然这远非原因的全部。英格兰资产阶级革命的爆发早法国约一百五十年左右，而革命带来的长远效益，却是加强了素有法官造法传统的普通法。当时人们把好的法律等同为旧的法律，英国资产阶级革命就发生在这样一种精神氛围中，可是到了18世纪，进步观念主宰了一切，认为旧法即恶法，只有新法才是善法，因此，与英格兰革命相比，法国革命所带来的后果就是激进的变革。再有，英格兰革命中的激进因素，被后来的王政复辟较为彻底地清除了，而于1792—1815年间交替存在过各种政权之后的法国，清除工作就不甚彻底了，如路易十八（Louis XVIII）在登位之后，就没有废除拿破仑时期制定的一系列法典。

## 为当权者服务的法律学者

学者法的情况又是怎样的呢？与法官和立法者相比，法学家没有直接的权力，他们不能判某人去坐牢，也不能颁布法律。他们所能做到的，就是尽力对当权者施加影响，或者干脆直接为他们服务。后者似乎更是法律学家在历史上主要扮演的角色。当腓特烈一世(Frederick Barbarossa)当上神圣罗马帝国皇帝的时候,四位著名的法律注释学派学者就已准备好用广泛又带有纯正帝王气派的法律术语,来为他无边的权力量身裁衣。这种做法很显然博得了帝王的欢心,却因此而激怒了他们的某些同行,这些同行认为他们背弃了意大利共同体的事业。因而,普拉塞蒂努斯(Placentinus)这位曾在曼图亚(Mantua)*、波伦亚和蒙比利埃讲授罗马法的年轻一点的同时代人,就曾指控这些注释法学派学者的行为是"不虔敬的、极端错误的以及违背他们自己良心的"[36]。在接下来的世纪里,当意大利共同体似乎已经成功地抵制了君主制的时候,波伦亚的法学家开始倾己之力为共同体服务,这令腓特烈二世恼羞成怒,他在那不勒斯成立了自己的大学,大学里的学者们都必须用他的眼光来看待《国法大全》,并以适当的方式为他培养法官和其他职能部门的官员。

17世纪的英格兰情况并没有什么不同,部分法律人士(柯克、塞尔登和诺伊[Noy])站在议会的一边,而另一部分(埃尔斯密尔[Ellesmere]、培根和希斯[Heath])则与国王保持同一阵线,一位历史学家对此作出评论说:"法律人士最主要的特征之一,就是在任何法律问题上,他们总会站成意见相左的两队。"[37]

正是由于法学家们很容易心甘情愿为当权者服务,所以那些独裁者们都喜欢利用他们这一点。拿破仑曾雇佣四名法学家专门为他编纂《法国民法典》(其他法学家则负责了中间阶层法典的编纂),并很快下令禁止法律人士对它作出任何评论——他不希望那些所谓高深的理论把他条理清晰的至爱的法典弄得晦涩难懂,他要让他的法典家喻户晓、妇孺皆知。德意志和奥地利的统治者也没什么两样,他们都御用那些勤勉的罗马法专家为他们服务,然后

---

\* 意大利北部伦巴第境内的村镇。——译者注
[36] P. Classen, *Studium und Gesellschaft im Mittelalter*, ed. by J. Fried, Schriften der Monumenta Germaniae Historica, 29 (Stuttgart, 1983), p.27.
[37] Brooks, "The Common Lawyers", p.59.

也禁止除立法者以外的任何人在对法律产生疑问的时候发表意见。19世纪解经学派的法学家们,为资产阶级及其法典提供着尽善尽美的服务,而当该世纪末社会发生巨变,并产生了新的力量展开权力角逐的时候,他们便遭受了指责。萨维尼则为普鲁士的保守主义说话,他攻击立法,尤其攻击法典化,认为最了解民族法律发展历史的人,就是法学家。他从不信任立法者的骄横与狂妄,并拒绝接受认为法律起源于偶然和随意的司法实践的观点。他认为,法律不是那些矫情作出的政策的实现工具,它产生于民族生活的最深处。[38] 因此,法学家虽然有时候显得不可或缺,但并不真正地受宠于统治者,因为没有人知道在他们卖弄学问、艰涩难懂以及钻牛角尖的书卷中,将作出什么样的结论。他们也不受一般民众的欢迎,因为他们的言谈高高在上,并喜欢把简单的事情弄复杂。"英国人不喜欢法学专家,"F. W. 梅特兰说:"他们不认为自己所挚爱的法律是出自这些学究们之手。"[39] 所以,当我们看到下述事实的时候,也就不会大惊小怪:1793年,法国大革命政权以制定法的形式取缔了所有法律院校,在新成立的公立学校中,法律基础教育被添加到了学生的课程表当中,以此来"培养有德行的公民"[40]——那些正如当权者所希望的那样,今后不太会真正热衷于提起诉讼的人,因为审前的和解(préliminaire de conciliation)就已使诉讼变得可有可无了。在英格兰,法庭并不把法律学者放在眼里,所以,不要说去影响法律制定的过程,就是学者们为执行法律的人

---

[38] 参见最近的一些研究成果,如 G. Marini (ed.), *A. F. J. Thibaut-F. C. Savigny. La polemica sulla codificazione* (Naples, 1982); G. Dilcher and B.-R. Kern, "Die juristische Germanistik des 19. Jahrhunderts und die Fachtradition der deutschen Rechtsgeschichte", *Zeitschrift der Savigny-Stiftung für Rechtsgeschichte*, G. A., 100 (1984), 1—46。萨维尼深知保守势力在联合王国所取得的胜利,他的大作《论当代立法和法理学的使命》在1831年首次被翻译成英文在英格兰出版。他的理论被英格兰法典化的反对者们极力推崇。参见 J. R. Dinwiddy, "Early-nineteenth-century Reactions to Benthamism", *Transactions Royal Histor. Soc.*, 5$^{th}$ s., 34 (1984), 56—9。

[39] *Collected Papers*, I (Cambridge, 1911), pp. 476—7.

[40] Dawson, *Oracles*, p. 386.

提供服务都会被拒之门外。

法学家们对未来施加真正影响的唯一机会,就是妄图去说服那些独裁者、寡头们或是革命群众,学者们希望有一天,这些新生力量在颁布未来法律的时候,能够体现自己的某些思想。关于这一点有力的明证是:18世纪"理性法"学派的追随者就影响了开明君主制定的法律,也影响了法国大革命时期出台的法典;杰里米·边沁,他的思想也深刻地影响了19世纪的自由派议会以及他们法律的现代化。而古典教会法领域伟大的教皇们,却是一个例外,因为我们在前面已讨论过,他们既是法律学者又是最高立法者,所以,他们完全可以任意地把自己的学术思想融入到自己的立法当中。

法学家往往成为当权者的仆人和工具,这已是一个不可否认的事实。但这并不意味着,我们可以忘记那些忠于自己的良心、执著于自己学术追求的学者们,他们不屈服于、甚至是反对那些统治者,法律科学的传承没有断流,也要归功于他们的执著与坚持。

## 善法的八个标准

现在,让我们再次回到先前提出的问题:法官的法律、立法者的法律以及学者的法律,哪一个比较好?我认为,我们似乎必须先反躬自问,到底什么样的法律才是善法?是否能够找到一个放之四海而皆准的衡量善法的标准?在当今这个时代,各门各派的观点令人眼花缭乱,对是否存在一个能够获得一致认可的说法,我们有时不得不持悲观的态度。比如说,有人会认为,对生命权的绝对尊重,应该是一个能够获得一致同意的善法的标准,可是,当他回望关于死刑和堕胎的争论,就会感叹:即使是表面看来多么不容置疑的原则,也充满了争议。再比如,相对于不自由来说,人们显然更愿意选择"思想自由"这一获得普遍认同的标准。这一原则乍看起来似乎明显成立,但当我们意识到这世界上还有很大一部分国家的居民从来不知道何为"思想自由",并且认为这种不自由是顺理成章的时候,该原则就变得疑问重重,人们不禁怀疑:让民众获得形成自己批判性见解的自由或说是义务,是否真的比统治阶级对民众思想的束缚,更适合于大多数人。当然,我们还是可以为定义某些善法的标准而作出尝试。

"廉洁奉公的法官"这一所有人都认为是普遍性原则的理念,看上去似乎无可反驳。但是,当我们把视角放宽,不仅仅关注大笔金额的整体腐败以及由于亲戚关系和政治上的效忠而造成的偏私的时候,就会发现很多问题。腐败还有着更细微与隐蔽的形式,例如,通过现有体制赋予法官的丰厚报酬以及心理上的优越感,无形中将法官服服帖帖地收归于当下体制。同时我们也很怀疑,作为人类,法官们有自己的价值观和社会观,他们能做到像没有思想的电脑那样不偏不倚吗?再有,在某些国家,法院并不被视为一个由诉讼当事人运用法律武器在中立的法官面前解决私人争端的场所,而是对公众进行法律教育的再适合不过的课堂,这样,法院在具有司法职能的同时,还具有了教育功用。但即便如此,我们也不禁要怀疑,这是不是也能导致一种不公正以及对法律的蔑视。当然,排除上述种种质疑,相对于腐败与偏袒,人们更倾向于廉洁而奉公的法官,却是一个广为接受的观念。

普通民众对司法的参与。这一原则至少表现为可以在公开审判的法庭旁听,以及在媒体自由地发表自己的批评意见。该原则表达了一种民主的思想,即司法权的行使,属于并关系到全社会,而非极少数受过高等专业培训的知识分子的专利。此外,它也反映了司法过程必须公开的理念。公开审判如今在大多数国家都是一项基本的原则,然而在古代体制下,就存在大量不公开审判的程序,甚至秘密对证人进行听证。但是,即使是在今天,欧洲大陆仍然存在一种由"指示法官"为庭审做准备工作而进行的秘密讯问,所以不能下一个绝对的结论,认为审判中的所有程序都应该是公开的。再有,对司法界作出批评在英格兰是要冒很大风险的,稍不注意就会被扣上蔑视法庭的帽子,就像达摩克利斯剑(sword of

Damocles)*一样,可怕且不可预测。在媒体上表达这种对司法界的批评指责,可以被认定为藐视法庭,并受到惩罚,即使该批评是有理又有据的。[41] 但这并不一定如帕克勋爵(Lord Parker)在1967年为上诉法院辩解时说的那样,不允许对裁决和判决作出负责任的评论,因为言论自由是一项可贵的权利保障。当然,正如这位勋爵所补充的,关键在于该言论必须是负责任的言论,而有权判断"负责任言论之底线"的,是法院。[42]

民主的法官聘用制。法官应当从有品行与有才华的人中选出,不带任何对阶级、伦理或学术派别的歧视,这是一个被广泛接受的信念。对那种封闭的、或多或少是世袭的法官等级制度,人们普遍都表示不满,这也是法国大革命时期采取了许多不利于法官权力施展的措施的一个原因。然而我们也必须要承认,这种民主的心理是最近这个时代才有的,如果我们把镜头拉长,放到一个"漫长时期"的历史中来看,就会发现,要找到采用贵族承袭式来委任法官的例证,可比要找民主委任方式的例子容易多了。另外,在无论重要与否的各种法院中,法官组织的贵族化,似乎都已被公众接受了几个世纪之久了,人们觉得,贵族天生就应该是审判普通老百姓的,而且他们比起那些不太富有的市民来说,变节并发生腐败的可能性要小一些。尽管人人都在为民主制大唱赞歌,而且那些过分明显的歧视如对出身高贵、家财万贯及拥地千顷的人另眼相看的现象也已经找不到了,然而,西欧国家的司法系统,似乎还是那些富人阶层和书香门第的天下,普通工人阶层的后代在英国上议院或是法国最高法院里,实属九牛一毛、虬龙片甲。

称职与专业的法官。该标准一看就很有问题,原因当然不在于有人会认为不称职的法官比称职的更好,而是在于是否应把法

---

* 达摩克利斯是希腊神话中叙拉古暴君的宠信,达摩克利斯剑意谓大祸临头。——译者注

[41] P. O'Higgins, *Censorship in Britain* (London, 1972), p.40 提到了一个在1928年审理的关于《新政治家》(*New Statesman*)的编辑的案子。

[42] O'Higgins, *Censorship*, p.41.

官的专业化作为标准是一个争论不休的问题。在有的国家,除了军事法庭、劳动法庭以及商业法庭活跃着许多非法律专业人士外,其余所有法庭都只由法律专业的毕业生主持工作。而在别的国家,比如英格兰,情况就远非如此,治安法官就不具有法律学位,甚至有时根本就没有学位。因为他们只是一星期中有那么一、两次来法院审理案件,然后就会把精力转到其他与法律相去十万八千里的事情上去,比如说做家庭主妇,所以他们不能被视为专业的法官。然而该制度却运转良好,也没有接到多少投诉。所以,我们只能说,称职的法官比不称职的要好,这是常理。

易懂与可知的法律。就这个标准达成一致似乎并不困难。罗马显贵们的做法通常是把法律作为秘密加以隐藏,不让普通庶民的凡胎肉眼窥视,目的在于保持自己对平民的支配地位,相信几乎没有人会为他们的这种做法击掌称道。如今大家都赞同,让所有公民都了解法律以及知道他们所享有的权利和承担的义务,是公民明显具有的一项权利。用边沁一个著名的形象化描绘来说,人们不会也不应该像狗一样只有当棍子敲打鼻子的时候才知道什么事是不能做的。而当我们撇开这个一般规则不谈,追问法律怎样才能做到让所有人都知道、都了解的时候,问题的难度便出现了。有些人认为,答案很明显,一部好的法典和清晰明了、精心纂写的制定法,就是我们所需要的解答。其他人——来自世界上著名法律体系的代表们——则完全不会这么认为(过去不会,现在也不会),他们拒绝接受法典化的做法,他们情愿相信学者对传统民众法律心理的阐释,或是相信法官对奉若神明的先例及清楚明晰的制定法(除非他们发现了不合理之处)的严谨遵循。[43] 很明显,我们是

---

[43] 参见爱德华·柯克爵士时代的状况。如果法官对某个先例不满,他大可以将其视为"一个心血来潮的判决"而拒绝适用,或者是发现一个稍晚些时候的先例"更符合现代法律发展潮流"。如果他对某个制定法不满,他可以诉诸习惯法或是"一般权利与理性",还可以根据"普通法的原则和理性"对它进行解释。引自 C. Hill, *Intellectual Origins of the English Revolution* (Oxford, 1965), pp. 251—2,他谈到了这一"神秘的司法过程"。

在同一个问题上绕着圈子。要判断立法者的法律、法官的法律以及学者的法律哪一个最好，这个问题应该是循着"哪种法律最好"这条路来找答案，但要找到这个答案又必然会涉及到法律可知性的问题，最后，对可知性的探讨又不得不回到对立法、司法和学界各自角色的考察上。在此，唯一可能做到的，就是承认在世界上对这个问题不存在一个统一的说法，因为罗马—日耳曼法系以及社会主义法系，都坚定地相信法典的力量，他们不能想象若没有了法典生活会是什么样子；而与之平分秋色的另一边即普通法系则继续着他们没有法典的生活，并且其乐融融。在现实中，两者的对立也许并没那么尖锐，原因是，尽管普通法系国家没有法典（除了在某些特定领域），但其却有持续稳定增长的立法来配合普通法的使用；而大陆法系某些著名的法典，如今已变得陈旧不堪，它们中的很多实质性内容已由现代制定法将其更新换代。这些制定法又是由法官们在法院的日常审判生活中进行解释的，所以判例法在民法法系国家与在普通法法系国家一样，都有着无比的重要性，而法律的可预见性，在两个法系，很大程度上都是依赖于相关案件的可预见性。任何一位细心的读者都会明显地意识到，让每个人都知道法律这一愿望是不切实际的，而罗马法中的著名谚语"任何人都被推定为知晓法律"（*nemo censetur legem ignorare*），只是一个纯粹的法律拟制。这是最不可或缺的同时也是曾经有过的最惹人注目的法律拟制之一，因为如果以"不知道法律的规定"作为抗辩理由可以被接受的话，那么任何人都能够为自己的罪行开脱了。

　　**力所能及的司法救济**。要对这个问题在原则上达成一致意见同样并不困难：如果保障公民权利正常行使的司法机制在运转上存在缺陷，比如它在精神上和语言上对大众来说都遥不可及，或者是耗时耗财的马拉松式的诉讼，使得胜诉方即使是赢得了官司，也比当初放弃自己的权利损失更为惨重，那么，为公民规定各种各样的权利又有什么意义呢？我们可以清楚地看到，英格兰的诉讼费用与其他许多国家相比，实在是过度高昂，以至于只有那些获得法律援助的人，或是有钱的个人和公司，才打得起官司。正如许多人都感觉到的那样,这种状况的确令人遗憾,但我们能因此而走向另一个极端吗?能让诉讼变得完全免费吗?这也许在逻辑上说得通,因为它对公民权利提供了完整的保障,但现实中,这样做的结果会是,法院每天被大量如洪水般的琐碎案件(*Bagatellsachen*)所淹没,而这种不现实的乌托邦状态迟早会被要求停止。因此,为在法庭上实现自己的权利而付出一定的合理费用,就是一种可行的做法,但由谁来决定多少费用算是合理呢?让全社会为将来的诉讼风险投入,成立一个类似于"国家法律服务机构(National Law Service)"的共同的保险基金,是徒劳无益的,因为这一切都显得不伦不类,而且不同国家不同地区的人们,在对诉讼的热衷与倾向上,都表现得很不一样。倘若非得这么做,人们会面对一个潜在的问题,即必须对此作一广泛的比较性历史考察,而这方面的工作似乎尚没有任何进展。众所周知的一个事实是,在 12 和 13 世纪的英格兰皇家法院中,有一部分所占比例高得惊人的案子,竟是来自古老的丹麦法施行地区。到了 17 世纪,视野的拓宽带来了诉讼的增加。[44] 新近的研究发现了一些很有意思的事情,在 19 世纪的法国,不同地区的人们在对诉讼的热衷程度上有很大差异,就连发现这一现象的人,很明显也被自己的发现搞昏了头,甚至已找不着北,不知如何来解释它。的确,又有谁能够解释得清楚,为什么在每一千居民中,法国南部会比北部多出那么多的民事官司呢?难道是因为南部的罗马法传统更倾向于鼓动人们去进行诉讼吗?但如果是这样的话,对诺曼底高的出奇的诉讼率又该作何解释呢?

---

[44] 因而爱德华·柯克爵士说:"和平孕育了富足——而富足是诉讼的后盾。"(参见 IV Institutes, p.76,转引自 Hill, *Intellectual Origins*, p.227。)同样的观点可见于:Bacon, *Works*, XIII, p.64,引自 Hill, *Intellectual Origins*, p.250。有位历史学家谈到了"16 世纪中期的几十年间,民事诉讼案件的数量以及普通法律师的其他业务量,都出现了惊人的增长"(Prest, "The English Bar", p.66);另一位历史学家也叙述了类似事实:"在 1560 到 1640 年间,中央法院的受案率一直居高不下。从 1560 到 1580 年,王座法庭的业务量以 4 的阶乘的速度增长,而从 1580 到 1640 年,这些法院受理的二审以上的案件数量增长了比过去的两倍还多。"参见 Brooks, *The Common Lawyers*, p.52。

那儿并不是罗马法的地盘,相反,却是最为古老的封建诺曼法和盎格鲁—诺曼法扎根的地方。其他的解释,诸如财产观念与政治立场,都显得不尽如人意,那么,到底应该到哪里去寻求这一令人困惑现象的答案呢[45]? 历史学家都很清楚,16 世纪的英格兰有着相当高的诉讼率[46],这和该国不断增长的繁荣与城市化有关。相同的理由在某种程度上也可以用来解释为什么美国现在被指责为世界上诉讼最多的国家,当然,这也是对世界上最高人均律师占有率的一种夸耀——每 400 个美国公民就拥有一名律师。而且,政治上的因素,即法律的至高无上性,也是导致这一状况的主要原因。[47]

人道的司法。如果说在哪个问题上能够轻而易举地达成一致意见的话,那么就是在这儿了,有谁听说过有人会为不人道的司法鼓掌叫好呢? 没有人愿意回到异端裁判所或是斯大林的监狱那种惨无人道的地方。在人权被多如牛毛的宣言、国际条约及言辞谨慎的各国宪法所精心呵护的时候,那些使用严刑拷打,或是其他视人权如粪土的行为,都理所当然地会受到全世界人民的谴责。然而,即使在这个问题上,也有一些潜在的障碍存在。例如,死刑在许多国家都已经被废除,可在不少国家还是存在的。许多人认为它是残忍的、不人道的,该问题还曾在几年前被提交到美国最高法

---

[45] B. Schnapper, "Pour une géographie des mentalités judiciaries: la litigiosité en France au XIXe siècle", *Annales, Economies. Sociétés. Civilisations*, 34 (1979), 399—419。另一位研究 19 世纪法国法官任免状况的历史学家,在研究中发现,有些地区的当事人特别喜欢诉诸司法保护。比如在诺曼底就是这样,"原因在于那里的法律职业人士享受着丰厚的奉禄,并且农业的发达带来人民生活的富足",试想,若法官薪水低廉,人们也不具备独立的经济实力,那么大家对打官司就不会太积极。一个农业发达地区的富裕法律职业阶层的存在,是否与居高不下的诉讼率之间存在着某些联系呢? 参见 Royer, *Société judiciaire*, p. 254。

[46] Prest, "The English Bar", p. 67, 文中写道:"在 17 世纪早期的英格兰和威尔士,聘请出庭律师从事私人诉讼业务的人均数量,要高于今天。"到目前为止,求助于律师的最高历史记录,出现在王政复辟时期(出处同上,p. 77)。"

[47] Cohen-Tanugi, *Le droit sans l'Etat*, p. 133。

院,要它认定死刑是否属于宪法所禁止的"残忍与不寻常的惩罚"(摘抄自1689年英国《权利法案》)。

获得广大公民赞同的法律体系。法律以及法庭对来自不同背景的人都应同等对待,没有任何群体可以凌驾于法律之上,也没有任何群体可以受到压制。司法权的行使应当受到全国人民的赞同与欢迎,这是不是意味着法律应当由人民或至少由人民的代表们制定呢?采用全民投票的方式来制定或至少是通过一部法律,在今天已经非常罕见;由民选代表组成议会制定法律的做法更为普遍一些,但在有些国家的议会中,选出来的代表实际上是由某个政党强加给选民的。在普通法系国家,情况又是怎样的呢?在这些国家中,法律制度的核心部分既不是由人民创造的,也不是由他们选出的代表们制定的,而是来自一个博学多才、阅历丰富、头戴假法的法官们组成的德高望重的贵族阶层。就此而言,司法系统受到来自全英格兰甚至是英格兰以外国家的人们的敬仰,这一事实本身就表明,它已获得了全国人民的赞同与认可。另外,在某些国家进行的有关堕胎的民意调查显示,反对者与支持者各占50%,在这样一种情况下,我们又怎么可以说堕胎法的通过是反映了全体人民的一致意见呢?

要找到一个能够被普遍接受的标准,显然是障碍重重,在这些标准的某些具体细节问题上,也很难达成一致。不过,大多数人会认为这儿所列举的几个标准在原则上还是称心如意的,即法官廉政不阿,法庭审判公开,法官选拔唯能是任,法官称职敬业,法律公开透明,司法救济非遥不可及并充满人道关怀,以及深得大众认同与景仰的司法体系。以上述这些标准作为尺度来衡量,各个国家在不同的历史阶段它们的表现又如何呢?在我们开始探讨这个问题的时候,以启蒙运动和它在不同时期不同国家所带来的法律现代化为界,对其前后的历史阶段作一划分是一种比较可取的做法。这些分水岭分别是:1794年普鲁士法典、1811年奥地利法典、法国大革命、拿破仑时期的一系列法典以及英格兰在《1832年改革法》后的立法,该立法促进了法院组织体系的现代化(尽管它并没有改变普通法的本质)。启蒙运动之前的历史时期,也就是现在德国历史学家喜欢称为"古欧洲时代"的时期,当然不会成为我们探讨的对象。原因很简单,信手拈来的几个理由就足以证明:阴森唬人的刑事法律和刑事审判程序,法律的含混不清,因为负债就要被关进监狱的恐怖,法官选拔的贵族世袭性与封闭性(当时即使是太平绅士也都只能从地主阶层中选出),还有漫长的诉讼时段及巨额的诉讼费用(尤其是在教会法院和英格兰的衡平法院)。在近代和当代的历史背景下考察各个国家在不同阶段的表现,会显得更为妙趣横生,在此,我打算选取三个地方作为考察对象:英格兰、美国和西欧。

英格兰司法体系的优点有目共睹:廉洁奉公的法官,司法权行使的公开化,公众以陪审团的形式参与司法过程并可对法庭提出"合理的"批评,还有刑法人道的一面即废除了死刑和严刑拷打(后者早在17世纪就已消失)。若说其阴暗面,当然就是在高级法官的聘用上,民主的聘用方式似乎还离得相当遥远。该领域显然还是那些智慧精英(对此没有人提出反对意见,因为人们都希望法官是尽可能最称职的人)和社会显贵的竞技场。高级司法人员在背景上都属于传统上认为的那种"上流阶层",即从小进入公立学校接受初等教育,然后就读于牛津或剑桥,父辈都是自由职业者阶层,或是从事商业活动的人士。20世纪的法官与他们18、19世纪的先辈们比起来,更是大部分出自公立学校:1941年,在职的法官中,大约80%都在某一所公立学校接受过教育,到1956年,比例是71%,1969年时该数字依然居高不下。[48] 史蒂芬斯的《法律与政治》(Stevens's *Law and Politics*)中"第四部分:现代(1956—1976)"描述了当今上议院贵族法官和大法官的背景,从中我们就会发现,里

---

[48] Duman, *The Judicial Bench in England*, p. 41.

面所提到的十四位勋爵中,有八位是牛津毕业的[49],四位来自剑桥[50],一位先后就读于牛津和爱丁堡[51],还有一位则先是伦敦大学然后是牛津。[52] 再来看一下由《最高司法权威》(Supreme Judicial Authoriy)发布的《惠特克年鉴·1984》(Whitaker's Almanack 1984),其中刊登了大法官的名字黑尔什姆勋爵,他同样也求学于牛津;还有九位上议院常任上诉法官(Lords of Appeal in Ordinary)的名字,其中五位出自牛津[53],三位来自剑桥[54],还有一位不是来自哪家大学,而是出自军旅。[55] 在上诉法院,民事庭庭长约翰·唐纳德森爵士(Sir John Donaldson)就来自剑桥;在十八位上诉法官中,八位就读于牛津[56],八位就读于剑桥[57],一位就读于伍尔维奇(Woolwich)的皇家军事学院[58],还有一位并没有上过大学。[59] 所举的这些数字都只是很小的一部分例子,读者若对这个问题感兴趣愿再深究的话,可以查阅布隆—库柏(Blom-Cooper)和德鲁利

---

[49] 基尔穆尔勋爵(Lords Kilmuir)、迪尔霍恩勋爵(Dilhorne)、加德纳勋爵(Gardiner)、黑尔什姆勋爵、拉德克利夫勋爵、丹宁勋爵、威尔伯福斯勋爵和迪普洛克勋爵(Diplock)。

[50] 德夫林勋爵(Devlin)、里德勋爵、西蒙勋爵(Simon)和萨尔蒙德勋爵(Salmon)。

[51] 基尔布兰顿勋爵(Kilbrandon)。

[52] 埃德蒙—戴维斯勋爵(Edmund-Davies)。

[53] 迪普洛克勋爵、突利贝尔顿的弗拉泽勋爵(Fraser of Tullybelton)、金基尔的凯斯勋爵(Keith of Kinkel)、斯卡门勋爵(Scarman)和罗斯基勋爵(Roskill)。金基尔的凯斯勋爵也曾就读于爱丁堡大学。

[54] 橡树河的布兰顿勋爵(Brandon of Oakbrook)、布莱特曼勋爵(Brightman)和塔普尔曼勋爵(Templeman)。

[55] 哈维奇的布里奇勋爵(Lord Bridge of Harwich)。

[56] 史蒂芬森法官(Stephenson)、伊夫利法官(Eveleigh)、奥·康诺法官(O'Connor)、福克斯法官(Fox)、梅法官(May)、施莱德法官(Slade)、戈夫法官(Goff)和狄龙法官(Dillon)。

[57] 劳顿法官(Lawton)、沃勒法官(Waller)、豪威尔—图洛—坎明—布鲁斯法官(Hovell-Thurlow-Cumming-Bruce)、阿克纳法官(Ackner)、奥利弗法官(Oliver)、格利菲斯法官(Griffiths)、凯尔法官(Kerr)和普查斯法官(Purchas)。

[58] 邓法官(Dunn)。

[59] T.沃特金斯(Watkins)。我的参考资料是 Who's Who, 1985。

(Drewry)的著作[60],其中自有详尽的介绍。在上述著作中,我们还可以发现有一栏是关于所提及的每一位勋爵的父辈的职业。该栏显示,这些勋爵的父辈们,有的从事法律工作,有的则是与法律人一样的自由职业者,如他们中有些是地主,有相当一部分的商人、银行家和证券经纪人,还有文职官员、学者、教师和神职人员,有两位政治家,两位酿酒师,一位面包师,一位打字员,一位农场主,还有一位士兵。[61] 除高级法官之外,过去习称太平绅士的治安法官们的社会背景,在总体上可以恰当的描述为:他们都来自受过良好教育、家境富裕的中等或中上阶层。英格兰司法体系的优点还表现在法律的可知性也得到了很大改善,不仅因为诉讼的过程中采用的是白话英语,而且,为普通民众所撰写的法律书籍,都尽可能并且总体来说也做到了以制定法和判例(它们本身并不是所有人都读得懂,里面常常埋伏着许多专业语言)为基础,向大家解释法律的现状以及在一个胜诉案件中,哪些属合理性的期望。总之,在英格兰大家对现状都比较满意,并且普遍对法官心怀崇敬,但高昂的诉讼费用仍然是普通百姓进入法院的一道现实存在的障碍。

在美国,司法组织结构在民主化的道路上已经走得很远了。这不仅因为整个美国社会比别人要民主得多,而且还因为其法律的简洁化以及到法院进行诉讼的便利性,这种司法传统,早在殖民地时期就已初现端倪,它们的产生,正是出于对 17、18 世纪时期英格兰那贵族化与压迫式的法律体制的普遍反感。[62] 而且,在美国公众对司法过程的参与程度也是相当高的,这不仅体现在两个刑事案件陪审团上,还体现在某些州的法官选举中(这是防止出现法官垄断阶层的有效方式)。诉讼耗费的时间和费用似乎也相当可

---

[60] L. Blom-Cooper and G. Drewry, *Final Appeal. A Study of the House of Lords in its Judicial Capacity* (Oxford, 1972), pp. 160—63: *Law Lords in Action 1952—1968*。

[61] 在此对彼得屋的主人德克利勋爵(Dacre)表示由衷的感谢,在收集这方面资料上他给了我很大的帮助。

[62] 尤其参见《1648 年马萨诸塞法典》:Haskins, *Law and Authority*。

观,其中一个原因是存在好几层上诉阶段。同时,在某些人看来,死刑的存在也是一个不人道的惩罚。总之,美国司法机关的表现似乎得到了全国大多数人的赞同与拥护,例如最高法院为取消种族隔离,使美国的白人和黑人自由平等地交往,做出了显著的贡献。

在近代西欧,除了某些明显偏离正轨的时期[63],法律和法院给人的总体印象尚属正面。法官职业的门槛,主要是大学学历,这是对每个人都开放的领域,有时进入司法界还要求再进行一些考试,因此,先天的聪颖与后天的努力而不是金钱或社会地位成为了决定性因素。司法系统中稍低级别的法官——在英格兰主要是治安法官——在欧洲大陆基本上也都是法律专业的大学毕业生。正因为法律是法典化的,原则上也以立法为基础,所以该法律很显然具有可知性,不过,如果一个门外汉想要了解相关判例法的话,他还需要去钻研那些理论性极强的法律专著。同时,在西欧,判例法的重要性当然同样是不可忽视的。听证的公开程度以及陪审团所扮演的角色尽管在每个国家具体表现千差万别,但总的看来,它们让司法工作显得更贴近于民众的意见。诉讼费用的高昂尽管也是现实存在的,但远比欧洲大陆人听传的英格兰那骇人听闻并令人眩晕的天价要低得多。总的说来,法律在很大程度上都反映了公众的意志,因为针对某些在英格兰为普通法保留地的问题的立法频繁发生,因而新的思想和新的生活方式就能很快地体现在新出台的与时俱进的制定法当中。只有在如堕胎这样一种公众意见存在重大分歧的敏感问题上,议会才就应该采取什么样的措施难以达成一致意见。严刑拷打的消失以及死刑事实上的废止——仅停留于法律字面上的废止在所不论——令刑事案件的司法显露出人性化的一面。然而,对拘押候审的被告人无限期的拘留,在某些国家却

---

[63] E. Kern, *Geschichte des Gerichtsverfassungsrechts* (Munich, Berlin, 1954), c. 7: *Das deutsche Gerichtsverfassungsrecht unter der Herrschaft des Nationalsozialismus*, pp. 197—283.

是阴暗的污点,这令许多人扼腕痛惜,并认为对此进行改进是当务之急。苏格兰的做法,即对所有羁押都以制定法的形式,规定一个最长期限,在这个问题的处理上已向前迈出了实质性的一步;而对所有无辜的犯罪嫌疑人,即那些被指控犯罪并被拘留而最后查明他们没有犯罪的人,都给予赔偿,也会为该状况的改进作出一大贡献。

# 索引

abortion,堕胎,31,158,164,168

abridgement,(权利、特权等的)剥夺,79

absolutism,专制主义,37,39,49,73,79,83,92,119,122,177 n.18;
    Byzantine,拜占庭,177 n.14;
    enlightened,开明的,49;
    parliamentary,议会的,国会的,22,26

Accursius,阿库修斯,56

accusation,criminal,指控,刑事的,4

Achilles,阿喀琉斯,132

Ackner,D.J.C.,阿克纳,188 n.57

action,诉讼,94,98

adaptation,调整,7,96

adjudication,审判,110,111,126,128,130,133,135

administration,行政,执行,实施,82,93,110;
    urban,城市的,132

advocate,拥护者,34,35,95

Advocate General,王室首席法律顾问,29

Æ,*œw*,法律,3,4;
    *folces*,法律,3

agora,古希腊的人民大会,76,83

aid,legal,法律援助,78,162

*Aktenversendung*,学者断案,64

Alciatus,A.,阿尔卡托,安德烈,58

aldermen,高级市政官,117,136;
    appointed,任命的,131,148;
    co-opted,推选的,148;

elected,选举的,131

Alexander I,tsar,亚历山大一世,俄国沙皇,52

Alexander III,pope,亚历山大三世,罗马教皇,110

Alexander Robert,亚历山大·罗伯特,171 n.40

Alfonso X,king of Castile,阿方索十世,卡斯提耳王国国王,59

Alfred the Great,king of England,阿尔弗雷德大帝,英格兰国王,3,93

*Allgemeines Landrecht für die Preussischen Staaten*,〔德〕《普鲁士邦法》,50

*Allgemeiner Teil*,普通当事人,32

American Bar Association,美国律师协会,151

anatomy,解剖学,89

Anglomania,英国热,123

Anglo-Saxon,盎格鲁—萨克逊,54,170 n.15

Antigone,安提戈涅,30

*Antiqui*,古代,90

Antiquity,古代,57,82;
　　Germanic,日耳曼的,132

appeal,上诉,4,104,109,136,142,149,167;
　　absence of,缺少,5;
　　aversion from,反感,5;
　　different meanings of,不同的含义,4
　　introduction of,引入,6

Appellate Jurisdiction Act,《上诉管辖权法》,186 n.28

Aquinas,Thomas,阿奎那·托马斯,176 n.9

aristocracy,贵族制,52,76,78,108,140,141,145,146,159,160,165,167,176 n.11,177 n.14

*aristocratie thémistique*,贵族司法,140,184 n.15

Arnold,C.,阿诺德.,138

articles,诉讼主张,121

*asetnysse*,法律,3,4

*asettan*,立法(*asetnysse*的动词形式),3

assembly,of freemen,自由人会议,147;
　　legislative,立法的,152;
　　representative,代表的,107;

revolutionary,革命的,91

assessor,lay,法庭顾问,非专业的,160

Athelstan,king of England,埃塞尔斯坦,英格兰国王,4

Athens,雅典,76,81—83,177 n.14

Atiyah,P. S.,阿提雅 P. S.,24

Attorney General,总检察长,5,48

Austin,J.,奥斯丁,约翰,99

Austria,奥地利,155,165

authoritarianism,独裁主义,73,75,82

authority,权威,当局,权力,125,126,128,131,138,148,178 n.29,181 n.10;
 apostolic,罗马教皇的,109,130;
 central,中央的,109,110;
 democratic,民主的,178 n.29;
 imperial,帝国的,126;
 judicial,司法的,151;
 legal,法律的,42,103;
 royal,皇家的,皇室的,6,100;
 of the state,国家的,34

autocracy,独裁政体,独裁统治,73—75,80,92,156,157

Azo,阿佐,56,97


Bacon,Francis,培根,弗朗西斯,22,45,155,174 n.64,187 n.44

*Bagatellsachen*,琐事,162

bailiff,百户长,133

Baldus,巴尔杜斯,57,85,102,137,184 n.12

bar,律师界,35,63,96,99,118,186 n.30,188 n.46

Bar Association,律师协会,151

Bar,entrance examination,律师资格考试,150,151

barrister,出庭律师,13,34,35,48,54,59,60,63,64,86,87,102,147,149,150,188 n.46

Bartolus,巴托鲁斯,57,85,102,137,184 n.12

*Basilica*,《巴西尔法典》,177 n.16

Belgium,比利时,27,28,36,38—40,63,89,128,146,150,151,172 n.50

Belleperche, Pierre de, 贝莱伯契, 皮埃尔·德, 106
bench *coram rege*, 御前法庭, 94
Benedict XV, pope, 本尼迪克特十五世, 教皇, 42
benefit of clergy, 神职人员特权, 32, 33
Bennion, F. A. R., 班尼恩, F. A. R., 18
Bentham, J., 边沁, 杰里米, 47, 98, 99, 157, 160
Berlin, 柏林, 51, 65, 138
Bible, 圣经, 153
Bible studies, 对圣经的研究, 89
Bill of Rights, 权利法案, 21, 23, 24, 25, 171 n. 40, 172 n. 40
bishop, 主教, 120, 143, 149
Bismarck, Otto von, 俾斯麦, 奥托·冯, 103
Blackstone, W., 布莱克斯通, 威廉, 10, 14, 22—24, 28, 29, 49, 61, 62, 68, 98, 108
Bologna, 波伦亚, 5, 6, 42, 55, 104, 106, 117, 155
Bonham, Dr. Thomas, 博纳姆, 托马斯医生, 29
Boniface VIII, pope, 卜尼法斯八世, 教皇, 109, 110
borough charter, 自治市特许状, 13, 148
*bouche de la loi*, 自动机器, 89
bourgeoisie, 资产阶级, 48, 92, 143, 156
Bracton, Henry of, 布拉克顿, 亨利的, 10, 16, 60, 97, 99, 118
Brandon of Oakbrook, Lord, 橡树河的布兰顿, 勋爵, 188 n. 54
Bridge of Harwich, Lord, 哈维奇的布里奇, 勋爵, 188 n. 55
Brightman, Lord, 布莱特曼, 勋爵, 188 n. 54
Brougham, Lord, 布鲁厄姆, 勋爵, 98
budget, 预算, 10
*Bürgerliches Gesetzbuch*, 《德国民法典》, 41, 50, 70, 103
Bugnet, J.-J., 巴格涅特, 89
*Bundesverfassungsgericht*, 联邦宪法, 31
Burckhardt, J., 伯尔克哈特, 雅各布, 179 n. 40
burgher, burgess, 市民, 自由民, 23, 74—76, 79, 92, 133, 142
Butrigarius, Jacobus, 巴特里加尤斯, 雅各布斯, 182 n. 3
Byzance, 拜占庭, 177 n. 14

cahier de doléances,改革请愿书,91
Cambridge,剑桥,48,61,166
Canada,加拿大,21
Cange, Ch. du,坎哥, Ch. 杜,98
canon, conciliary,教会法,政务会的,42
Canterbury,坎特伯雷,120
capitalism,资本主义,116
career, diplomatic,事业,外交的,60;
   legal,法律的,60,63,64,106
Carolingian dynasty,加洛林王朝,11,93,133
caste, judicial,职业等级,司法的,150,152,159,167
castellany,城堡主,城堡领地,104
Castile,卡斯提耳,59
Catholicism,天主教教义、组织,2
centralisation,中央集权,6,77,82,83
certainty,确定性,49,128,129,153,174 n.68, 182 n.24
chair, regius,教席,钦定的,121;
   Vinerian,瓦伊纳,61,62,68
chamber, single,议事厅,独一无二的,23;
   omnipotence of,具有无限权能的,23
chance,机会,156
chancellor,大法官,45,49,120,138,150,166,186 n.30
Chancery Division of the High Court,高等法院大法官分庭,45
change, legal,变化,法律的,9,96,154
Channel,英吉利海峡,2,97,115,118
character, national,个性,民族的,72
Charlemagne,查理曼,104,131,147
Charles I, king of England,查理一世,英格兰国王,11
Charles V, emperor,查理五世,神圣罗马皇帝,32,106
Charles the Bold, duke of Burgundy,刚勇者查理,勃艮第公爵,83,136
Charter of the Forest,森林宪章,25
Chief Justice of the Court of Common Pleas,民诉法庭首席法官,49
Church,教会,15,36,60,61,68,72,83,91,109,110,116,135,142;

Catholic, constitution of, 天主教的, 组织, 25, 109;
　　land, confiscation of, 土地, 没收, 92;
　　medieval, 中世纪的, 8;
　　post-Reformation, 后宗教改革运动, 8;
　　Roman, 罗马的, 122
Circuit Judge, 巡回法院法官, 186 n.30
city, free, 城市, 自由的, 101;
　　imperial, 帝国的, 101
civilian, 罗马法专家, 17, 44, 45, 57, 60, 61, 71, 72, 83, 85, 97, 106, 120, 122, 181 n.8
class, 阶层, 68, 74, 143, 159;
　　dominant, 支配的, 92;
　　land-owning, 拥有土地的, 141, 165;
　　leisured, 悠闲的, 77;
　　middle, 中间的, 167
classics, 经典著作, 63
clergy, 神职人员, 58, 142
code, 法典, 1, 33, 40—42, 49, 54, 69, 86, 88, 92, 94, 102, 105, 108, 124—126, 128, 152, 156, 157, 161, 165
Code, Justinian, 法典, 优士丁尼, 54
*Code Civil*,《法国民法典》,12, 40, 41, 46, 51, 52, 70, 91, 125, 128, 156
code, civil, 法典, 民事的, 13, 40, 41, 43, 50, 52, 53;
　　civil German,《德国民法典》, 见 *Bürgerliches Gesetzbuch*;
　　conservative, 保守的, 42;
　　criminal, 刑事的, 32, 39, 43, 47;
　　first modern, 第一部现代的, 153;
　　*de procédure civile*,《法国民事诉讼法典》, 53;
　　Prussian,《普鲁士民法典》, 43;
　　revolutionary, 革命的, 11, 42, 43, 91;
　　Saxon, 萨克森, 50;
　　Theodosian,《狄奥多西法典》, 175 n.8
*Code Napoléon*,《拿破仑法典》, 50, 51
codes, Napoleonic, 法典, 拿破仑时期的, 11, 12, 40, 43, 46, 89, 92, 104, 105, 155,

165, prohibition of commentaries on,禁止发表评论,89,156;

 Soviet,苏联的,43

*Codex Juris Canonici*,《教会法法典》,42

codification,法典化,16,32,39,43,45,46,48—50,68—70,79,88,98,99,124,129,152—154,156,161,168;

 defense of,捍卫,47,51;

 opposition to,反对,51,187 n. 38

cognoscibility,可知性,47,77,99,160,161,165,167,168,177 n. 16

Cohen, Lord,科恩,勋爵,182 n. 2

Coing, Helmut,科茵,哈尔默特,179 n. 40

Coke, Edward,科克,爱德华,10,14,22,28—30,61,98,138,155,179 n. 32, 187 n. 43 and 44

combat, judicial,决斗,司法的,4,115,136,144;

 abolition of,废除,49

*comes*,古罗马帝国的法律顾问,133

comment, on judgments,评论,对判决的,159;

 on verdicts,对裁决的,159

commentaries, of Blackstone,评注,布莱克斯通的《英格兰法释义》,98;

 on canon law,对教会法的,109,110;

 on civil law,对民法的,125,126;

 on customary law,对习惯法的,106,118

commentators, of Roman law,评注法学派,对罗马法的,54,56,57

Commission for the Modernisation of Criminal law,刑法现代化委员会,99

commission of the peace,治安委任令,183 n. 7

*Commissions Mixtes*,混合委员会,140

commissions, reports of,委员会,报告,19

Common Law Procedure Act,《普通法程序法》,63

Commonwealth,英联邦国家,21

*commorientes*,对同时死亡者的继承规则,40,173 n. 61

commune,地方自治群体,143,147,155

*communis opinio*,共同意见,130

Communities, European,欧洲共同体,9,50,113

compensation for innocent suspects,对无罪犯罪嫌疑人的赔偿,168

concentration of power,权力集中,139
concept, legal,概念,法律的,109,124,130
conciliation,和解,11,90
condemnation,定罪,145
confession,口供,144,145
conflict of statutes,制定法间的矛盾,101
Conquest, the,1066年诺曼征服,15
*Conquestus Anglie*,盎格鲁征服,15
conscience,良心,155,157
consensus, national,一致同意,全国的,164,171 n.40
consent, public,赞同,公众的,164
conservatism,保守主义,7,48,49,52,53,154,156,187 n.38
*consilium*,交由辩论解决的案件,56,59,101
*Constitutio Criminalis Carolina*,《加洛林刑法典》,32
constitution,宪法,20,22,25,26,30,86,163,171 n.40;
 Athenian,雅典的,177 n.14;
 Belgian,比利时的,27,28,146;
 breach of,违反,28;
 British,英国的,20,spirit of,的精神,28;
 English,英格兰的,75;
 mixed,混合的,176 n.9;
 papal,教皇的,109,111;
 Roman,罗马的,177 n.14;
 United States,美国的,21,27,103,spirit of,的精神,27;
 unshakable principles of,不可动摇的原则,29;
 written,成文的,20,22—24,31
Constitution of the Year VIII,第八年宪法,140
constitutionalism,立宪制度,2
contempt of court,藐视法庭(罪),133,159
contract,合同,74,102
*conviction intime*,经仔细调查研究而定罪,144,145
*Corpus Juris Canonici*,《教会法大全》,42,54
*Corpus Juris Civilis*,《国法大全》,12,16,41,45,54—57,69—72,80—83,85,97,

101,102,124—126,155;
  complete text of,的全文,54;
  critical editions of,的批判性版本,57
corruption,贪污腐败,158,160,164
council, provincial,立法会,省级的,150,186 n. 29;
  royal,皇家的,139
counsel,(就法律问题所作的)建议,57,65,75
County council,郡委员会,77
Court,法院,法庭,31,60,61,64,65,70,76,95—97,100,108,118,120,126,128,129,131—133,137,144,149,150,154,158,159,162,164,168,177 n. 16;
  of Admiralty,海事法院,61,121;
  of appeal,上诉法院,6,9,102—104,134,186 n. 29;
  of Appeal,上诉法院,5,9,65,87,134,151,159,166;
  archiepiscopal,大主教法院,111;
  borough,自治市法庭,133,142;
  of Cassation,法国最高法院,9,27,160,186 n. 29;
  central,中央法院,6,85—93,95,100,101,103,104,116,135,136,143,187 n. 44;
  of Chancery,衡平法院,94,120,165;
  commercial,商业法庭,134,160;
  of common law,普通法法院,77,120,122,134;
  of Common Pleas,皇家民事法庭,94,147,178 n. 26;
  constitutional,宪法法院,26;
  continental,大陆法系国家的法院,40;
  county,郡法院,133,134;
  Crown,刑事法院,5;
  ducal,公爵法院,115;
  ecclesiastical,教会法院,37,40,58,116,117,120,142,165;
  English,英格兰法院,19,120;
  episcopal,主教法院,111;
  European,欧洲法院,9,19;
  of Exchequer,财税法庭,94;
  feudal,采邑法院,领地法院,116,133,142,148;

of first instance, 初审法院, 6, 85;
hand, 法院之手, 78;
higher, 高等法院, 5, 40, 142;
highest, 最高法院, 149;
of the Imperial Chamber, 帝国枢密法院, 见 *Reichskammergericht*;
labour, 劳动法庭, 134, 160;
lay, 世俗法院, 40, 135;
local, 地方法院, 78, 84, 94, 101, 102, 115, 116, 138;
lower, 下级法院, 初级法院, 5, 40, 134;
manorial, 领地法庭, 133, 142;
martial, 军事法庭, 134, 138, 143, 160;
mercantile, 商事法院, 143;
open, 公开法庭; 公众有权旁听的法庭, 158, 159;
papal, (天主教)最高法院, 142;
people's, 大众法庭, 76, 135;
prerogative, 特权法院, 122;
protection, 来自法院的保护, 4;
regional, 区域性法院, 84, 100, 101;
rolls, 卷宗, 14, 61;
royal, 皇家法院, 40, 44, 74, 94, 96, 104, 115, 116, 132, 140, 143, 147, 162;
superior, 高级法院, 59;
Supreme, United States, 美国最高法院, 26, 27, 87, 151, 164, 167;
urban, 城市法院, 40, 84, 133, 136, 137

*coutumier*, 习惯法, 106

Crabb, G., 克雷布, 乔治, 15

crime, 犯罪, 34, 36, 131

*crime de droit commun*, 普通犯罪, 45

crime, political, 犯罪, 政治的, 37, 45

*crime politique*, 政治犯罪, 45

criticism, legal, 评论, 法律的, 78, 88, 90, 100, 107, 123, 130, 143, 152, 158, 178 n. 22

Cromwell, Oliver, 克伦威尔, 奥利弗, 45, 46, 78, 94, 95

Crown Prosecution Service, 刑事起诉署, 34

Cujas, J. ,居亚斯,雅克,58,106
culpability, doctrine of,归责原则,32
*curia episcopalis*,主教法庭,135
curia, Roman,罗马教廷,109,136
custom,习惯,习惯法,21,39,42,44,60,67,70,90,105,107,111,116,148,187 n. 43;
  abolition of,的废除,83,111;
  bad,不良的,111;
  distrust of,的不信任,111;
  feudal,封建的,55,74,94,118;
  homologation of,认可,70,103,105;
  local,地方的,44,94,102,104,105,107,120;
  medieval,中世纪的,13,102;
  of Paris,巴黎的,60,107;
  promulgation of,的颁布,102,105;
  regional,区域性的,94,104,106;
  unreasonable,不合理的,120;
  unwritten,不成文的,84;
  written,成文的,93

damage,损害,伤害,损失,41
Danelaw,丹麦法(施行地区),93,163
Danes,丹麦人,4
David, René,大卫,雷涅,87
death penalty,死刑,33,148,158,164,165,167,168,172 n. 53;
  sentence,判处,138,139
decentralisation,权力分散,78
decretals, papal,罗马教皇的教令,42,109,111,119,130,180 n. 3;
  collection of,教令集,42
demagogy,煽动主义,176 n. 11
democracy,民主,26,46,73—78,80—83,99,108,146,151,159,160,165,167, 176 n. 9,176 n. 11,177 n. 16;
  American,美国的,179 n. 37;

Athenian,雅典的,76,81,82,177 n.14;
French,法国的,179 n.37
*Denalagu*,丹麦法,3
Denning, Lord,丹宁,勋爵,19,50,87,129,174 n.68,177 n.20,182 n.4,188 n.49
*derecho*,法律,2
despotism, enlightened,专制,开明的,49;
oriental,东方的,73
Devlin, Lord,德夫林,勋爵,188 n.50
Dicey, A.V.,戴西,艾尔伯特·维纳,22,62,169 n.4,171 n.32,179 n.34
dictatorship, elective,独裁统治,选举的,23
Digest,《学说汇纂》,12,54,55,122
digest of laws,法律汇编,174 n.64
Dilhorne, Lord,迪尔霍恩,勋爵,188 n.49
Dillon, G.B.H.,狄龙,188 n.56
Diplock, Lord,迪普洛克,勋爵,188 n.49 and n.53
Director of Public Prosecutions,公诉局长,35
*diritto*,法律,2
discipline, intellectual,控制,思想上的,158
discretion, judicial,自由裁量权,司法的,153
discrimination,歧视,152,159,160
disinheritance,剥夺继承权,131
disputation,争论,126
dispute settlement,争端解决,74,131,132,158
divorce,离婚,2
doctrine, legal,原则,法律的,60,89,93,99,101,107,111,145,157
*dom*,法律,3,4
Domat, Jean,多马,让,70
Dominate,帝制专政时期,73
Donaldson, John,唐纳德森,约翰,166
dooms, Old-English,法令,旧英格兰的,95
Dorna, Bernard de,多拿,伯纳德·德,6
*droit*,法律,2,3

*droit*, *ancien*,法律,古代的,8,11
*droit commun*,普通法,44;
  *francais*,法国的,107;
  *intermédiaire*,中间的,11,43,156;
  *nouveau*,新的,8
Dumoulin, Ch.,杜姆林,查尔斯,60,70,106,107
Dunn, R. H. W.,邓,188 n. 58
Durantis, William,杜兰蒂斯,威廉,6
duty,义务,153,158
dynasty,王朝,15

*Ecole de Magistrature*,国家行政学院,63
Edinburgh,爱丁堡,166,188 n. 53
Edmund-Davies, Lord,埃德蒙—戴维斯,勋爵,188 n. 52
education,教育,158
Edward I, king of England,爱德华一世,英格兰国王,8,85,95
Eldon, Lord,埃尔登,勋爵,49
electorate,全体选民,23,28,146,173 n. 58,184 n. 16
Ellesmere, Lord,埃尔斯密尔,勋爵,155
emperor,皇帝,59,80,81,102,122,125,130,155,175 n. 8;
  condemnation of,定罪,56;
  deposition of,废黜圣职,56;
  not bound by the laws,不受法律约束,56
empire,帝国,82,122;
  Carolingian,加洛林的,133;
  Frankish,法兰克的,82;
  German,德意志的,50;
  neo-Roman,新罗马的,80,91;
  Roman,罗马的,12,32,41,43,56,73,74,80,82,90,110,121,122,125,142,177 n. 14;
  Roman-German,罗马—日耳曼的,50,80,91,100,102;
  universal,世界的,90,91
enactment,(法律的)制定,14,149;

inhuman,不人道的,30

Enclosure act,《圈地法》,24

England,英格兰,1—4,6—8,11,14—18,22,25,26,28,31—41,43—45,47,49—51,53,58,60,62,64,65,69,71—73,75—77,79,82,84,86,88,93—95,97—101,104,105,114—116,120—126,131,134,136,137,141,142,145,147,149—151,153—157,159,160,162—165,167,168,169 n. 4,170 n. 15, 173 n. 60, 174 n. 64, 177 n. 18, 182 n. 2, 183 n. 11, 185 n. 18, 188 n. 46 and n. 48.

enlightenment,启蒙运动,42,43,49,83,90,102,152,157,165

enrolment,登记,注册,95

epuration, political,纯化,政治的,140

equality, economic,平等,经济上的,152;
    formal,形式上的,176 n. 11;
    legal,法律上的,43,92,143,152

equity,衡平(权益),45,49,69,87,120,128;
    married woman's,已婚妇女的,87;
    uncodified,未法典化的,43

establishment, judicial,建立,司法的,134,154;
    legal,法律的,7,47,100;
    political,政治的,53,158

estates,社会阶层,102,113;
    General,一般的,103;
    Provincial,省级的,103

*Etats généraux*,国民会议,105,107

Europe, Continent,欧洲,大陆,1,2,10,12,16—18,20,26,31—39,41,44,47,48,50,53,54,57,58,64,65,67,71—73,75,81—84,90,91,93,95,97,108,109,111,113,114,117,119,121—126,133—135,137,138,144,145,147,149,150,159,168,173 n. 55 and n. 60, 175 n. 8, 177 n. 14, 181 n. 9 and n. 10, 183 n. 11;
    western,西部的,67,86,126,160,165,167

European Community Act,欧共体法,19

European Treaties on Human Rights,欧洲人权公约,21

Eveleigh, E. W.,伊夫利,188 n. 56

evidence,见 proof
evidence, circumstantial,间接证据,144
*evocatio*,案卷移送,5
examination,考试,63,64,142,150,151
exclusion, rule of,证据排除规则,17,19,86
execution,执行,11,139,172 n. 53
exegesis,解经学,89,125
exemption,豁免,102

faculty, of canon law,大学的分科学院,教会法的,53,109;
  of civil law,民法法系法律的,126;
  of divinity,神学的,126;
  of law,法学的,11,12,44,61—65,87—89,108,156;
  of medicine,医学的,89;
  of Roman law,罗马法的,53,58
fairness,公平,公正,164
falsehood, malicious,恶意诽谤,41
family law,家庭法,153
fascism,法西斯主义,176 n. 11
federalism,联邦制,联邦主义,70,103,179 n. 37
felony,重罪,32,33,172 n. 53
feud,血亲复仇,131
feudalism,封建主义,封建制度,11,36,67,74,75,82,83,94,100,104,114—
  116,119,142,148,177 n. 14
fiction, legal,拟制,法律的,32,125,162
fief, hereditary,领地,封地,世袭的,148
fine,罚款,罚金,132,133
Flanders,佛兰德,117,136,137,143,148
*Fleta*,《弗莱塔》,《英格兰法律摘要》,122
flexibility,变通,弹性,灵活,47,105,128,129
Florence,佛罗伦萨,80
*folcriht*,世俗法律,3
folk-law,民众法律,52

*formulae* of the law, 法律程式, 77, 160

Fortescue, John, 福特斯鸠, 约翰, 118

Fox, M. J., 福克斯, 188 n. 56

France, 法国, 法兰西, 6—8, 12, 13, 36—41, 44, 46, 47, 51, 52, 58, 61, 63, 70, 72, 89, 94, 97, 104—108, 115, 117, 118, 121, 128, 134, 139, 141—143, 147—149, 154, 155, 163, 169 n. 4, 184 n. 16, 187 n. 45

Francis I, king of France, 弗朗西斯一世, 法国国王, 47

Franks, the, 法兰克人, 12, 37, 131

Fraser of Tullybelton, Lord, 突利贝尔顿的弗拉泽, 勋爵, 188 n. 53

fraud, 欺诈, 41, 173 n. 58

Frederick I, emperor, 腓特烈一世, 神圣罗马帝国皇帝, 155

Frederick II, emperor, 腓特烈二世, 神圣罗马帝国皇帝, 84, 100, 101, 147, 155

Frederick the Great, king of Prussia, 腓特烈大帝, 普鲁士国王, 138

Frederick William I, king of Prussia, 腓特烈·威廉一世, 普鲁士国王, 138

freedom, 自由, 73, 107, 152, 159;
    fundamental, 基本的, 171 n. 40;
    intellectual, 思想的, 158;
    of the press, 出版的, 158;
    religious, 宗教的, 122

freehold, 完全保有地产(权), 76

Friedmann, W., 弗里德曼, 沃尔夫冈, 19, 68


Gaius, 盖尤斯, 61

Galenus, 盖仑, 89

Gardiner, Lord, 加德纳, 勋爵, 188 n. 49

generalization, 一般化, 普遍化, 99, 129, 158

*Genius Gentis*, 民族的天赋, 123

genius, national, 天赋, 民族的, 71, 123

gentry, 上流社会人士, 23, 48, 75, 76, 141, 147, 183 n. 7, 183 n. 11, 184 n. 11, 185 n. 18

*gerædnes*, 法律, 3, 4

Germanic peoples, 日耳曼人(民族), 3, 147

Germanist, 德语专家, 研究德国的专家, 13, 14, 16

Germany,德意志,德国,10,12—14,36,38,40,41,44,50,52,53,57,62,64,65,68,69,71,72,84,86,89,99,101,102,104,106,114,118,121,137,149,155,165

*Gesetz*,法律,2,3

Glanvill,格兰维尔,94,96

gloss,注释,56,125,126

glossators, of Roman law,注释法学家,罗马法的,55,57,82,106,124,155

Goff, R. L. A.,戈夫,188 n.56

Goodhart, A. L.,古德哈特,亚瑟·利曼,1,178 n.22

Gough, J. W.,高夫,20

government,政府,24,72,75,80,83,96,107,116,117,125,127,128,137,145,150,154,173 n.58;

  central,中央的,103;

  communal,自治村、镇的,81;

  forms of,的形式,176 n.11;

  local,地方的,93;

  principles of,的原则,123;

  royal,皇家的,95,139

graduate in law,法律专业毕业生,88,133,134,137,160,168

Gratian,格拉蒂安,42,109,142

Great Britain,大不列颠,19—21,26—29,38,42,43,50,88,113,123,140,150,171 n.40,187 n.38

Greece,希腊,30,81,82,146

Green, J. R.,格林,73

Gregory VII, pope,格列高利七世,罗马教皇,111

Griffiths, (W.) H.,格利菲斯,188 n.57

Grotius, Hugo,格老秀斯,胡果,31,58,70,89,103,

guild, lawyers',行会,律师的,177 n.18,181 n.8

guilt,罪,过失,144

Guthrum, king of the Danes,加思仑,丹麦国王,4


*Habeas Corpus*,人身保护令,20,38

Hailsham, Lord,黑尔什姆,勋爵,23,166,188 n.49

Hale, Matthew,黑尔,马修,15,78,122,180 n. 7
Hale Commission,黑尔委员会,46,78
Halsbury, Lord,霍尔斯布雷,勋爵,18
Hanbury, Lord,汉布雷,勋爵,68
hanging,绞刑,131
Hayek, F. A. ,哈耶克,153
Heads of Division,分庭庭长,186 n. 30
hearing, public,听证,公开的,168;
    secret,秘密的,159
Heath, R. ,希思,理查德,155
Hegelianism,黑格尔主义,黑格尔哲学,92
Hengham, CJ,亨安姆,首席法官,18
Henry II, king of England,亨利二世,英格兰国王,85,94,95,104,114—116,136
Henry III, king of England,亨利三世,英格兰国王,181 n. 9
Henry VIII, king of England,亨利八世,英格兰国王,61,82,121
Hephaistos,赫淮斯托斯,132
heredity,世袭,146,148,149,159
High Court of Holland and Zealand,荷兰省和西兰岛高等法院,103
High Court justice,高等法院法官,9,65,94,134,151,186 n. 30
historian, legal,历史学家,法律的,13—16,25,38,88,100,122,124,127,128,
    170 n. 14
historian,"neutral",历史学家,"中立的",15;
    political,政治的,38
historiography,编史(工作),46,63,68,127,173 n. 55;
    critical,批判性的,16
history,历史,127,128,145;
    cultural,文化的,108;
    English,英国的,英格兰的,2,14;
    European,欧洲的,2,124;
    legal,法律的,8,12,14—16,46,72,81,93,108,124,125,179 n. 40;
    professor of,的教授,12;
    lessons of,的教训,99,152;
    political,政治的,84,86,108

Hohenstaufen, dynasty,霍恩斯托芬,王朝,80
Holdsworth, W.S.,霍尔斯沃斯,威廉·塞尔,7,100
Holland,荷兰,71,89,103
Homer,荷马,132
*honoratiores*,贵族阁下,146
House of Commons,下议院,10,21,22,76;
　　democratization of,的民主化,23
House of Lords,上议院,5,9,10,22,23,76,87,129,146,171 n. 23;
　　bound by precedent,受先例约束,129;
　　not bound by precedent,不受先例约束,129;
　　role in decision making,作出决定的角色,23
Hovel-Thurlow-Cumming-Bruce, J.R.,豪威尔—图洛—坎明—布鲁斯,188 n.57
humanism,人道主义,102;
　　legal,法律的,57,58,90,106

ideas, development of,思想,的发展,108
immobility,静止,稳固,153
*imperium rationis*,理性的权威,126
imprisonment,监禁,131,138,155;
　　for debt,因债务,78,165;
　　without trial,未经审判,38
indication,指示,指征,144
Ine, king,伊内,盎格鲁—萨克逊国王,3
inequality,不平等,154,176 n. 11
inheritance,遗产,146;
　　intestate,无遗嘱的,173 n. 61
injunction,禁令,120
injustice,不公平,非正义,158,174 n. 68
Inn of Court,律师公会,48,60,62—64,137,177 n. 18,184 n. 11;
　　admission to,允许进入,141,183 n. 11,184 n. 11;
　　Benchers of,律师公会主管,148;
　　cost of education at,受教育的费用,185 n. 18
Innocent III, pope,因诺森三世,罗马教皇,110,120

Innocent IV, pope,因诺森四世,罗马教皇,110

innovation,革新,创新,新事物,7,48,153,154

inquest, secret,调查,秘密的,159

Inquisition,异端裁判所,122,163

instance of appeal,上诉(审级),9,109;
    first,初审的,94,104,109,115,137

Institutes, of Coke,《科克法学总论》,61,98;
    of Justinian,《优士丁尼法学阶梯》,54,97

institutions, history of,法律制度,的历史 14;
    legal,法律的,96,123;
    old,旧的,7,9;
    political,政治的,2,21,26,56,80,81,84

intelligentsia,知识分子,159

intent, legislative,意图,立法的,18

interests, clash of,利益,冲突,108,179 n. 41;
    vested,确定的,7

Interpretation Act,解释法,18

interpretation, of custom,解释,对习惯法的,107;
    judicial,司法的,79,86,108,113,161

*Interregnum*,空位期,84

interrogation of witnesses,对证人的(刑事)讯问,121

Investiture Struggle,授职仪式之争,83

*isetnesse*,法律,3

Italy,意大利,39,54,58,69,72,80,81,88,100,104,117,155


James I, king of England,詹姆士一世,英格兰国王,183 n. 11, 185 n. 18

Jhering, R. von,耶林,鲁道夫·冯,179 n. 41

John, king of England,约翰,英格兰国王,75

Joseph II, emperor,约瑟二世,神圣罗马帝国皇帝,138

Judge,法官,13,17,19,24,26,28,39,40,47,48,59,60,63,64,67,68,70,71,76,
    77,84—87,95,97,103,107,108,110,113,115,116,122,127—130,133,
    145,146,148,151,155,161,172 n. 40, 187 n. 43;
    amateur,非专业的,131,135;

anonymous,不具名的,无名的,54;
appointment of,的任命,90,130,131,140,142,143,145—151,186 n.30;
banishment of,流放,139,141;
"chained",被束缚的,154;
competent,称职的,160,165,166;
consulted by lawgiver,被立法者咨询的,18;
continental,欧洲大陆国家的,154;
co-optation of,的推选,143,145,146,148;
delegate, papal,代表,教皇的,109,136;
deprived of office,职位的剥夺,139;
dismissal of,的免职,138,141;
education of,的教育,155,166;
election of,的选举,76,88,90,140,143,145—148,151,167,184 n.16,185 n.22;
federal,联邦的,88,appointment of,的任命,151;
financial standing of,的财力,141;
freedom of,的自由,145;
gaoling of,的监禁,138;
higher,高等的,150,151;
impartiality of,的公正无私,158;
incorruptible,廉洁奉公的,158,165;
independence of,的独立性(地位),86,138;
of instruction,预审法官,159;
irremovable,不可免职的,138—141;
lay,非职业法官,177 n.16;
learned,有学问的,精通法律的,135;
as legislator,作为立法者的,96,178 n.29,182 n.2;
named,具名的,54;
neutral,中立的,136,158;
non-professional,非专业的,132;
passive role of,的被动地位,89,90;
political,政治的,171 n.40;
power of,的职权,144,159,179 n.37;

professional,专业的,38,85,90,104,116,131—136,160;

　　　prosecution of,的指控,138;

　punishment of,的惩罚,138;

　　　qualification of,的资格,90;

　　　regular,常任的,131;

　　　removable,可免职的,138—141;

　　　rewarded,被给予赏金的,132;

　　　royal,皇家的,53,86,94,115,117,143,174 n.69,control over,控制,139;

　　　senior,资深的,88,95,118,134,138,140,177 n.18;

　　　supreme,最高的,109,139;

　　　suspension of,的职权中止,140;

　　　sworn,宣誓就职的,143,147;

　　　training of,的培训,133,134,136,150,151;

　　　又见 judiciary

　judges, numbers,法官,人数,134;

　judgment,判决,2,54,65,67,120,129,133,139,143,146,149,160,174 n.62,180 n.42,187 n.43;

　　　approved,认可的,132;

　　　critical,批判性的,158;

　　　enforcement of,的执行,132;

　　　false,错误的,5;

　　　-finding,裁决,76,180 n.3;

　　　by peers,由地位平等者,142,143;

　　　pronounced,宣判,132;

　　　proposed,提议的,132;

　　　by superiors,由上级、占优越地位者,56,142;

　judgments, collection of,判例汇编,40,41,111

　Judicature Acts,《司法组织法》,9,61

　judiciary,司法部门,司法机关;法院系统,法院体系;[总称]法官,70,86,87,98,100,107,108,113,117,139,154,157,160,161,165;

　　　arbiter of constitutionality,合宪性的裁决人,23;

　　　and codification,与法典化,152;

　　　conservative,保守的,48,50,184 n.16;

controlling the law,控制着法律,24,67;
criticism of,批评,159,165;
English,英格兰的,17,113;
admiration for,敬仰,164,167;
entrance examination,进入(职业)资格考试,63,150,151,168;
independence of,的独立性(地位),142;
opposing codification,反对法典化,39,47,48,53;
and party poilitics,与政党政治活动,28;
power of,的职权,142;
recruitment of,的聘用,141,159,165,168,187 n.45,188 n.45;
remuneration of,的酬劳,188 n,45;
social background of,的社会背景,166;
tradition-bound,受传统约束的,29;
usurping legislative function,篡夺立法职能的,22;
weakness of,的弱点,84;
又见 judge

jurati electi,选举出的市政官吏,143,147;
jurisdiction,管辖权;137;
  reserved,保留的,139
jurisprudence,法哲学,2,67,69,70,72,84,88,90,92,93,97,99,100,103,128,130
jurist,法学家,39,52—55,57,60,64,70,83—88,91,93,96,99—103,105—107,109—111,113,125,127,130,152,155—157;
  historic role of,的历史地位,155
jury,陪审团,陪审制,5,20,33—38,76,94,115,117,119,121,131,134,136,144,165,168,173 n.58,180 n.3;
  civil,民事的,33,37,38,115,151,decline of,的衰落,35,38;
  cost of,的费用,36;
  criminal,刑事的,33,35—38,115,150,151,167,abolition of,的废除,36,37,disappearance of,的消失,38,erosion of,的侵蚀,38,resotration of,的恢复,38;
  decline of,的衰落,35;
  freedom of,的自由,145;

grand,大陪审团,34,abolition of,的废除,35;

history of,的历史,173 n.60;

of indictment,大陪审团起诉,34—36;

instructions to,(法官)对陪审团的指示,151;

mixed,混合陪审团,36;

petty,小陪审团,34;

trial,陪审团审判,36,37

*jus belli*,战争法,15

*jus commune*,普通法,44,57

*jus divinum*,神法,30

*jus municipale*,市政法,44

*jus proprium*,城邦法(?),44,57

*jus resistendi*,反抗权,75

justice,正义,公平;法官,128,129,131,134,136,137,143,152,159,161,164,176 n.11;

accessible,可获得的,77,78,162,164,165,167;

criminal,刑事的,168;

humane,人道的,163,165;

of thte peace,太平绅士,77,134,141,167,elected,选举的,140,notsalaried,不带薪的,133,134;

socialist,社会主义的,176 n.11;

urban,城市的,132,136,147

justices of the peace, numbers,太平绅士,人数,134,183 n.7

Justinian, emperor,优士丁尼,东罗马帝国皇帝,40,41,54,55,70,73,80—97,111,126,181 n.9


Kahn-Freund, O.,坎—弗洛伊德,180 n.8

*Kaiserrecht*,帝王的法律,106

Katte, H. H. von,卡特,汉斯·赫尔曼·冯,138,139

Keith of Kinkel, Lord,金基尔的凯斯,勋爵,188 n.53

Kilbrandon, Lord,基尔布兰顿,勋爵,188 n.51

Kilmuir, Lord,基尔穆尔,勋爵,188 n.49

King's Bench,王座法庭,5,187 n.44

kinship,亲属关系,158
knight,爵士,74,102,115

labour, forced,劳动力,强迫的,148
*laga*, *lage*, *lagu*,法律,3
*laga*, *Edwardi*,爱德华的法律,3
land, feudal,土地,封建的,110,115;
　urban,城市的,131
*Landfriede*,国家间和约,102
land, ownership of,土地,的所有权,61,75,119;
　possession of,的占有(权),116,117;
　tenure of,的保有(权),96,98
landowner,土地所有人,74,76,166
Landshut,兰德夏特,51
language, Arabic,语言,阿拉伯的,81;
　barbaric,蛮族的,78;
　English,英文,2,3,7,46,47,78,167;
　French,法文,47;
　German,德文,72;
　Greek,希腊文,81;
　Latin,拉丁文,47,58,59,81,85,97;
　Law-French,法律法语,7,46,77;
　medieval Latin,中世纪拉丁文,57,98;
　Norman-French,诺曼法语,36;
　Vernacular,方言,59
Languedoc,郎格多克,185 n.19
Laurent, François,劳伦特,弗郎科伊斯,89—91
law, abolition of,法律,的废除,10,40,48;
　administrative,行政法,169 n.4;
　ambiguous term,模棱两可的术语,2—4;
　ancient,古代的,55;
　Anglo-American,英美的,33;
　Anglo-Norman,盎格鲁—诺曼的,74,97,115,116,163;

annulation of,的宣告无效,26;

application of,的适用,21,26;

Athenian,雅典的,83,177 n.14;

bad,不良的,恶法,42,154;

book-,学者法,127;

canon,教会法,10,40,44,58,61,72,102,109,110,120—122,137,157;

case,判例法,40,41,45,52,62,67,68,86,88,92,93,97,100,101,111,126—129,161,168;

change in,的变化,8,9,48;

civil,民法;大陆法系,1,6,61,68,69,73,83,89,97,113,114,117,118,121,122,124,127,137,161,173 n.61;

commercial,商法,43,121;

common,普通法;共同的法律;1,4,14,16,21,26,29,33,37,39,41,44,45,47,53,60—62,67—69,74,76,79,80,82,85,86,88,94,96—98,113—115,118,119,121—123,127—129,153,154,161,164,165,168,174.69,180 n.7,187 n.43,code of,的法典,174 n.64,different from civil law,与大陆法系不同,1,6,40,69,113,124,dominated by parliament,由议会支配的,26,fundamental princiles of,的基本原则,21,22,29,30,77,86,judges of,的法官,6,uncodified,未被法典化的,43,77,writs of,的令状,45;

comparative,比较的,10;

comprehensible,易懂的,160;

condemnation of,的指责,21;

continental,大陆法,1,35,39,41,73,113,114,117,119,124;

control of,的控制,52,67,68,85,154;

criminal,刑法,24,31—33,47,99,117,137,153,165,hisotry of,的历史,172 n.54,173 n.55,humane,人道的,165;

customary,习惯法,3,11,43,56,59,60,69,70,105—107,128,Dutch,荷兰的,71,Roman,罗马的,104;

degree,学位,63,102,110,137,142,150,151,160,168,184 n.15;

democratization of,的民主化,46;

divine,神的,31;

Dutch,荷兰的,104;

ecclesiastical,教会的,3,16,42,109,121,126;

English,英格兰的,1,2,35,43,61,62,69,73,78,80,98,113—116,118—120,123,145,154,177 n. 18,ageless character of,的永久性特征,10,continuous development of,的持续发展,7,history of,的历史,170 n. 15,uncodified,未被法典化的,45;

European,欧洲的,5,84,113;

feudal,封建的,74,75,97,113—115,117,163;

French,法语,6,12,115,118;

fundamental,基本法,20,22,30;

German,德国的,德意志的,12,13;

Germanic,日耳曼的,12,13,114;

good,善法,良法,154,157,158,161;

Greek,希腊的,81—83,177 n. 16;

ignorance of,的无知,162;

imperial,帝国的,101,106,121;

international private,国际私法,101;

interpretation of,的解释,17;

Jewish,犹太人的,125,126;

judge-made,法官创制的,41,44,45,65,67,69,88,90,113,145,153,154,157,161,164,merits of,的优点,130,152;

of the land,国家的,85,143;

lawyers',律师的,156;

learned,专业精深的(即罗马—教会法),52,59,69,71,137;

legislator-made,立法者制定的,113,152,153,157,161;

letter of,的字眼,17,108;

made by the people,人民制定的,164;

manipulation of,的操纵,25;

maritime,海事的,121;

meaning of,的含义,17,18,108;

medieval,中世纪的,16,121;

medio-Roman,中世纪—罗马的,58,72,101;

municipal,国内的,181 n. 10;

Muslim,穆斯林的,125,126;

national,民族的,国家的,61,100,107,117,123;

of nations,万国法(国家间的),91;
natural,自然法,13,21,30,31,83,90—92,102;
neo-Roman,新罗马法,67,114;
new,新的,154;
Norman,诺曼的,116,163;
obscurity of,的晦涩难懂,165;
old,旧的,154;
old-English,旧英格兰的,116;
papal,教皇的,31;
of the people,人民大众的,156;
private,私法,history of,的历史,179 n.40;
professor-made,法学教授制定的,65—67,88,111,152,155,157,161;
progressive,进步的,113,117;
public,公法,82,84,110,140,international,国际公法,91;
of reason,理性的,30,83,91,92,157;
regional,区域性的,117;
Roman,罗马法,3,10—13,16,37,39,41,43—45,52,54,55,57—61,67,70,72,73,80,82,83,85,90—92,97,101—104,106,107,114,116—123,125,137,152,153,155,162,163,180 n.7,181 n.9,181 n.10,aversion from,偏离,122,commentaors of,的评论家,12,critism of,的批评,83,quotations from,的引用,123,resistance to,的抵制,106,vulgar,通俗的,58;
Roman-Dutch,罗马—荷兰的,43,71,103;
Roman-Germanic,罗马—日耳曼的,161;
school,学院,96,181 n.9;
Scots,苏格兰的,43;
secular,世俗的,3;
simplicity of,的简单明了,167;
socialist,社会主义的,161;
sources of,的渊源,67,68,152;
statute-,制定法,44,45,79,96,127,161,167,uncodified,未被法典化的,43;
substantive,实体法,98,113,114,117;
superior,高级的,31;
supremacy of,的至高无上性,68;

traditional, 传统的, 3;
uncodified, 未被法典化的, 39;
unconstitutional, 不合宪的, 21;
unwritten, 不成文的, 30;
urban, 城市的, 117, 132;
written, 成文的, 25, 44, 84, 118
lawgiver, 立法者, 17, 24, 28, 84—86, 90, 110, 126, 130, 155;
intention of, 的意图, 17;
national, 国家的, 101, 107;
papal, 教皇的, 110, 111;
professional, 专业的, 111;
supremacy of, 的至高无上地位, 29, 89
supreme, 最高的
Law Lord, 上议院贵族法官, 64—65, 88, 134, 149, 160, 166, 178 n. 22, 186 n. 28
selection of, 的选任, 151
Law Reports, 判例汇编, 46, 61, 95, 97
laws, amendment of, 法律, 的修正, 174 n. 64;
collection of, 的汇编, 41, 53, 174 n. 64
Laws and Liberties of Massachusetts, 马萨诸塞州的一般法律和自由, 153, 188 n. 62
Lawson, George, 劳森, 乔治, 68, 176 n. 9
Lawton, F. H., 劳顿, 188 n. 57
lawyer, 法律工作者, 法律人, 40, 44, 57, 61, 62, 68, 71, 78, 79, 81, 82, 85, 96, 99, 108, 111, 119, 124, 125, 155, 188 n. 45;
common, 普通(法)的, 14, 83, 122, 181 n. 8, 187 n. 44;
continental, 大陆(法)的, 38;
conservative, 保守的, 7;
English, 英格兰的, 8, 38, 100, 122, 123, 177 n. 18;
German, 德国的, 13;
professional, 专业的, 149;
Roman, 罗马(法)的, 8
lawyers, quota, 律师, 配额, 163, 188 n. 46
layman, 非专业人士(门外汉), 58, 59, 77, 135, 142

*Leges Atticae*,阿提卡法,177 n. 16;
   Roman,罗马的,59
*legge*,法律,2
legislation,立法,2,3,20,24,25,33,35,40,41,43,56,59,67—70,76,85,86,91—93,96,107,108,110,128,153,154,156,157,161,165,168;
   advantages of,的好处,128;
   commercial,商业的,9;
   constitutional character of,的宪法特性,26;
   by elected representatives,由选举出的代表,152;
   futility of,的徒劳无益,96;
   local,地方的,101;
   national,全国的,95,102,103;
   provincial,省级的,101;
   royal,皇家的,70,105,107, resistance to,的抵制,107;
   a subsisiary duty of parliament,议会的次要职能,25;
   techniques in,的技术,114
legislator,立法者,2,18,29,30,40,52,65,67,68,70,71,84,89,92,93,95,111,113,127,156,178 n. 29, 182 n. 2;
   elected,选举的,48;
   intention of,的意图,18,19
legislature,立法机关,19,24,67,70,87,88,107,108,113,139,161,173 n. 58;
   democratic,民主的,52;
   sovereign,主权国,20,21
legist,法学家,59,110,135,136,143
León,莱昂,59
*lettre de cachet*,(国王亲署的)逮捕令,139
*lex*, ambiguous term,法律,模棱两可的术语,3
*lex regia*,皇帝法,74
*Lex Salica*,《萨利克法典》,32
*Ley*,法律,2
*Liber Augustalis*,《奥古斯都法典》,147
liberalism,自由主义,37,157,176 n. 11
liberties, of the citizen,(宪法所保障的)自由权,公民的,22;

popular,大众的,73
liberty,自由,158;
　love of,的热爱,21
Liège,列日,83
*lit de justice*,国王行法,139
litigation,诉讼,90,101,109,115,120,121,156,180 n. 3;
　amount of,的数量,163,187 n. 44;
　civil,民事的,36;
　cost of,的费用,77,162,165,167,168;
　fiscal,财政的,36
litigiousness,好讼,163,188 n. 45
*littera Bononiensis*,公认的文本,55
Littleton, Th.,利特尔顿,托马斯,10,61,98
Lloyd of Hampstead, Lord,汉普斯蒂的劳埃德,勋爵,18
logic,逻辑,9,10
*loi*,法律,2,3
*lois fondamentales du royaume*,普通法根本性原则,30
London,伦敦,49,77,79,99,134,166,181 n. 9
lord, feudal,地主,封建的,104,116,133,142,148
Lords of Appeal in Ordinary,上议院常任上诉法官,166,186 n. 30
Lords Justices of Appeal,上诉法院法官,166,186 n. 30
Louis IX, king of France,路易九世,法国国王,135
Louis XIV, king of France,路易十四,法国国王,32,70,105
Louis XV, king of France,路易十五,法国国王,70,105
Louis XVIII, king of France,路易十八,法国国王,155
Louis-Philippe, king of the French,路易·菲力普,法国人的国王,92
Low Countries,低地国(荷兰、比利时、卢森堡),136
lynching,私刑,131

Machiavelli,马基雅维利,100
*Machtspruch*,统治者的判决,138
Magdeburg,马格德堡,84
magistrate,治安法官(基层司法官员),77,133,134,138,168;

not salaried,不带薪的,133;
  social background of,的社会背景,167;
  stipendiary,领薪金的,134
Magna Carta,《大宪章》,10,25,142,178 n. 26
Maitland, F. W.,梅特兰,15,16,120,156
majority sentence,多数判决,54
Malines,梅赫伦,136
*mallus*,自由民集会,147
Malta,马耳他,99
manorialism,采邑制度,11
Mantua,曼图亚,155
Marburg,马尔堡,51
marriage, civil,婚姻,民事的,46,78,79;
  ecclesiastical,教会的,78,79
Marshall, John,马歇尔,约翰,27
Marxism,马克思主义,92
Massachusetts,马萨诸塞,29,153,188 n. 62
Master of the Rolls,(掌卷法官)上诉法院民事庭庭长,166
materials, preliminary,材料,前期准备的,19
mathematics,数学,64
matrimony,婚姻(关系),58
Maupeou, René Nicolas de,茅佩欧,仁内·尼科拉斯·德,139
Maximilian I, emperor,马克西米利安一世,神圣罗马帝国皇帝,102
May, J. D.,梅,188 n. 56
Melbourne, Lord,梅尔伯尼,勋爵,25
memory, legal,记忆,法律的,14
Merchant Shipping Act,《商船法》,171 n. 23
Merton,默顿,181 n. 9
method, historical,方法,历史的,57;
  philogical,语言学的,57
Methodism,卫理公会,183 n. 7
mind, judicial,意识,司法的,17
*ministère public*,检察机关,35

misdemeanour, 轻罪, 133

mistake, 错误, 5

*moderni*, 现代, 90

modernisation, 现代化, 7, 84, 88, 98, 114, 117, 118, 126, 157, 165

*monarchie féodale*, 封建君主制, 75

monarchy, 君主制, 2, 34, 37, 70, 75, 76, 82—85, 94, 100, 108, 113, 116, 143, 146, 147, 149, 150, 152, 155, 157, 176 n. 9, 176 n. 11;
 enlightened, 开明的, 91;
 Frankish, 法兰克的, 36;
 French, 法兰西的, 法国的, 104, 105, 107, 115;
 restoration of, 的复辟, 7, 9, 46, 79, 154, 188 n. 46;
 Stuart, 斯图亚特, 122

monocracy, 独裁政治, 82, 83

Montpellier, 蒙比利埃, 70, 155, 185 n. 19

morality, 道德, 21

*municipium*, 市政, 91


Naples, 那不勒斯, 58, 100, 155

Napoleon, emperor, 拿破仑, 法兰西帝国皇帝, 11, 12, 32, 37, 40, 50, 89, 91, 140, 156

Napoleon III, emperor, 拿破仑三世, 法兰西帝国皇帝, 92, 141

nation, European, 民族, 欧洲的, 71;
 state, 国家, 91, 93, 104, 110

National Assembly, (法国)国民会议, 37, 140

"National law service", 国家法律服务(机构), 162

Netherlands, 荷兰(尼德兰王国), 37, 38;
 Austrian, 奥地利的, 137;
 Republic of the United, 尼德兰联合共和国, 70, 71, 103

Nicholas I, Tsar, 尼古拉一世, 俄国沙皇, 42

nobility, 贵族, 48, 141, 143, 147, 149, 183 n. 11, 184 n. 11, 184 n. 15

*noblesse de robe*, 身披法袍的贵族, 152

*nomos*, 法官创制的法律, 153

Normandy, 诺曼底, 36, 37, 93, 95, 97, 115, 116, 163, 188 n. 45

*Novellae*,《新律》,54

Noy, W. ,诺伊,155

obligation,债,60

obscurity of the law,法律的晦涩难懂,124

O'Connor, P. M. ,奥·康诺,188 n.56

offence, capital,死罪,32,33;
   indictable,公诉罪,35;
   non-clergyable,非神职人员的,33

office, temporary,职位,暂时的,140

Office of Tithes,什一税务局,78

official, bishop's, ,官员,主教授以宗教管辖权之人,58,109,117,135,142;
   elected,选举的,147,148;
   of the state,国家的,35

oligarchy,寡头制,46,75,77,78,80,82,146,151,154,157,176 n.11

Oliver, P. R. ,奥利弗,188 n.57

one-party system,一党专政制度,164

opinion, dissenting,(法官)判决意见书,反对的,54,130;
   learned,精通法律的,88,130;
   legal,法律的,125;
   sudden,突然的,187 n.43

oppression,压制,73,164,167

oracles of the law,法律的神谕,52,54,60,99

ordeal,神明裁判,36,115,136,144

ordinance,条例,法令,33,70,105

*ordo judiciarius*,《审判程序规则》,121,135

*Ordonnance Criminelle*,《刑法条例》,32

organisation,组织,机构,109,165;
   fiscal,财政的,110;
   judicial,司法的,9,50,56,138,167

Orleans,奥尔良,106

Otis, James,奥提斯,詹姆士,29

Ottonian, dynasty,奥托家族的,王朝,80

Oxford,牛津,3,17,22,48,61—63,68,73,166

*pagus*,县,郡,133
Pandectist,学说汇纂派,12,52,72,123
Pandects,《学说汇纂》,12
papacy,罗马教皇的职位(权力),109—111,122,130,157
papyrus rolls,写在纸莎草纸上的案卷,55
pardon, royal,特赦,皇家的,150
Paris,巴黎,6,11,46,47,59,60,70,104,105,107,134—136,139,143,149
Parker, Lord,帕克,勋爵,159
Parlement,高等法院,11,105—107,134,136,139,153,184 n.15;
　　of Malines,梅赫伦的,136;
　　of Paris,巴黎的,6,11,47,59,70,105,107,134—136,139,143;
　　jurisdiction of,的管辖权,104
Parliament,议会,2,22,45,75,76,84,85,95,100,103,104,122,138,146,150,
　　155,164,168,173 n.58;
　　interntion of,的意图,18—20;
　　judicial role of,的司法角色,9;
　　limits to its power,的权限,26;
　　omnicompetence of,有全权的,21;
　　omnipotence of,无限权力的,21,24;
　　sovereignty of,的主权,21—25,28;
　　supremacy of,的至高无上地位,172 n.40
parliamentarian,议会党人,83
parliamentarism,议会制,2
partiality,偏袒,158
party,政党,6,15,86,87;
　　communist,共产主义的,146;
　　functionary,工作人员,87
paterfamilias,家长,46
patriciate,贵族阶级,77,148,160
peace, bourgeois,和平,资产阶级,92
peasant,农民,142

Peasants' War,农民战争,137

peer,地位平等者,34

peerage,贵族,149

peers of France,法国的一般民众,143

pensionary,受法庭之雇提供法律咨询者,102,137

performance, specific,特定履行,120

Petit-Dutaillis, C.,彼蒂特—杜特利斯,75

Philip of Alsace, count of Flanders,阿尔萨斯的菲力普,佛兰德伯爵,148

Philip II Augustus, king of Frnace,菲力普二世奥古斯都,法国国王,70

Philip IV the Fair, king of France,贤明的菲力普四世,法国国王,110,143

philosopher-king,哲学王,110

philosophy,哲学,63,72,145;
　　Greek,希腊的,82

physics, laws of,物理学,的定律,99

Placentinus,普拉塞蒂努斯,155

Plantagenet, dynasty,金雀花王朝("安茹王朝"),94,95,115

plebs,平民,庶民,160,176 n.11

*plena probatio*,充分证据,144

Plucknett, T.F.T.,普拉克内特,西奥多·弗兰克·托马斯,7

*podestà*,司法军事长官,147,148

Poitiers,普瓦捷,120

police custody,羁押,拘禁,38,39

*polis*,波利斯(古希腊的城邦),91

politics,政治学,政治活动,19,28,68,90,93,98,106,108,109,146,150,158,
　　163,176 n.13, 177 n.18, 180 n.8

Pollock, F.,波洛克,弗雷德里克,17,29

*Polnoe Sobranie Zakonov*,《领地法典》,42

polyandry,一妻多夫制,31

polygamy,多配偶,31

Portalis, J.E.M.,包塔利斯,吉恩·埃梯尼·麦瑞,51

Pothier, Robert-Joseph,波蒂尔,罗伯特—约瑟夫,70,107,108

Pound, Roscoe,庞德,罗斯科,68,96,153

power, absolute,权力,绝对的,22;

arbitrary,任意的,专制的,25,98;
discretionary,自由裁量权,47;
executive,行政权,139;
imperial,帝国的,155;
judicial,司法权,150;
political,政治的,146,155,179 n.41;
-struggle,政治斗争,108
praetor,裁判官,125
precedent,先例,10,14,21,60,61,69,71,77,86,87,95,97,98,161,174 n.62,
    180 n.42,187 n.43;
    awkward,令人难堪的,96;
    bad,不良的,49,50,128,129,174 n.68,178 n.29,182 n.2;
    new,新的,154;
    old,旧的,154,174 n.68;
    reasonable,合理的,182 n.3;
    reversed,被撤销的,129
*préliminaire de conciliation*,审前的和解,156
prematureness,不成熟,7,46,47
President of the United States,美国总统,151
pressure group,压力集团,68
presumption, legal,法律推定,173 n.61
*preuves légales*,法定证据,37,144
*preuves savantes*,严格证据,37,144
Prime Minister,首相,150,186 n.30
prince not bound by laws,不受法律约束的亲王,73
principality,亲王领地,11,84,100—102,104
principles, general,原则,一般的,152
private members' bills,普通议员法案,24
privilege,特权,33,152—154;
    ecclesiastical,教会的,116
privilege *de non appellando*,免于上诉的特权,102
    *de non evocando*,免于执行的,102
*privilegium fori*,特别赦令,32

procedure,诉讼程序,37,58,94,114,117,121,126,133,135,153;
 civil,民事的,50;
 code of,的法典,43;
 cost of,的费用,137;
 criminal,刑事的,32,34,38,48,165,code of,的法典,32;
 democratic,民主的,177 n. 16;
 *in camera*,非公开审判,133,159;
 in open court,在公开法庭上,77,165;
 learned,罗马—教会法的,136,144;
 professional,专业的,120;
 rational,理性的,136;
 Roman-canonical,罗马—教会法的,5,36,37,58,59,107,116,120,135;
 science of,的科学,135
process, due,正当程序,143
procurator fiscal,财务检察官,34
procurator, of the king,专门代理人,国王的,34,35
*procureur*,代理人,35
profession, legal,职业,法律的,7,62—64,97,124,137,150,151,166;
 liberal,自由的,166
professionalism,职业作风,131—138,160
professor of law,法学教授,12,13,52—54,60,64,65,67,69,71,83—88,90,93,96,100—102,106,108,111,125,155
progress,进展,49,154
proletariat, industrial,无产阶级,工业的,92
proof,(作为法院判决依据的)证据,36,115,116,144;
 full,充分的,144
property,财产,26,48,74,79,92,139,147,153,154,176 n. 13;
 married women's,已婚妇女的,43;
 owner,所有人,23
prosecution, criminal,指控,控诉方,公诉方;刑事诉讼,提起公诉,33—35,116
Prosecution of Offences Act,《犯罪起诉法》,34,35
Prosecution of Offences Bill,《犯罪起诉法案》,5
Prussia,普鲁士,43,50,138,156,165

Purchas, F. B.,普查斯,188 n. 57
Puritan,清教徒,7,9,45,46,49,77,79,83,122,153,154,181 n. 8

Queen's Counsel,皇家大律师,150
question of fact,事实问题,77

*rachimburgius*,临时领主法官,131
Radcliffe, Lord,拉德克利夫,勋爵,96,99,178 n. 29, 188 n. 49
Ranke, L. von,兰可,L. 冯,15
*ratio imperii*,帝王赋予权威的理性 126
*ratio scripta*,箴规戒律 125
rationalisation,理性化,理论化,123,124,137
reason,理性,68,86,90,91,126,187 n. 43
rebellion,叛乱,116
reception, of civil law,继受,对民法法系法律的,10,12,44,51,68,84,106,118,121,122,180 n. 8, 181 n. 9
*Recht*,法律,2,3
*Recht, das gemeine*,普通法,44
*Rechtspruch*,判决,138
record of the case,案件的记录,5
rectification of documents,文件的修正,120
Reeves, J.,里夫,约翰,15
referendum,公民投票,76,164
Reform Act (of 1832),《1832 年改革法》,9,95,165
reform, Gregorian,改革,(罗马教皇)格列高利的,111
reform, legal,改革,法律的,9,46,69,77—79,94,98,111,139,154,176 n. 12, 176 n. 13, 181 n. 8;
  social,社会的,176 n. 13
Reformation,宗教改革运动,8,11,68
*Régime, ancien*,政体,古代的,8,11,12,43,69,83,91,139,153,159
regime, Napoleonic,政体,拿破仑的,91;
  of the notables,贵族制的,146;
  republican,共和制的,140;

Tsarist, 沙皇制的, 52
*regimen publicum*, 共和政体, 123
register of writs, 《令状录》, 46, 61, 97, 118
*registrum brevium*, 《令状录》, 97
*règle de droit*, 法治, 4
*règne de la loi*, 法治, 4
*règne du droit*, 法治 4
*regnum Italiae*, 意大利王国, 100
*Reichskammergericht*, 帝国枢密院, 84, 102;
   jurisdiction of, 的管辖权, 102
Reid, Lord, 里德, 勋爵, 20, 188 n. 50
Religion, 宗教, 110, 126
remand in custody, 还押候审的拘禁, 39, 168
remedy, legal, 救济, 法律的, 45, 120
remonstrance, 抗议, 反对, 70
renaissance, 文艺复兴, 16, 68, 112
renovation, 革新, 68
Repeal Act, 《撤销法》, 10, 25, 61
reports, of Coke, 判例汇编, 科克的, 98
representation, 代表, 75, 76, 80, 81, 164
Republic, Third, 法兰西第三共和国, 141, 184 n. 16
republic, urban, 共和国, 城市的, 100
republicanism, 共和政体, 141, 184 n. 16
requirement for office, 职位的要求, 150
*réquisitoire*, (检察官的)公诉状, 34
rescript, imperial, (罗马皇帝对法律问题的)解答敕令, 帝国的, 125
respect for life, 对生命的尊重, 158
revelation, 天启, 神的启示, 90, 125, 126
review, judicial, 司法审查, 26, 130;
   of the constitutionality of laws, 对法律合宪性的, 22, 24, 26—29, 31, 87, 172 n. 50
Revigny, Jacques de, 勒维尼, 雅克·德, 106
revolt, baronial, 反叛, 贵族的, 75

revolution,革命,7,157;
   American,美国革命,111,151;
   Belgian,比利时的,38;
   Brabant,布拉班特(省)的,138;
   French (of 1789),1789年法国大革命,7,10—12,37,39,46,49,79,89—91,94,108,111,152—154,156,157,159,165,173 n.59;
   French (of 1830),1830年法国二月革命,140;
German,德国的,38;
   Glorious,"光荣革命",11,180 n.8;
   Industrial,工业革命,11;
   legal,法律的,79;
   Puritan,清教徒的,11,45,78,153,154;
   social,社会的,79
Ricardus Anglicus,里卡多斯·昂格里科斯,6
Richard I, king of England,理查德一世,英格兰国王,14
right,权利,正义,98,153,162;
   basic,基本的,29;
   disuse of,的废弃,10;
   extinction of,的消灭,10;
   fundamental,根本的,30,31;
   human,人(道)的,24,163;
   inalienable,不可剥夺的,30,31;
   individual,个人的,23;
   objective and subjective,客观的和主观的,3;
   and reason,common,和理性,共同的,187 n.43;
   regional,区域性的,23
rights of the people,人民的权利,162
riht,法律,3,4;
   *Godes*,教会的 3
Romanist,罗马法学派,13,14,16,55
Rome,罗马,3,19,57,109,111,121,122,125,136
Roskill, Lord,罗斯基,勋爵,188 n.53
Rota Romana,天主教最高法庭,95,109,111

Rouen,鲁昂,115
Rousseau, J.J.,卢梭,让·雅克,72
Royal Military Academy,皇家军事学院,166
royalism,君主主义,83,141,181 n.8
rule of law,法治,143,169 n.4;
    translation of term,术语的翻译,4
ruler, chosen by the people,统治者,由人民选出的,176 n.9
Russia,沙俄,42,50,52,53,138;
    又见 Soviet Union

St Andrews,圣·安德鲁斯,58
sale of diplomas,文凭买卖,142
sale of offices,官职的买卖,139—141,146,147,149,184 n.15
Salian dynasty,撒利族王朝,80
Salmon, Lord,萨尔蒙德,勋爵,188 n.49
*salus populi*,人民利益至上,25
sanctity of life,生命的神圣不可侵犯性,31
*Satzung*,规章,3
Savigny, F.C. von,萨维尼,弗里德里希·卡尔·冯,51,52,65,68,155,187 n.38
Saxony,萨克森,50,102
*scabinus*,斯卡必尼(终身法官),131,133,143,147
Scandinavia,斯堪地那维亚,3
Scarman, Lord,斯卡门,勋爵,188 n.53
Schioppa, A.P.,施欧帕,173 n.60
*Schöppenstuhl*,陪审法庭,84
school, elegant,学派,学院;文雅的,58;
    exegetical,解经学,89,92,105,125,156;
    historical,历史的,127;
    of Jurisprudence,法哲学,63,and Modern History,及现代历史,63;
    public,公共的,公开的,48,166,cost of,的费用,141
*Shuldlehre*,归责原则,32
science, legal,法律科学,53,56,58,60,85,90,99,101,105,109,125,126,157,

180 n.8

Scotland,苏格兰,1,34,39,43,119,121,168

search warrant,搜查令,30

security of office,职务的保障,139

seignory,采邑,11

Selden, John,塞尔登、约翰,15,78,122,123,155

Senate, Belgian,参议院,比利时的,150,186 n.29；

　　Roman,元老院,74；

　　United States,美国参议院,151

sentences, collection of,判决集,111

separation of powers,分权,27,131

serfdom,农奴制,74

serjeants at law,高级律师,60,76,77,86,97,118,147,149,177 n.18；

　　order of,高级律师阶层,95

service, civil,文职人员,文官,83,125,156,166

sheriff,郡长,133

*Siete Partidas*,《七章法典》,59

Simon, Lord,西蒙、勋爵,188 n.50

Slade, CJ,施莱德、首席法官,188 n.56

smallholder,领地较少的王,74

smuggling,走私,30

socialism,社会主义,86,87

solicitor,事务律师,63

South Africa,南非,43

sovereignty,主权,15,74；

　　national,国家的,91

Soviet Union,苏联,88；

　　又见 Russia

Spain,西班牙,58,72,117

Speransky, M. M.,斯波兰斯基、米克哈伊·米克哈伊洛维奇,52

spirit, anti-democratic,精神,反民主的,7；

　　legal,法律的,13；

　　national,民族的,51,71,72,116,123

*Spruch-Collegium*,判决集团,65
staff, herald's,盾徽,纹章官的,132
Stalin, Joseph,斯大林,约瑟夫,163
Stamp Act, void and unconstitutional,《印花税法》,无效及违宪的,30
Star Chamber,星宫法庭,94,121
*stare decisis*,遵循先例,128,129,179 n.33, 182 n.2
state, papal,教皇国,100
status,地位,137,138,141,168,183 n.7
statute,制定法,25,77,87,88,96,98,108,161,167,168,174 n.64, 187 n.43
Statute Book,《法令全书》,25,47,141,153,168;
    contruction of,的解释,17,18,29,86,87, rules of,的规则,18,86;
    contrary to reason,与理性相违背的,22;
    drafting of,的起草,18,87;
    interpretation of,的解释,见 statute, construction of;
    letter of,的文字(行文),17;
    local,地方的,44,101;
    meaning of,的含义,20;
    nullity of,的无效,22;
    purpose of,的目的,19;
    short lived,昙花一现的,30;
    of Treasons,叛国罪的,8;
    unreasonable,不合理的,22,161;
    collection of,的汇集,42,45
*Statutes of the Realm*,《王国制定法》,42
Stein, P.,斯丹,19
Stephen, king of England,史蒂芬,英格兰国王,75,114,181 n.9
Stephen, J.F.,史蒂芬,詹姆斯·菲茨詹姆斯,39,47
Stephenson, J.F.E.,史蒂芬森,188 n.56
strike,罢工,139,183 n.7
Stuart, dynasty,斯图亚特王朝,122,138
Stubbs, W.,斯塔布斯,威廉,73,80,85,120,122
students of law, number of,学法律的学生,的数量,137
*summa*,《概要》,97,110

supremacy of the law,法律的至高无上,163

*Svod Zakonov*,《敕令法典》,42

Switzerland,瑞士,36,38,137,184 n.12

Talmud,《塔木德》,85

taxation,税收,29,79;
    without representation,没有代表出席的,22,30

teaching, legal,教学,法律的,44,53,62—64,70,89,108,111,116,123

Templeman, Lord,塔普尔曼,勋爵,188 n.54

tenant, free,土地保有人,佃户,自由的,74,75

Tennyson, A.,塔尼森,176 n.10

tenure, guaranteed,土地保有关系,保证的,140

Terror,恐怖,92

theft,盗窃罪,32,131,139

theocracy,神权政治,111

theology,神学,110,111,126

theory, legal,理论,法学的,32,54,72,75,87,88,103,104,121,156;
    of power, ascending,权力的,自下而上的,145,146,185 n.23,descending,自上而下的,145,146,185 n.23

*thesis*,立法者编纂的法律,153

Thibaut, A. E.,蒂博,51,68

Thiers, Louis Adolphe,菲尔斯,路易斯·阿道夫,92

thought, political,思想,政治的,90

Thrasymachus,色拉西布洛斯,179 n.41

Tindal, CJ,廷达尔,首席法官,181 n.10

tithe,什一税,11,78

Tocqueville, Alexis de,托克维尔,亚力克西斯·德,7

tort,侵权行为,40,41

torture,刑讯,37,144,145,163,165,168

totalitarianism,极权主义,86

town, free,镇,自由的,84

tradition,传统,68,73,101,102,134,152,163;
    democratic,民主的,26

training, legal, 培训,法律的,58,134

transportation, 放逐,流放,33

*travaux préparatoires*, 准备性文件,17

treason, 叛国罪,8

Treaties of Westphalia, 威斯特伐利亚和约,91

treatise, 专著,54,56,60,61,79,94,97

treaty, international, 条约,国际的,163;
    of Rome,《罗马条约》,19, interpretation of,的解释,19

trial by combat, 决斗断讼,决斗裁判,见 combat, judicial;
    criminal, 刑事的,33,159,168

Tribonian, 特里伯尼安,41,61

tribunal, commercial, 见 court, commercial;
    labour, 见 court, labour;
    military, 见 court martial

Troje, H. E., 特罗杰,81,177 n. 14

trust, 信托,45

Tudor, dynasty, 都铎王朝,9,22,85,95

tutelage, 监护,81


Ullmann, W., 乌尔曼,145,146,185 n. 23

Ulpian, 乌尔比安,61

uncertainty, 不确定性,129,182 n. 2

unification, legal, 统一,法律上的,51,72,105,117;
    political, 政治上的,6,10,72,93,100—104

United States of America, 美国,美利坚合众国,1,21,22,26—29,31,35,43,68,
    87,88,103,150,151,153,163—165,167,171 n. 40, 184 n. 16, 185 n.22

university, 大学,55,58,59,61,62,64,99,103,106,111,117,121,137,155,161,
    166,168;
    degree, 学位,63,64,85,104,118,142,151,160;
    graduate, 毕业生,109,110,133,135

urbanisation, 城市化,都市化,163

usurpation of power, 权力的篡夺,27

utility, 功利,99

Vacarius,瓦卡里乌斯,181 n.9

value-judgment,价值判断,,127

vassalage,封臣,74,116,133,142,148

Vatican Council, Second,梵蒂冈委员会,第二届的,25

Vaughan, John,沃斯,约翰,182 n.3

verdict,(陪审团)裁断,33,119,131,144,145

*Vernunftrecht*,理性法,30,91

Victoria, Queen,维多利亚,女王,25

Viner, Ch.,瓦伊纳,查尔斯,61

vocabulary, legal,词汇,法律的,59,118

*Volksgeist*,民族精神,51

Vulgata,公认的文本,55


Wales,威尔士,34

Waller, G. S.,沃勒,188 n.57

War of Independence, American,美国独立战争,28,29

Wars of the Roses,玫瑰之战,86

Watkins, T.,沃特金斯,188 n.59

wealth,财富,146,153,160,162,183 n.7, 188 n.45；
  landed,拥有土地的,119,141,160

Weber, Max,韦伯,马克斯,146

Weimar,魏玛,36

*wergeld*,赎罪金,132

West, the,西方国家,26,54,71；
  the Latin,罗马天主教的(区别于东正教的),61,126

Westminster,威斯敏斯特,18,21,23,30,94,115,178 n.26

Westphalia,威斯特伐利亚,91

Whitehall, John,怀特海,约翰,26

wife, deserted,妻子,被遗弃的,87

Wilberforce, Lord,威尔伯福斯,勋爵,87,177 n.20, 188 n.49

William I, king of the Netherlands,威廉一世,尼德兰国王,37

William the Conqueror,征服者威廉,15,75

wills,遗嘱,105

Windscheid, B., 温德沙伊德,伯恩哈德, 124
witness, 证人, 6, 159;
  *de visu et auditu*, 目击证人, 144
Woolwich, 伍尔维奇, 166
World War, First, 世界大战,第一次, 11, 50;
  Second, 第二次, 48, 63, 96
writ of assistance, nullity of, 协助收缴走私物品令,的无效, 29, 30;
  of *certiorari*, 调卷令, 5;
  of error, 纠错令,复审令, 5;
  Holy,《圣经》, 111;
  of naifty, 追回农奴令, 74;
  royal, 皇家的, 93, 96—98, 115, 117
writing legal, 法律著作, 41, 44, 67, 68, 70, 82, 89, 90

Year Books,《年鉴》, 45, 60, 61, 97, 118, 174 n. 64

Zealand, 西兰岛, 103
*Zeitschrift für Rechtsgeschichte*, 法制史期刊, 13

# 世界法学译丛

1. 法律:一个自创生系统
   〔德〕贡塔·托依布纳著  张骐译(2004年1月出版)
2. 东西方的法观念比较
   〔日〕大木雅夫著  华夏 战宪斌译(2004年7月出版)
3. 合同法理论
   〔加拿大〕Peter Benson主编  易继明译(2004年9月出版)
4. 法律的道路及其影响——小奥利弗·温德尔·霍姆斯的遗产
   〔美〕斯蒂文·J.伯顿主编  张芝梅、陈绪刚译(2004年11月出版)
5. 公司法与商法的法理基础
   〔美〕乔迪·克劳斯 & 史蒂文·沃特主编  金海军译(2005年1月出版)
6. 哲学与侵权行为法
   〔美〕格瑞尔德·J.波斯特马主编  陈敏、云建芳译(2005年1月出版)
7. 官僚的正义——以社会保障中对残疾人权利主张的处理为例
   〔美〕查里·L.马萧著  何伟文、毕竞悦译(2005年4月出版)
8. 法官、立法者与大学教授
   〔比〕R.C.范·卡内冈著  薛张敏敏译(2006年1月出版)
9. 《联合国国际货物销售合同公约》评释
   〔德〕彼得·施莱希特罗姆著  李慧妮编译(2006年1月出版)
10. 欧洲人权法
    〔英〕克莱尔·奥维  罗宾·怀特著  何志鹏 孙璐译(2006年3月出版)
11. 陪审员的内心世界
    〔美〕里德·黑斯蒂主编  刘威、李恒译(2006年8月出版)
12. 权利话语
    〔美〕Gleton著  周威译(2006年10月出版)

13. 制定法时代的普通法

〔美〕Guido Calabresi 著　翟志勇译(2006 年 11 月出版)

14. 一次一案

〔美〕Cass R. Sunstein 著　泮伟江译(2006 年 11 月出版)

15. 欧共体立法 2004—2005(第 16 版)

〔英〕Nigel G. Foster 著　何志鹏等译(2006 年 11 月出版)

16. 欧洲共同体法律体系

〔法〕Denys Simon 著　赵海峰、王玉芳译(2006 年 12 月出版)

17. 自我防卫罪

〔美〕George P. Fletcher 著　陈绪刚译(2006 年 12 月出版)

18. 女性主义

〔美〕Catharine A. MacKinnon 著　李朝晖译(2007 年 3 月出版)

19. 规制及其改革

〔美〕Stephen G. Breyer 著　李洪雷、宋华琳译(2007 年 5 月出版)

20. 英格兰法律职业的源起

〔英〕Paul Brand 著　李红海译(2007 年 5 月出版)

21. 司法的过程

〔美〕Henry J. Abraham 著　泮伟江译(2007 年 5 月出版)

22. 决定法律是什么

〔美〕Charles Fried 著　胡敏洁译(2007 年 6 月出版)

2006 年 9 月更新